走遍中国

新　　疆

以文化引导旅行
中国背包客的金牌旅行指南

《走遍中国》编辑部

中国旅游出版社

本书导读

作为一套以实用信息为主的自助旅行丛书，《走遍中国》尽可能地向读者提供最全面的信息，包括出发前需要了解的相关的人文地理知识，准备出发时所应掌握的衣、食、住、行的资讯以及大量来自“当地人”的景点推荐和特别提醒。

1. 新疆档案

决定去新疆旅行，总是希望能对它有一个大致的概念，什么样的地理特征造就了那样的美景，什么样的历史造就了这样的现今，“新疆档案”通过图文并茂的方式，为读者建立一个对新疆的具象感知。

2. 新疆解读

这片土地有着独具特色的风光、民俗和美食。“新疆解读”板块的设置就是想通过图文对照的方式，对新疆的人文地理进行梳理，以建立对新疆的感性认知。

3. 新疆经典

新疆有太多的美景值得去欣赏，有太多的民俗值得去品味，有太多的地方值得去旅行，如何在有限的时间里了解到最经典的新疆、最地道的新疆，正是这个部分的设想。

4. 准备出发

季节是影响旅行的关键因素之一，在不同的季节和不同的气候，风景会呈现出不同的韵味。此外，交通工具、交通状况、住宿条件和当地的美食风味，都是旅行者出发前最为关心的细节，因为这将决定旅行时间、行程安排甚至所需携带的衣物。至于花费，旅行专家们已经给出了一个建议性的预算方案。

5. 背包客推荐

《走遍中国》有众多的“背包客推荐”，来自旅行达人的亲身经验，为的是能为读者提供最贴心的旅行指南、最实用的旅行攻略。

6. 地 图

地图是旅行中不可或缺的一个重要元素，给予旅行者最具象的旅行方向，也为旅行者提供最方便快捷的旅行定位。《走遍中国》包括大量的详细地图，便于读者阅读和规划行程。

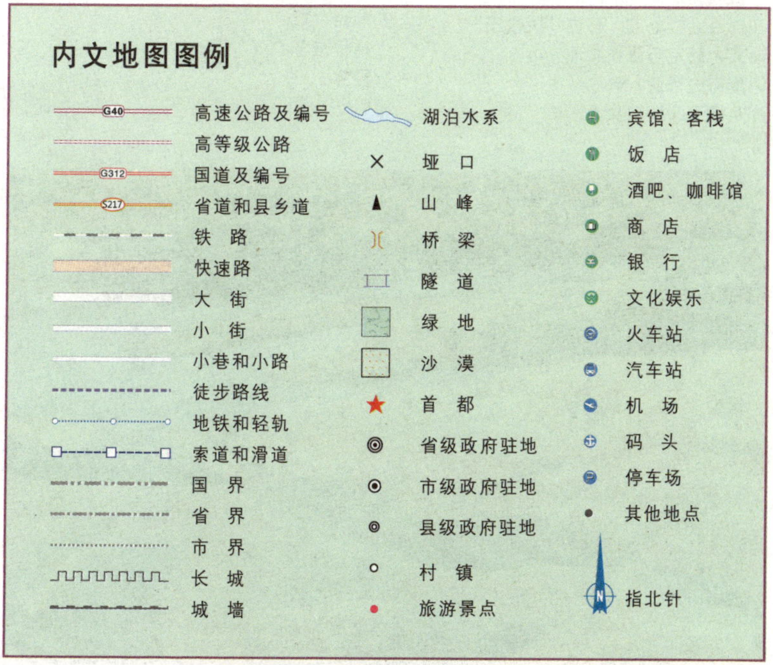

TRAVEL AROUND

目录 走遍中国·新疆 Xinjiang

CONTENTS

CONTENTS

TRAVEL AROUND

走遍中国·新疆 Xinjiang

CONTENTS

实用资讯

地图目录

这是一片堪称“大地”的区域，因为它广袤无限，因为它浑圆宽和，因为它艳丽简约。

向西，一直向西……

这是一片“西北偏北”的区域，2000多年前，一个名叫张骞的年轻人受命出使中亚古国，把这片广袤的地区称作“西域”。19世纪中叶，这里有了一个崭新的名字——新疆。

有条向西的路，横穿西域，连接起了亚洲和欧洲，因运输柔滑如水的丝绸而被称为“丝绸之路”。开通“丝绸之路”之前，东方的中国对于欧洲人来说是个“乌托邦”，一个“天方夜谭”。当张骞“凿空”西域后不久，商队的驼铃便响彻在这条路上。

东方的丝绸、陶器、铁器、桂皮、大黄……源源不断地通过驼背运到了西方；西方的黄金、象牙、琥珀、宝石……又传到了东方。在海上“丝绸之路”没有打通之前，这条穿过西域的道路，成为一条连接东西的金丝带，至今，人们还经常能看到遗留在荒漠中的骆驼尸骸。那些骆驼商队，曾经历了怎样的诡秘、坎坷、艰辛，我们却无从而知。

新疆是这条道路的承载者：一条通商之路，更是一条文化和信仰的融合之路。唐宋时期，阿拉伯商人们一手拿着货物一手捧着《古兰经》，随着商队从西方来，带来异域的货物和风情，而长安来到新疆龟兹的唐朝僧侣们却给这里带来了一股“汉风”。如今，这条沟通欧亚的大陆桥上，依然商旅不断，繁华如昨，只不过，驼铃声变成了火车和飞机的轰鸣。这条快捷而便利的物流通道继续让欧洲和亚洲亲密无间。

因着“远”，新疆保存了一种原初的味道，一种迥异的姿态，成为特别和不一样的代名词。中原文化的圆通、江南文化的精巧，在新疆，全都被消解了。

在新疆，你会发现一切看起来都是无序而具原生态的。用粗糙的铁器挤榨出百分之百的石榴原汁；加了奶酪的冰淇淋透着一股奶子烧焦的古怪味道；巨大的、被掏空的葫芦画着粗拙的图案是日常家用的水瓢；红柳木头做成的盛肉的盆，盆边还留着刀锋划过的痕迹……

因为和天地如此紧密地相连，因为和自然如此无间地接触，新疆人形成了一种浑圆的自然主义——对世间万物都有所敬畏；对不同信仰都能持宽和之态；对不同习俗都能兼收并蓄。他们简单明亮，简约节制。

新疆的魅力在于它的两重性：一方面，它充满了历史的沧桑之感。另一方面，又充满了现代的繁华，同时固守着自己的“地方性”，人们穿着自己喜欢的民族服装、过着自己民族的节日、用自己的方法来计算时间……这一切都让新疆成了一个拥有神秘心跳的地方。

走遍中国·新疆

XINJIANG ARCHIVES
新疆档案

走遍中国 · 新疆

XINJIANG ARCHIVES
新疆档案

地理

“不到新疆，不知道中国有多大。”从高处俯瞰地广人稀的新疆，这里周边被昆仑山与阿尔泰山伸出手臂环绕住，中间被天山山脉一刀切开，在南疆形成了塔里木盆地，北疆则是准噶尔盆地。

新疆地貌：三山两盆一条河

看过《西游记》的人都对火焰山、通天河、蜘蛛山有深刻的记忆，这些地名在新疆至今仍能找到。新疆的地貌依旧保持着远古时期的模样，这让新疆有了一种特殊的反差：一方面，现代化的进程让新疆的城市和其他城市几乎没有太大的差别；另一方面，在别处早已看不到的远古风貌，在新疆却随处可以见到。一脚油门踩过之后，就能离开城市，马上坠入一个自然和蛮荒的世界。现代和原始，人工和自然，在新疆是一张牌的正反两面，正是这种差异，让新疆保持了一种属于自己的魅力。

新疆人非常喜欢唱《我们新疆好地方》：“我们新疆好地方，天山南北好牧场，戈壁沙滩变良田，积雪融化灌农庄……”天山是新疆的父亲山，以它为界，新疆分为南北两疆，南边是塔里木盆地，北边是准噶尔盆地。很多武侠小说中的高人都居住在天山之上。无论武艺高强的“七剑客”，还是美丽清秀的“冰川天女”，或是古怪离奇的“天山童姥”，都让天山拥有了一种豪侠之气。这座长2500公里，宽250多公里，平均海拔5000米的山脉，在武侠作家的眼中，不仅遥远和寒冷，还具有一种凛然之气。住在乌鲁木齐的人们，在天气晴好之时，站在合适的位置，远远地能够看到天山山脉海拔5445米的博格达峰，它被看作乌市人民的护佑之神。

昆仑山因形状酷似巨蟒，被人唤作“莽昆仑”，最高峰乔戈里峰海拔8611米，是世界第二高峰。如果说天山有一种侠气，那么昆仑山则多了点儿人气，道教认为昆仑山是天帝在地下的住宅，也是群神所住的地方。关于昆仑山的神话，在先秦文献中就能找到。昆仑山在《山海经》中，有“昆仑之虚，方八百里，高万仞……”的描述。在《淮南子》中，写昆仑山“上有木禾，其修五寻。珠树、玉树、璇树、不死树在其西……”而在新疆人中流传最广的说法是:“风吹石头跑，天上无飞鸟，地上不长草，一日过四季，常年雪花飘。”很形象地描绘出了昆仑山的天气。昆仑山北麓的和田，是著名的“玉石之乡”。和田玉晶莹温润、坚实缜密，在和田玉中，羊脂白玉贵为极品，价格之贵令人瞠目。在北京故宫，陈列着许多新疆昆仑玉石琢成的玉雕、玉器，最著名的三块玉石，皆重万斤以上。

阿尔泰，蒙古语的意思是金子。新疆有一句俗话：阿尔泰山七十二条沟，沟沟有黄金。这条穿越中、哈、俄、蒙四国边境，全长达2000多公里的山脉，是一座真正的金山。它呈西北—东南走向，最高峰是友谊峰。

和南疆那些不着一毛的褐黄色秃山相比，海拔4374米的阿尔泰山显得格外葱绿巍峨。这座遍布黄金的高山，由于额尔齐斯河河水的浸润，越深入阿尔泰山的腹地，草原也就越丰美，森林也就越密集，动物的种类也就越繁多，因

因为有额尔齐斯河河水的浸润，阿尔泰山拥有茂密的森林和丰美的草原

此得了个“天然基因库”的美名。喀纳斯、布尔津、卡拉麦里山、福海、金塔斯等众多的自然保护区隐现其间；绵延千余公里的岩画，遍布山间的沟沟坎坎，号称“岩壁上的敦煌”。

有位美国人类学家说：塔里木盆地是世界文化的摇篮，找到这把钥匙，世界文化的大门便打开了。这话并不夸张。塔里木盆地是中国最大的内陆盆地，面积56万平方公里，位于天山与昆仑山之间。因水系不能外流，形成了一个全封闭的内陆盆地。盆地中间是塔克拉玛干沙漠，蕴藏着丰富的石油。塔里木河环绕盆地西、北半圈，河畔长着片片胡杨，形成了一条绿色走廊。

作为古丝绸之路的南道，塔里木盆地曾是中西方文化交融、荟萃的地方。斗转星移，沧海桑田，留给了塔里木无数难解的谜：被黄沙淹没的楼兰故城、尼雅古城，是怎样在繁华之后突然消失的？他们走的时候，为什么没有拿走桌上的餐具和仓库中的粮食？他们又是去向了何方？我们的好奇至今也没有答案。

自然与蛮荒是新疆的另一面

被高山团团围住的塔里木盆地，气候特别干燥，盆地的沙漠边缘才有些星星点点的绿洲。在这些绿洲上，人们种植粮食、棉花和各种瓜果。阿克苏的苹果、库尔勒的梨、巴仁的杏子、皮亚勒玛的石榴、和田的“纸皮”核桃、若羌的红枣……

远在1亿年前，新疆的大部分地区都是一片汪洋大海，只有准噶尔和塔里木两块陆台高踞在海面之上。到了古生代，强烈的地壳运动使海水逐渐退去，海底隆起后变成了高山，而原先的塔里木、准噶尔高地反而陷下去，变成了盆地。

准噶尔盆地由东向西缓缓倾斜，阿拉山口、额敏河谷和额尔齐斯河谷的3个缺口，让湿润的海洋气流一路吹进。冬天，这里常发生雪灾，然而一到夏天，草又返青，一切又都变得那么美丽。

藏羚羊的家园

有113种国家重点保护的珍稀脊椎动物生活在新疆高山的褶皱处。卡拉麦是普氏野马的故乡和主要栖息地；温泉县则生活着可爱的“娃娃鱼”，这种学名叫新疆北鲵的小东西是新疆唯一存活下来的有尾两栖动物，在脊椎动物系统演化的研究中具有重要意义，是珍贵的“活化石”；巴音布鲁克大草原则能看到天鹅美丽的身姿。

电影《可可西里》让全世界人民都知道了藏羚羊。其实，藏羚羊不仅活动在青海，在西藏和新疆，也能看到这种偶蹄类动物。在海拔6000米的高原上，

辽阔的新疆是动物的乐园

藏羚羊能以60公里的时速，连续奔跑二三十公里，所以藏羚羊成了高原物种的杰出代表。但是，随着人类的捕杀，仅在阿尔金山保护区内，藏羚羊的数量就从1989年的10万只降到1998年的不足1万只。

在过去的10年间，没有哪一种动物像藏羚羊这样，遭到惨绝人寰的大规模屠杀。阿尔金山自然保护区，是中国最大的自然保护区，也是中国乃至世界上第一个以保护高原荒漠生态系统为主的保护区，这里成了藏羚羊最后的家园。

在藏羚羊这种罕见的高原动物身上，长着一种特殊的绒毛，被称为“羊毛之王”。正是这种特殊的绒毛，为藏羚羊带来了灭顶之灾。用这种毛可以织成一种名贵的“沙图什”披肩！一条女士披肩需要用3只藏羚羊的生命换取。

玫瑰与骆驼刺

新疆植物种类就像新疆大地，一面是荒漠，一面是绿洲，反差很大。玫瑰和骆驼刺就是其中的代表，截然不同，却共同生长在新疆大地上。

在于田县，有一个玫瑰巴扎（巴扎即市场的意思）非常出名。整个市场，从南到北，从东到西，全都是玫瑰。手里举着玫瑰的，不仅有女孩和小伙子，更有维吾尔族老大爷，或者将红艳艳的花朵夹在帽子底下，特别惹眼。在这里，玫瑰不仅仅用来观赏，姑娘们还用玫瑰花洗脸、沐浴，或者用玫瑰花泡茶、制药。维吾尔人的早餐更离不开玫瑰花做成的酱，用馕蘸着吃，味道最好。

如果说玫瑰代表了热烈的张扬，骆驼刺则代表了含蓄的力量。骆驼刺为了适应干旱少雨的新疆气候，将自己的叶片退化成一根根小刺；梭梭的叶片则退化成鳞片状；沙拐枣的枝干则变得非常干枯、坚硬，叶片细小。叶子退化之后，可以使植物有效地防止水分的散失，这是植物为了适应新疆荒漠的一个好办法。

在新疆的戈壁滩上，最漂亮、最显

作为古丝绸之路的南道，塔里木盆地曾是中西方文化交融、荟萃的地方

眼的植物要算红柳了。它的叶子也退化成了鳞片状，红柳的种类很多，大都会开出粉红色或紫红色的小花。开车走在笔直的沙漠公路上，常常能看到路边一丛丛高过人头的红柳，在迎风招摇。这样的植物，如果在雨水丰沛、土壤肥沃的地区一定不会引人注意，可在新疆的沙漠公路两旁，在一望无际的流动黄沙上，这一丛丛红色的小柳树，就格外别致美丽。沙漠公路的护路人在这条公路旁打了 100 多眼井，抽出了地下水，通过黑色的皮管进行滴灌，才让这些沙漠植物活了下来。是它们阻挡住了风沙前进的步伐。

很多人都会认为沙漠是一个寸草不生的地方。实际上，在塔克拉玛干沙漠边缘，除了红柳之外，还有一种植物也在顽强地存活，那就是胡杨。维吾尔人称它为“托克拉克”，意思是“美丽的树”。它耐盐碱，抗干旱，能挡风沙，在沙漠里有“生千年不死，死千年不倒，倒千年不烂”的美名。雪莲是另一种比较特殊的植物，它生长在人迹罕至的雪线以上，靠扎进岩石缝隙中的根部汲取雪水为生。雪莲的药用价值很高，是治疗妇科疾病的良药。

阿尔泰山，这座在新疆人眼中神秘的“金山”，生长着阿波罗绢蝶、虫草、各色真菌、红松、西伯利亚冷杉……然而现在，森林被大面积砍伐，人们捕鱼、挖草药、射猎……阿尔泰山正面临着一次新的严峻考验。

气候

“早穿皮袄午穿纱，围着火炉吃西瓜”，这是对新疆生活的写照：大雪纷飞的冬天，在乌鲁木齐二道桥市场里，到处是围着烤肉炉子吃西瓜的男人、女人。

新疆没有温婉和含蓄，只有极端和决绝。全国最热的地方是被称为“火洲”的吐鲁番，这里7月份的平均气温是40℃，还曾出现49.6℃的极端高温。人在吐鲁番盆地里行走，仿佛掉进了一个巨大的锅炉里，脑门都冒着气；最冷的地方是阿勒泰的富蕴县，这里曾出现过-51.5℃的极端低温。一夜醒来，人们发现自己埋身白色里，冰雪已高过屋子的窗户。

新疆人，在最热的夏季也要准备一床棉被，因为白天有太阳的时候，一切都像着了火；太阳一下山，温度马上骤降十几摄氏度。在沙漠中，甚至可能降20℃～25℃。白天挥汗如雨，可是夜晚盖上棉被后，却并不感觉到燥热。

首府乌鲁木齐是离海洋最远的城市。春秋短暂，冬季漫长。夏季像只大火炉，冬季像台大冰箱。每年4月底，树木才渐吐新绿，可是5月初，一定会有一场倒春寒的大雪降临。积雪压弯了绿色的枝头，很多人提着照相机就往外奔。雪不会很厚。几天之后，积雪消融殆尽，艳阳高照，女人们脱了大衣直接穿上了裙子，男人们脱了毛衣直接换上了短袖衫。

没有任何一个城市会像乌鲁木齐这样重视雪，下雪同时也发出了扫雪的命令。如果早晨，大雪停了，公交车会在上班时间之前正常开通。但之后，会有两三个小时的戒严时间。各单位都派人出门扫雪，整条街道没有一辆机动车行驶，只有扫雪的人群，使用的是扫帚和铁锹等原始工具。每个单位都划有一片

夏日彩虹

红柳是戈壁滩上最漂亮、最显眼的植物

扫雪区。雪后如没有及时清理，会遭到有关单位重罚。雪后如果错过了上班时间，出门只能依靠自己的双腿，没有其他交通工具可以选择。如果欣赏雪景，此时倒是个难得的机会。

10月初，天气变幻莫测，昨天还是穿纱裙的好天气，今天就会刮风下雨，最后转成雨夹雪。随后暖气开启。接下去的7个月里，暖气将一直是生活里的主角，它使得外面还是天寒地冻，室内却是温暖如春。以致在新疆租房，一个100平方米左右的房子，一年的暖气费可达2000元，超过房租的价钱。

旅行社的大型客车每年只在6～9月里开动，这期间不仅瓜果成熟、纱裙舞动，而且可以去那些在冬天被大雪封住的山地或草原，这也是新疆短暂的夏季。这期间，室外再怎么燥热，但只要一回到室内或者树荫下立刻就凉爽了下来。虽然容易大汗淋漓，但汗水也蒸发得非常快，不会像南方那样，衣服湿漉漉地粘在身上很难受。

春天对于新疆非常短暂，而且非常暴虐，不是下大雪，就是刮大风，一阵风可以将新发芽的柳树连根拔起，塑料大棚被吹得破破烂烂，一地的棉花苗全都被削去了脑袋。可是和土地打交道的人们知道：惊蛰之后，无论天气多冷，都已显现出解冻的气息。故而惊蛰这天，新疆汉族农民会泡上一壶酽酽的砖茶，浇在放了白砂糖的油炸鸡蛋上，大吃大喝起来。这种甜而油腻的吃食预示着，要储存充沛的体力，开始干活了！

新疆几乎没有秋雨。也许一开始是雨，但很快就变成了雪，或者雨夹雪，而且地上也结了冰，出门时只好结伴而行，相互搀扶着走向目的地。不容秋风秋雨更多肆虐，更大的一场雪伴随着西伯利亚的冷空气横扫过来，秋天就此结束。

赶着秋天的尾巴，主妇们忙着做番茄酱、腌酸白菜、泡韭菜花、酱黄瓜条……秋末，农忙过后，天气晴好，非常适合婚嫁。女人们会使劲儿地包饺子，再多也不嫌多。而男人，则拎着酒瓶子开始走亲访友。

历史

在古人的眼里，西域这片广大而神秘的土地总是笼罩着凄凉、荒芜的面纱，是一个可以想象却不可以抵达的地方。

张骞出使西域

汉武帝初年，匈奴中有人投降了汉朝，汉武帝从他们的谈话中知道了有一片土地叫作“西域”。他们说有一个月氏国，被匈奴打败，向西逃去，定居在西域一带。他们跟匈奴有仇，想要报复，就是没有人帮助他们。汉武帝想，汉朝如果能跟月氏国联合起来，切断匈奴跟西域各国的联系，这不是等于切断了匈奴的右胳膊吗？

于是，汉武帝下了一道诏书，征求能干的人到月氏国取得联系。没有人知道月氏国在哪儿，也不知道有多远，可以想象，要担负这样一项任务，需要多大的勇气。年轻的郎中张骞，首先应征，他一带头，别的人胆子也大了，还有一百名勇士应征前往。有个在长安的匈奴族人叫堂邑父，也愿意跟张骞一块儿去找月氏国。

公元前 139 年，张骞带着一百多个人出发去找月氏。但是要到月氏，一定要经过匈奴占领的地界，一行人十分小心地走了几天，还是被匈奴士兵发现并全都做了俘虏。匈奴人没有杀他们，只是派人把他们分散开来看管，只有堂邑父跟张骞住在一起，这一住就是十多年。匈奴人为了笼络、软化张骞，还把一个女子嫁给他，并且生了孩子，但张骞始终没有忘记自己的使命，把汉武帝给他的符节一直留在身边。

时间久了，匈奴人对张骞等人渐渐放松了警惕。有一天夜晚，张骞趁匈奴士兵不备，带着下属逃出匈奴。他们取道车师国，进入焉耆，又沿着塔里木

千佛洞壁画是佛教留给新疆的文化遗产

佛教，至今仍为新疆的蒙古族所信奉

河西行，经过龟兹、疏勒等地，翻越葱岭，一直向西走了数十天，最后到达大宛。大宛国王派向导带领张骞到了康居（今巴尔喀什湖和咸海之间），康居又派人把他们送到了大月氏。

月氏被匈奴打败了以后，迁到大夏（今阿富汗北部）附近建立了大月氏国，不想再跟匈奴作战。大月氏国国王听了张骞的话，不感兴趣，但是因为张骞是汉朝的使者，出于礼貌接待了他。张骞和堂邑父在大月氏的一年多时间里，看到了许多从未见到过的东西。但是他们没能说服大月氏国共同对付匈奴，决定返回汉朝。公元前128年，张骞起程回国。不料途中又被匈奴骑兵截获，并被带至匈奴单于的府中扣留起来。一年多后，匈奴单于逝世，匈奴发生内乱，张骞乘内乱逃回汉朝。

张骞初次出使西域历时13年，出发时是一百多人的使团，回来时只剩下他和堂邑父两个人。张骞把西域的地理、物产和人民的生活情况向汉武帝作了汇报。后来，张骞又在攻打匈奴时做向导立了军功，被封为博望侯。

公元前119年，受汉武帝的派遣，张骞率领随行人员300多人，带着大量物品再次出使西域。到了那里以后，他们分头访问了许多地区。4年以后，西域的乌孙国派使者跟随张骞到长安。接着，被张骞派往大宛、康居、大夏的副使，也都带着这些国家的使者来到长安，同西汉建立友好关系。

张骞两次出使西域被史学家司马迁称赞为“凿空”，意思是“开通道”。后来，这条出玉门关，经天山南北路，越过葱岭，到达中亚或者更远地方的通道，成了千古传颂的“丝绸之路”。

佛教传入新疆

20世纪50年代末在新疆民丰县，曾出土有东汉蜡染佛教人物像棉布，人物上身半裸，双手持一物，物上有葡萄，项上有串珠，头部后有多层圆光，被认为是“供养人”或“菩萨”的形象，这说明了佛教造像的影响范围确实已经到达这一地区。

新疆是一个多民族地区，同时，也是一个多种宗教流行的地区。自公元前1世纪（西汉时期）佛教传入新疆以后，一直到公元10世纪，先后有祆教、摩尼教、景教等传入新疆，与佛教并存。

再后来，伊斯兰教传入后，逐步取得了发展，继而还传入喇嘛教、基督教、天主教、东正教、萨满教，等等。总之，新疆各民族的宗教信仰呈现出多元的状况，或者是几个民族共奉一种宗教，抑或是一个民族信仰几种宗教。

世界三大宗教之一的佛教，1 世纪传入塔里木盆地的于阗国，此后，佛教便在塔里木盆地的南北两缘流传起来，并且沿着丝绸之路东传，进入河西走廊及中原各地。佛教在新疆流传的时间最长，有两千多年的历史。

最早传入新疆和田的佛教是小乘佛教，后来大乘佛教也接踵而来，时间都在公元纪元前后。佛教，至今仍为新疆的蒙古族所信奉。蒙古族信奉的佛教为佛教的一个分支，即喇嘛教，又叫藏传佛教。

3 世纪后期，佛教盛行于全疆各地，直到 15 ~ 16 世纪才告衰落。佛教给新疆留下了丰富的文化遗产，其中尤以千佛洞为著。现在新疆已经发现的千佛洞有 16 处之多，如柏孜克里克千佛洞、克孜尔千佛洞、库木吐拉千佛洞等，较为完整的洞窟有 550 多个。此外，还有不少佛教寺塔遗址，如吉木萨尔高昌回鹘佛寺遗址等。

10 世纪，随着阿拉伯帝国势力的东进，伊斯兰教开始传入新疆，并为当时的喀剌汗王朝所接受。喀剌汗王朝是中国突厥、回鹘人建立的中国地方政权，可汗布格拉汗首先皈依伊斯兰教。因当地人对佛教的信仰根深蒂固，布格拉汗和他的继承人只好以武力强迫佛教徒改信伊斯兰教。12 世纪初，伊斯兰教在喀什、和田一带为居民所接受。13 世纪后半期，伊斯兰教传播到阿克苏、库车地区。15 世纪伊斯兰教才在吐鲁番占有优势。哈密人民一直到 16 世纪初才开始信奉伊斯兰教。

现在，伊斯兰教为维吾尔等民族所信奉。

唐玄奘与《大唐西域记》

一千多年前，一位唐朝和尚，穿荒漠、翻天山、走中亚，游历今阿富汗、

高昌故城

巴基斯坦、印度等国19年，写就了《大唐西域记》，留下无量功德……他就是原名陈祎，法名玄奘，因精通印度佛学中的《经藏》、《律藏》和《论藏》而得名的唐三藏，中国人都熟悉的唐僧。他不仅是唐代著名僧人，也是世界著名的佛教学家、旅行家，梁启超曾评价他为“千古一人”。

玄奘13岁出家，唐朝初年，到四川研究佛经。他潜心钻研佛经，读遍了国内的佛经资料，觉得要弄通佛理，最好到佛教的发源地天竺（今印度）去学佛经。他一面学习梵文，一面向官府申请出国。当时李唐政权不太稳定，边境也不安宁，政府严禁百姓出境，玄奘的申请未被批准。于是，他混在一群衣衫褴褛的饥民队伍中，离开了长安，踏上了西行的道路。

当唐三藏刚刚到达西北边境的军事重镇凉州时，一道公文十万火急地由长安直送而来，原来朝廷知道了玄奘要偷越国境的事。玄奘得知消息后，连夜逃出凉州关口，又逃过了瓜州关口，在荒凉的沙漠上策马西行，沿着一堆堆死人的白骨和骆驼的粪便前进。当他进入400多公里的戈壁滩不久，失手打翻了盛水的皮袋子，饮用水全部洒掉了。他忍着极度的干渴，走了5天，昏倒在沙漠中。在生死关头，一阵凉风吹醒了他，他又骑马勉强走了5公里地，幸好前面出现了一片绿洲，他装满水袋继续上路了。

越过400公里的沙漠，玄奘来到高昌国，高昌王听说来了唐朝高僧，苦苦请求玄奘留下来说法，答应给他优厚的待遇。玄奘一连三天不吃不喝，高昌王深为感动，第四天送他上路了。

之后，玄奘又翻山越岭，走了整整一年。这是一条漫长的道路。一路上，各地的自然风光，给玄奘留下了极为深刻的印象，但也有比沙漠更为艰苦的地方，凌山就是其中之一。凌山是天山的穆素尔岭，山高岭陡，经年不化的冰川在山谷中熠熠生辉，气候多变给旅途带来极大的困难，稍有不慎，就会被雪崩吞没，或因冰凌滑下深渊。玄奘把自己和马联结在一起，小心翼翼地在羊肠小道上行走。

到达天竺后，玄奘在印度度过了十几个寒暑，足迹遍及印度各地。他参观访问佛教圣地，调查研究各地的历史、地理和风土人情。他如饥似渴地学习，潜心钻研全部佛经以及其他宗教流派的学说，成为那陀寺十大法师之一。玄奘声名鹊起，许多国王和佛教徒恳切希望他永远留在印度，不要再回国了。有一个国王甚至许诺，如玄奘留下来，就给他造100所寺院。但是，玄奘心中怀念祖国，他带着650多部佛教书籍，再一次踏上迢迢征途，回到了长安。

玄奘此行，行程5万里，历时18

丝绸之路上的故城遗址是历史的见证者

香妃墓

年。唐太宗被玄奘的顽强精神感动，劝玄奘还俗做官，玄奘谢绝了。他又花了19年时间，翻译佛经，共译出佛经1335卷。他还和弟子辩机合著了《大唐西域记》，分12卷，共十余万字，全书不仅记述了他的亲身经历，也包括对行程中各国或繁或简的记述，如地理形势、幅员广狭、语言文字、风俗习惯、宗教信仰等。

唐设安西都护府、北庭都护府

唐太宗时期，虽然东突厥被灭，但中国通向西域的道路仍不很畅通。高昌国国王垄断了东西方的交流，阻断了西域各国使者进入大唐。贞观十四年（640），唐朝打败了高昌，在交河城设置了安西都护府。后来，唐朝又击败了龟兹，移安西都护府至龟兹。这样，安西都护府就统领龟兹、碎叶、于阗、疏勒四镇，史称安西四镇。

如今，在新疆吉木萨尔县城北20公里处，有一座名叫北庭的古城。远在两汉时期，这个地方就建有金满城，唐代时又发展成天山北麓的政治、军事和文化中心，有重兵驻守。公元702年，武则天在这里设置了北庭都护府，以此地为治所，统辖北疆广大地区。

唐朝的府制分为三种类型：府、都督府、都护府。都护府是唐朝在边疆民族地区设置的特别行政机构。其职责是“抚慰诸藩，辑宁外寇”。它的出现，是唐初边疆地区民族关系发展的客观需要。从太宗至武后，唐共建立了九个都护府。到玄宗开元天宝时，只剩下安东、安北、单于、安西、北庭、安南都护府，这就是著名的六都护府。

唐王朝通过安西都护府在龟兹地区进行了行之有效的统治和管辖。唐朝的政治、经济制度在这里得到了不同程度的推行，大规模屯田和各种赋役制度的实施，无不体现了以中原制度为主体，又与地方民族实际相结合的特色。另外，安西都护府在龟兹推行了大规模的屯田，重视对当地河渠水堰的管理，馆驿交通的建设，以及铜、铁矿的开采和冶炼，都推动了当地社会经济的发展。在都护府的有效管辖之下，西域各民族混居杂处，平等交往，互通有无，不仅大大丰富了他们的社会经济文化生活，也促进了彼此之间的融合与交流。

吐蕃人占领西域

公元700年前后，李唐王朝正处于巅峰时期，但表面的繁荣后面往往隐藏着巨大的危机。公元755年，“安史之乱”突然爆发，唐朝各种各样的危机也随即一起爆发出来。安禄山的叛军迅速占领了长安，唐玄宗仓皇逃往成都，太子即位，“开元盛世”至此落下了帷幕。

趁着唐朝内乱，吐蕃人又开始蠢蠢欲动起来。自公元758年开始，吐蕃人开始进攻唐的河西诸城，之后十余年中，唐军在河西走廊的各个要塞和城市都在孤立无援的境地下为吐蕃人一一击破。公元781年，河西最后一座城市沙州也被吐蕃人攻破，大唐完全失去了河西走廊的控制权。而北庭都护府则在公元790年，安西都护府在公元808年为吐蕃所破，从而完全结束了唐朝对西域的控制。

沙州失陷后，城中民众受到了残酷的压迫。吐蕃人规定，在河西诸城生活的汉人，走在大街上必须弯腰低头，不得直视吐蕃人。公元842年，吐蕃赞普被佛僧刺杀，吐蕃政权迅速崩溃，吐蕃在西域的统治也随之瓦解。在这样的大背景之下，西域英豪张义潮经过周密准备，于公元848年，率众在沙州发动了轰轰烈烈的大起义。他率部队披坚执锐，与吐蕃军在城内展开混战，城中的唐人纷纷响应，人人与吐蕃军拼命，吐蕃军抵挡不住，从城中逃走。

坎儿井

张义潮派出了十队使者，带着十份完全相同的文书，经由各个方向的沙漠绕过吐蕃人控制的河西诸城向长安进发。这十支队伍中的九支，或遭到吐蕃人的尾随追击而献身，或在大漠迷失方向而永远留在了大漠之中，最后，只有一支向东北方向进发的队伍，绕过了茫茫的大漠，历尽千辛万苦，于唐宣宗大中四年（850）抵达了长安，这时，离张义潮沙州起义已经整整过去了两年。

当这支来自沙州，历经数千里磨难，满身尘土的信使队伍到达长安时，整个长安轰动了。来自四面八方的民众纷纷涌到街道上来迎接这支队伍。自公元781年，大唐完全失去河西之后，河西走廊就成了大唐帝国心中的一个隐痛。从古至今，河西从来就是中央政府打击或防御北方游牧民族的重要基地，没有了这片地区，关内等于是门户大开，长安就会直接受到威胁。

张义潮起义之后，把沙州作为根

据地，整饬军队、发展生产，很快沙州的军力就壮大起来。他又以沙州为根据地，乘吐蕃军还没有从打击中反应过来，率精锐进攻河西的其他被吐蕃控制的城市。吐蕃在河西的统治立刻土崩瓦解，各州的吐蕃军队闻风而逃，都退往凉州。到这一年的8月，张义潮军已收复了整个河西走廊中除凉州之外的所有州县，河西终于重归大唐的版图之中。

喀剌汗王朝皈依伊斯兰教

随着阿拉伯帝国的不断扩张，10世纪以后，伊斯兰教开始从中亚越过葱岭传入新疆的喀什、和田、阿克苏、库车一带。

10至13世纪在新疆以喀什为中心建立起的喀剌汗王朝，民族构成复杂，宗教信仰呈多样化：有回鹘人旧有的萨满教和摩尼教，也有佛教和袄教（拜火教）。

一天，有个叫萨图克·布格拉汗的少年在阿图什打猎，遇到一队前往阿图什的清真寺做礼拜的穆斯林商人。祈祷的时刻一到，商队里的穆斯林们置满地的珍宝货物于不顾，无比虔诚地面西而跪，开始祈祷。少年意识到，这种忘我的精神信仰，会形成一种强大的凝聚力，于是，他毅然决然地皈依了伊斯兰教。

公元915年的一个深夜，这个少年带领自己的穆斯林亲军，在喀什噶尔的皇宫内进行了一场流血的宫廷政变，杀死了不信伊斯兰教的王朝大汗奥古勒恰克，一举夺回了喀剌汗王朝大汗之位。这一年，他才16岁。

作为第一个皈依伊斯兰教的王朝最高统治者，萨图克·布格拉汗即位伊始的首要任务，就是要使伊斯兰教在本国境内得到传播，但是，他不可避免地碰到了佛教等其他势力的强烈反对和抵制。萨图克·布格拉汗在位的40年间，他对王朝境内不信伊斯兰教者四处征讨，直到公元955年去世。之后，他的长子巴伊塔什继位，称阿尔思兰汗，他继承其父未竟的事业，继续在王朝境内推行伊斯兰教。

1121年，喀剌汗王朝被西辽所灭。西辽统治者虽信奉佛教，但对伊斯兰教采取宽容政策，允许伊斯兰教在西辽地

伊斯兰教的兴起，使得佛教在新疆逐渐式微

区传播发展。

西辽被蒙古所灭后，随着佛教在中亚的衰微，伊斯兰教又得到进一步发展。14世纪后，高昌地区回鹘人也接受了伊斯兰教，标志着新疆及中亚地区伊斯兰化过程的全部完成。

清军平定准噶尔叛乱

清军平定准噶尔贵族叛乱的战争，起于清康熙二十九年（1690），讫于清乾隆二十二年（1757），迭经三朝，历时近70年。

明末清初，准噶尔部逐步控制了天山南北，建立了准噶尔贵族的封建统治，与清政府保持着隶属关系。准噶尔首领每两年都要向清政府遣使“朝贡”，清政府也赐予大量财物给准噶尔。但在准噶尔贵族内部，也有一部分人坚持分裂主义立场。

噶尔丹在自任为准噶尔汗以后，于1678年出兵南疆，占领了天山南北的广大地区；1690年6月，噶尔丹向漠南喀尔喀蒙古进攻，俘虏人口，抢劫牲畜，并向康熙帝提出“圣上君南方，我长北方”的要求。

康熙亲征，两军对峙于乌兰布统。乌兰布统北面靠山，南面有河，地势险要。噶尔丹背山面水布阵，将万余骆驼缚蹄卧地，背负木箱，蒙以湿毡，摆成一条如同城栅的防线，谓之“驼城”。他还令士兵埋伏于驼城之内，依托箱垛放枪射箭。

清军以火器部队在前，步骑兵在后，隔河布阵。清军首先集中火铳火炮，猛烈轰击驼阵，自午后至日落，将驼阵轰断为两截，然后挥军渡河进攻，以步兵从正面发起冲击，又以骑兵从左翼迂回侧击，噶尔丹大败，仓皇率部撤往山上。次日，遣使向清军乞和，乘机率残部夜渡沙拉木伦河，狼狈逃窜。

1694年，清廷诏噶尔丹前来会盟，噶尔丹抗命不至，反而遣兵侵入喀尔喀，康熙帝遂决定诱其南下一战歼之。噶尔丹果然率3万骑兵自科布多东进，沿克鲁伦河东下，扬言借得俄罗斯鸟枪兵6万，将大举内犯。在此形势下，康熙再次亲征。噶尔丹见康熙亲率精锐前来，又闻西路清军已过土剌河，有遭夹击的危险，连夜率部西逃，清军击毙了噶尔丹之妻阿奴。噶尔丹兵败穷蹙，无所归处，所率残部不过千人，且羸弱不堪，内部异常混乱。

1697年，康熙鉴于噶尔丹拒不投降，再次下诏亲征。噶尔丹在众叛亲离的情况下，服毒自杀，至此，康熙时期平定噶尔丹叛乱之战结束。

噶尔丹死后，他的侄子策妄阿拉布坦继续任准噶尔部台吉，准噶尔部又逐渐强大起来。1715年，策妄阿拉布坦在沙俄支持下，又发动叛乱，率兵2000人窜入哈密北境，侵掠五寨。后见哈密戒备森严，无法占据，又改为窜扰西藏。1720年，清军两路从青海和四川出发，进军西藏，大败准噶尔军。

康熙没有能彻底平定准噶尔贵族的叛乱就于1722年死了。他所制定的政策，由他的儿子雍正、孙子乾隆继续推行并得到贯彻。1757年春，准噶尔叛军在清军的追剿下，全线溃败。1759年8月，清军抵达喀什噶尔，平定了支持阿睦尔撒纳作乱的大和卓和小和卓兄弟的叛乱。这年秋天，天山南麓完全平定，结束了西北地区长期以来的分裂局面。

左宗棠收复新疆

17世纪60年代中期，一些封建主

和宗教上层分子称霸一方，形成了好几个割据势力。占据南疆的金相印，为了能够取胜，竟向原来藩属中国的中亚浩罕汗国求援。汗国的军事头目阿古柏趁机出兵，占领了喀什噶尔、英吉沙、莎车等地，后来干脆自立为王，建立了一个名为“哲德沙尔”的汗国，想把新疆从中国的版图上分裂出去。这时，正在中亚争夺霸权的英国人和俄国人，都看中了阿古柏，想把他抢到手，作为肢解新疆领土的工具。沙皇不但明目张胆地支持阿古柏叛乱，而且在1871年打着代中国“收复”领土的幌子，出兵占领伊犁。

西北边防危机重重，全国民众纷纷要求出兵，收复新疆。可是，在清廷内部，却对要不要收复新疆产生了不同看法。北洋大臣李鸿章极力反对，他说：“新疆地方大，人又少，每年要花去三百多万银两的军费。用这么一大笔钱去换几千里的贫瘠土地，实在是划不来。再说了，与俄国人打仗，我们几乎没有赢的可能。”但是，陕甘总督左宗棠坚决主张出兵收复新疆，他据理力争道：“新疆是中国的西北门户，如果我们放弃了，那么，非但甘肃、陕西有麻烦，而且内蒙古、山西从此也将不得安宁，就连北京城将来也会

若羌县城的楼兰美女雕塑

受到很大的威胁。”

经过激烈的争论，朝廷最后接受了左宗棠出兵收复新疆的意见，并在1875年5月任命他为钦差大臣，负责新疆军务的统一指挥。这时候，左宗棠已是65岁的老人了，但是他仍亲自出征。

对于这次西征，左公准备采用“缓进速决”的战略战策。所谓“缓进”就是要用一年半的时间筹措军饷，积草屯粮，调集军队，操练将士，创造好出战必胜的一切条件。他还规定，凡是不愿出关西征的，一律给资，遣送回籍，不加勉强。经过整顿又自愿出关的官兵，士气饱满，情绪高涨，是一支敢于冒险犯难、一往无前的军队。

所谓“速决”就是考虑国库空虚，军饷难筹，为了紧缩军费开支，减轻人民负担，大军一旦出发，必须以迅雷不及掩耳之势，速战速决，力争在一年半左右获取全胜尽早收兵。因此，在左宗棠申报这笔军费预算之前，他从大处着眼，小处入手，亲自做了深入调查和细致精微的计算，他从一名军人，一匹军马，每日所需的粮食草料入手，推算出全军八万人马一年半时间所需的用度。然后，再以一百斤粮运输一百里为单位，估算出全程的运费和消耗。甚至连用毛驴、骆驼驮运，还是用车辆运输，哪种办法节省开支也作了比较。经过周密计划，估算出全部军费开支共需白银八百万两。

同时，在兰州建立机器局，为西征军修造枪炮。为了对付阿古柏的洋枪洋炮，左宗棠从广州、浙江调来专家和熟练工人，在兰州造出大量先进武器，还仿造了德国的螺丝炮和后膛七响枪，改造了中国的劈山炮和广东无壳抬枪。经过一段时间扩充军备，已有了一批威力较强的轻重武器。这时的左宗棠已是万事俱备，胸有成竹，决心马到成功，一举夺回新疆被外寇侵占的失地。

新疆以天山为界，分为南疆和北疆。左宗棠为了速战速决，采取了先围攻北疆，再出兵南疆的策略；而围攻北疆的时候，又集中兵力，首先拿下乌鲁木齐。在他的指挥下，西征军立即向乌鲁木齐挺进。

守卫乌鲁木齐的，是投靠阿古柏的叛将白彦虎。清军的先头部队趁夜发动猛攻，一举占领了乌鲁木齐的外围据点古牧地。阿古柏知道消息后，连忙派兵增援。经过3个多月的激战，清军最终打败阿古柏的援兵，收复了乌鲁木齐，还一口气攻克了昌吉、呼图壁、玛纳斯等地。白彦虎慌忙败逃南疆。随后，左宗棠马不停蹄，向盘踞南疆的阿古柏军队发起总攻。清军只花了半个月的工夫，就突破了阿古柏设置的一道道防线，连续攻克达坂、鄯善、吐鲁番、托克逊，消灭敌人一万多。

英国人见势不妙，要起“调停”花招，想让喀什噶尔变成保护国，并通过清政府向左宗棠施加压力。左宗棠不予理睬，继续追击残敌，阿古柏被打得东躲西藏，最后服毒自杀。他的儿子伯克胡里带残兵败将逃到俄国境内。就这样，左宗棠前后只用了一年半的时间，就收复了除伊犁以外的新疆全部领土。

之后，左宗棠上奏朝廷，提出先通过外交途径解决收复伊犁的问题，如果达不到目的，再采用军事手段，他的意见得到朝野爱国人士的赞成。清政府命外交官曾纪泽出使俄国，进行交涉。俄国多方要挟，蛮不讲理。左宗棠前往哈密的途中，让士兵抬着棺材走在前面，表明誓死抗击俄国、收复伊犁的决心。这一举动有力地支持了曾纪泽的外交斗争，最终，迫使俄国归还了伊犁。

大事记

距今 10000 ~ 4000 年

新疆处于细石器文化时代，全疆发现有细石器遗址 50 多处。

前 2000 年

新疆出现青铜文化，代表性遗址有罗布泊小河墓地。

前 139 年

张骞第一次出使西域。

前 101 年

西汉政府在轮台、渠勒等地屯田，并设立“使者校尉”专职掌管。

前 60 年

西汉王朝在乌垒设立西域都护府，郑吉被任命为首任都护，匈奴“僮仆都尉”被撤销。

前 1 世纪

佛教传入新疆。

73 年

东汉吏士在哈密屯田，设置“宜禾都尉”。班超从南道收服西域各地。

74 年

东汉收服西域诸地，复置西域都护、戊己校尉。

91 年

西域都护班超遣甘英出使大秦、条支等国。

327 年

前凉张骏于高昌设郡县。

402 年

柔然称霸漠北草原，其势力范围西至焉耆一带。

448 年

北魏在鄯善等地驻扎官员征收赋税。

499 年

麴嘉就任高昌王，是为麴氏高昌政权开始。

552 年

突厥汗国建立。不久将其势力范围扩展到西域。

608 年

隋朝军队进驻伊吾，之后又设立鄯善、且末、伊吾三郡。

629 年

唐朝佛僧玄奘自长安、途经西域赴印度取经。

630 年

伊吾七城王石万年归顺唐朝，唐以

交河故城

吐鲁番胜金店墓地古壁画

其地设西伊州。

640 年

唐朝收服高昌，置立西州，又在可汗浮图城建庭州，各置郡县。同年设立安西都护府于交河城。

648 年

唐朝出兵攻下西突厥控制下的焉耆、龟兹等地，迁移安西都护府于龟兹城，置焉耆、龟兹、疏勒、碎叶四镇，史称“安西四镇”。西域各地归唐。

702 年

唐朝设立北庭都护府，设于今吉木萨尔境内。主理天山北部诸地事务。

751 年

唐朝军队与黑衣大食激战于中亚的怛逻斯，唐朝败，中亚广大地域归属大食。

755 年

“安史之乱”爆发，安西、北庭及西域许多地区兵马被调入内地平乱。唐朝控制西域的军事实力减弱。

790 年

西域大部分地方为吐蕃人占领。

840 年

漠北回鹘汗国覆没，余部溃散，其中一部分西迁天山南北各地。西域地区的喀剌汗王朝和高昌回鹘政权俱为其所建。

938 年

于阗李氏王朝派遣使者到中原地区朝贡。李圣天被后晋封为“大宝于阗”。

960 年

喀喇汗王朝统治下的喀什和阿图什等地皈依伊斯兰教。

1132 年

辽朝宗室耶律大石于叶密立城称帝，创建西辽政权。西域各地归其所属。

1209 年

高昌回鹘脱离西辽归附成吉思汗蒙古国。

1210 年

乃蛮首领屈出律篡夺西辽汗权。喀剌汗王朝灭亡。

1218 年

屈出律被杀，西辽亡，西域各地归属蒙古。

1251 年

蒙古人在西域设立别失八里、阿姆河两个行尚书省管理西域和中亚各地事务。

1280 年

元朝在西域设立交钞提举司，改管理高昌畏兀儿地区事务的“断事官”为北庭都护府。

1347 年

控制西域、中亚政局的察合台汗国分裂为东西两部，统治天山南北各地的是东察合台汗国。大批蒙古人信仰伊斯兰教。

1404 年

明朝设立“哈密卫”管理当地事务。

1680 年

天山南部的伊斯兰教白山派和卓首领阿帕克导引西蒙古的准噶尔部南下攻克叶尔羌、喀什等地，东察合台汗国覆灭。

1755 年

清军分两路出师准噶尔，征讨达瓦齐，平定准噶尔。

1758 年

清朝平定大、小和卓叛乱。

1762 年

清朝设立伊犁将军，驻惠远城。天山南北各地军政大事俱归其所管。伊犁将军下设都统、参赞大臣、办事大臣、领队大臣分驻各地。

1771 年

蒙古土尔扈特部在首领渥巴锡率领下冲破沙俄设置的重重障碍，东归祖国，受到清朝政府的欢迎和款待。

1851 年

清朝与俄国签订近代新疆第一个不平等条约《中俄伊塔通商章程》。

1864 年

《中俄勘分西北界约记》签订，俄国通过此条约以及以后几个勘界议定书从我国西北割去 44 万平方公里的土地。库车、迪化（乌鲁木齐）等地先后爆发回族、维吾尔族农民反对清政府的大规模武装起义。

1865 年

浩罕军官阿古柏在南疆和卓势力引导下侵入天山南部诸地，遭到当地各族人民的奋勇反抗。

1875 年

陕甘总督左宗棠被任命为钦差大臣督办新疆军务，全力掌理征伐阿古柏入侵者事宜。

1876 年

清军收复新疆之战结束，阿古柏侵略政权覆没。

1882 年

被俄国侵占长达 11 年的伊犁终于被清政府收回。

1884 年

新疆建省，刘锦棠为新疆首任巡抚。迪化为首府，取代伊犁成为新疆军政中心。

高昌故城

1912 年

伊犁起义爆发，新伊大都督府成立。于阗策勒村爆发抗俄斗争。杨增新被袁世凯委任为新疆都督。

1920 年

《伊犁临时通商协定》签订。

1928 年

杨增新为部下樊耀南枪杀，史称“七七政变”。金树仁接任新疆省主席。

1931 年

哈密改土归流，废除王制。马仲英第一次入新。

1932 年

迪化发生“四一二政变”，金树仁被推翻，盛世才上台，就任新疆边防督办。穆罕默德·伊敏在南疆建立所谓“东突厥斯坦伊斯兰共和国”，仅数月便灭亡。

1949 年

新疆和平解放。人民解放军进入新疆。

1955 年

新疆维吾尔自治区成立。

主要少数民族

维吾尔族

维吾尔族人自称“维吾尔”，取“联合”之意。由此可知，维吾尔族是一个多源民族。其主要构成有二：一是自蒙古草原的回鹘人；二是南疆绿洲上的土著。维吾尔族以农为生，擅长种植棉花、小麦、玉米、水稻等农作物。此外，还以园林技艺见长。现在的维吾尔族大部分聚居在天山以南的喀什、和田一带，以及阿克苏、库尔勒地区，其余散居在天山以北的乌鲁木齐、伊犁等地，只有极少量的维吾尔族人居住在新疆以外。

维吾尔族人拥有自己的语言和文字。维吾尔语属于阿尔泰语系突厥语族，而维吾尔族人使用的文字是建立在以阿拉伯字母为基础的维吾尔文。维吾尔族人信奉伊斯兰教。

维吾尔族待人接物非常讲礼貌。说话时要让长者先说，走路时请长者先行，落座时让长者坐上座。路遇长者或是朋友，都要恭立道旁，右手放在心口并鞠躬，手按胸部中心，向前倾斜 30°，口念“萨拉木里孔”（祝您平安）。

维吾尔族儿童

哈萨克族

哈萨克族是一个混血的民族，属于突厥语诸族的一支，其主要族源有塞种、月氏、乌孙、匈奴、康居、奄蔡、克烈、克普恰克等。公元前的哈萨克族人活跃于中国西北部的阿尔泰山、天山及伊犁河谷、伊赛克湖一带，是马背上的民族，主要以畜牧业为生。哈萨克族人也善绣。今天他们的绣品已出口至日本等几十个国家和地区。哈萨克族主要聚居在新疆伊犁哈萨克自治州、阿勒泰、木垒哈萨克自治县和巴里坤哈萨克自治县。只有少数分布于甘肃省阿克塞哈萨克自治县。

哈萨克族人也拥有自己的语言和文字。他们的语言属于阿尔泰语系突厥语族克普恰克语支。伊斯兰教传入之后，开始使用以阿拉伯字母为基础的拼音文字，并沿用至今。

哈萨克族人在其长期游牧、迁徙过程中创造出了具有本民族特色的游牧文化，其中尤以长诗为最。

柯尔克孜族

“友谊与热情是柯尔克孜人的金子。”柯尔克孜族主要居住于新疆的西部，且绝大部分聚集在克孜勒苏柯尔克孜自治州。仅有少部分分布在伊犁、塔城、阿克苏和喀什等地区。柯尔克孜族人拥有自己的语言，即柯尔克孜语。这是一种阿尔泰语系突厥语族的语言，它的文字形式是在东欧平原地区的斯拉夫字母和阿拉伯字母的基础上形成的。柯尔克孜族人信奉伊斯兰教，忌食猪肉和

塔吉克族新娘

柯尔克孜族女孩

自死牲畜肉。马肉、马肠是他们冬季最好的食品。柯尔克孜族人非常好客，他们常常用羊头肉来招待最尊贵的客人。而这时的客人作为回馈，要分出一些羊肉给主人家的妇女和小孩。

塔吉克族

“塔吉克”是塔吉克族人对自己的称呼，即“王冠”的意思。塔吉克族人具有典型的欧巴罗人种特征：皮肤颜色浅，头发呈金黄色或黑褐色，眼睛为碧蓝色，高鼻薄唇。他们主要聚集在新疆西南部的塔什库尔干塔吉克自治县，其余部分则分散在莎车、泽普、叶城和皮山等县。

塔吉克族人的族源可以追溯到公元前若干世纪生活在帕米尔高原东部的那些操伊朗语的部落。因此塔吉克语属于印欧语系伊朗语族帕米尔语支。由于塔吉克族人没有本民族的文字，因而普遍使用维吾尔文，信仰伊斯兰教。帽子是塔吉克族人最具特点的装饰物，一般男子戴黑绒筒帽，而女人戴的是圆顶绣花的棉帽，帽子的后边还有垂帘。

锡伯族

锡伯族古代分布于西伯利亚、内外蒙古以及中国等远东地区，与古代鲜卑和近代满族有一定的族源关系。历史上有须卜、室韦、失韦、史伯、西伯、席北、席伯、锡北等 20 多种记载，都是“锡伯”二字的音转和异写。

新疆的锡伯族共有 4 万余人。而伊犁的察布查尔锡伯自治县是中国唯一的锡伯族自治县，拥有两万余锡伯族人。史料记载，新疆的锡伯族来自东北。清乾隆年间，政府为加强新疆的边防力量，特从沈阳、辽阳和抚顺等地抽调锡伯族官兵驻边卫国。因为，当年西迁的锡伯族是在农历四月十八，聚集在盛京的锡伯家庙祭祖辞行。所以，新疆的锡伯族便将这一天定为他们的“西迁节”。

走遍中国·新疆

INTERPRETATION OF XINJIANG
新疆解读

走遍中国 · 新疆

INTERPRETATION OF XINJIANG
新疆解读

丝绸之路上的回响

当重新面对这条道路时，不仅关注这条路经过了哪些地方，最终到达了哪里，都运送过哪些物品，我们更喜欢探究这些活动背后的心态和动机。隔着时间已经很难与古人沟通，这样越发增加了这条道路的神秘色彩。

丝绸之路是一个谜。

沿着丝绸之路，我们可以看到这样一些景象：骆驼的尸骨、翻倒在路边的卡车、干裂着嘴唇的旅行者……这一切，被辽阔的戈壁映照，更显出一种绝世的苍茫之感。生命在这条路上是那么珍贵，而这一条路，其实是一条赞美生命之路。那些附加在它身上的所谓文化研究、历史探索，不过是附着其上的皮毛。当人们获得了食物，拥有了财富之后，他们没有安歇在家，却走上了这样一条艰辛之路，他们是最早的探险家或者狂想家；最早的绿色和平组织者或者间谍；最早的旅人或者商人，他们，在路上。

正如埃及史的研究最初不在埃及一样，“丝绸之路”从名词概念到学术研究，都是从西方开始的。20世纪初，西方探险家“带走”的资料从种类、数量到完好程度都是惊人的，当然，他们对资料的保存与开发是值得肯定的。对我们来说，回头再看丝绸之路，内心充满了矛盾。

中国是丝绸的故乡，中国人很早就懂得了养蚕、缫丝、织绸这套运作流程。春秋战国时期，一些游牧民族得到中国皇帝的封赐品中，就有大量的丝绸。而他们又经常和中国做一种“绢马贸易”，就是绢和马交换。这个贸易额非常大，从中国北方一直到欧亚大陆的草原地区，都使用这种贸易方式，所以，早期的丝绸就是通过这种方式流传到西方去的。直到张骞“凿空”西域后，丝绸才开始大批量地运送到西方。这个时候，买卖双方都是有计划地、有组织地派出专人来做“贸易”。

中国已将丝绸当作一种商品和货币，推向了国际市场。在新疆发现的历史文书中，我们得知有一个很大的粟特商团，经常有组织地来到中国采购丝绸，他们的采购点不仅在新疆，还在长安、洛阳和中国的内地城市。他们购进大批丝绸后再转卖到西方。正是这种需求，让中国的苏州、杭州等地发达了起来。

在《马可·波罗游记》中有这样一段描写：“苏州城漂亮得惊人，方圆有32公里。居民生产大量的生丝，制成绸缎，不仅供给自己消费，使人人都穿上绸缎，而且行销其他市场。他们之中，有些人已成为富商大贾。”

西方人为什么如此迷恋东方丝绸呢？据说，他们认为丝绸不仅穿着舒适漂亮，还可以防止虱子和臭虫叮咬，对人体有保护作用。他们甚至让丝绸变得格外具有“魔力”——穿上丝绸后，不怕下雨、打雷和闪电，连当时巫术使用的器物都要用丝绸包起来。整个中亚一直到罗马，对丝绸的需求量都非常大，尤其是罗马人，几乎到了狂热的地步。

罗马人第一次见到丝绸，是在战

每一个维吾尔族人都是天生的舞蹈家

场上。那是公元前53年，罗马人和安息人大战，场面极其宏大，后来，安息人将罗马人团团围住，但罗马人誓死反抗，弄得安息人很苦恼。安息人就想出了一个招儿：在正午时分，把多面绣金的彩色军旗展开来大力摇晃。那些丝绸在阳光的反射下非常艳丽诡秘，让罗马人很惊慌，最终丢盔弃甲，惨遭失败。虽然丝绸军旗让罗马人大败，但罗马人从那刻起，就爱上了这个神奇的东西。

4世纪，丝绸在罗马已经很普及了，不单是贵族，甚至连脚夫都用上丝绸，丝绸深入罗马社会的各个阶层。我们将罗马视为丝绸之路的终点，并把汉唐中国古都长安和洛阳视为丝绸之路的起点。但也有人认为，这条路向西可以延伸到意大利的威尼斯，向东可以延伸到日本的奈良。

早年，这条东西往来的通路并没有一个固定的名称，直到1877年，德国地理学家李希霍芬在他写的《中国》一书中，首次把汉代中国和中亚南部、西部以及印度之间的以丝绸贸易为主的交

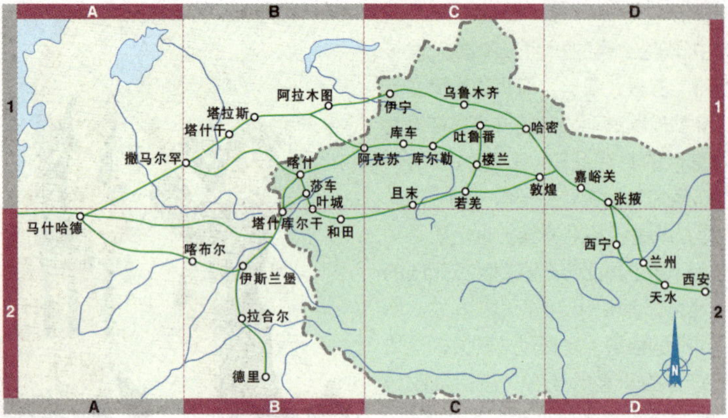

北丝绸之路示意图

通线路，称作“丝绸之路”后，这条道路才算有了一个名号。其后，德国历史学家赫尔曼在《中国和叙利亚之间的古代丝绸之路》一书中，进一步把丝绸之路延伸到地中海西岸和小亚细亚，确定了丝绸之路是古代中国经由中亚通往南亚、西亚以及欧洲、北非的陆上贸易交往通道，因为大量的中国丝和丝织品经由此路西传，故称“丝绸之路”，简称“丝路”。

除了沙漠之路这条主干线之外，丝绸之路还有许多分支线路：草原之路、海上交通、唐蕃古道、中印缅路等。在某些时期，有些分支线路的重要性不亚于沙漠之路。最早的丝绸贸易就是从草原之路开始的，而唐代以后，东西方的交往逐渐改走海路，并在15世纪，人类进入大航海时代之后，最终取代了传统的陆路交通。

道路是由一个驿站和另一个驿站连缀而成的。那些被沙尘摔打过的名字：楼兰、吐鲁番、龟兹、敦煌、喀什、长安……像一粒粒佛珠，散发着古色古香的味道。今天，当我们再次接近这些佛珠的时候，还能真切地感受到遗留下来的风尘。

20世纪初，瑞典探险家贝格曼在新疆孔雀河一条支流发现了小河墓地，并把这里出土的几具人骨带回欧洲。经鉴定，楼兰人属于原始欧洲人种。也就是说，欧洲人种向东方最远分布到了楼兰，而蒙古人种（也就是黄色人种）与欧洲人种的分界，就在楼兰与敦煌之间。当我们在唐朝诗人王昌龄笔下“黄沙百战穿金甲，不破楼兰终不还”的著名考古胜地，发现了一些小麦的麦粒时，那4000多年前的生活场景与气息扑面而来。

在今天的新疆，民间音乐和舞蹈几乎渗透到每一个家庭，每一个维吾尔族人都是天才的歌唱家和舞蹈家。丝绸之路的地表特征表现为艰险与荒凉，但同时充满了音乐和舞蹈的抚慰。唐玄奘在他的《大唐西域记》中曾写道：龟兹国在演奏管弦乐方面的水平是最高的。

借助音乐传播佛法，是鸠摩罗什的发明。这位龟兹的国师，为了将梵文的印度佛教经典翻译成龟兹文和汉文后便于传播，非常注意文字的韵律，如同音乐一般的佛经十分符合人们的审美与记忆规律，佛教便很快传播开来。在龟兹壁画中，琵琶、排箫和鼓大量出现。龟兹的歌舞不仅风行于西域，在遥远的中原也非常流行。能歌善舞的艺人们跟随丝绸之路上的商队进入中原后，穿着胡服在胡姬开的酒肆喝酒，是一种潮流和风尚，同时，又有许多汉人僧侣回溯到龟兹，为新疆大地带来了一股强烈的“汉风”。东西方文化通过丝绸之路，在新疆大地上相遇、交融、碰撞。

我们今天所常见的一些植物，如胡桃、胡瓜、胡葱、胡荽、胡椒、胡萝卜……十有八九都是通过丝绸之路从西方传递而来的。古代文献中往往把这些植物的移植中国，归功于第一位中西交通的美好使者——张骞，事实上，现在可以确定张骞带回来的物产，只有苜蓿和葡萄，前者原产伊朗高原西北的米底亚，后者是西亚和埃及最早人工栽培的一种植物。汉初以来，从西方流通而来的不仅仅有植物，还有罗马的玻璃器和西域的乐舞、杂技，到了东汉末年，史书记载：“灵帝好胡服、胡帐、胡床、胡坐、胡饭、胡箜篌、胡笛、胡舞，京都贵戚皆竟为之。”从魏晋到隋唐，西亚和中亚的音乐、舞蹈、饮食、服饰等，大量传入中国。

从李白的诗句“胡姬貌如花，当垆笑春风”我们不难想象，当年，这位浪漫主义诗人是如何迷恋于长安的酒家里胡女们举手投足的异域风情、千娇百媚的；岑参的“琵琶长笛曲相和，羌儿胡雏齐唱歌。浑炙犁牛烹野驼，交河美酒归叵罗”则描绘了在酒泉地方官的宴席上，令人陶醉的胡人歌舞与美酒；白居易也不惜笔墨地写道：“天宝季年时欲变，臣妾人人学圜转；中有太真外禄山，二人最道能胡旋。”可见，胡旋舞是如何地受到欢迎，美人杨贵妃擅舞不足为道，而大胖子安禄山也能“乃疾如风”，可与美人媲美，除了因为他身上有着粟特人的血统，跳胡旋在朝野之上的风行也由此可见一斑。

自从被打通的那一刻起，丝绸之路就是一条漫长而又艰险的道路，通过这条道路，生活在东、西方不同地域的人们，交换了他们的物质生活、生活方式，最终走向融合。

音乐和舞蹈几乎渗透到了每个维吾尔族人家

故城与故国，那些失落的文明

楼兰与罗布泊，交河故城与高昌故城，它们如今从繁华走向了衰落，从喧哗走向了沉默，但它们分别代表了不同的历史时期那些已经失落的文明。

楼兰与罗布泊

很久很久以前，罗布泊曾经有汪洋一碧的湖水，有新鲜跃动的生命，有世代生息的罗布人，“丝绸之路”在这里繁荣了几百年。后来，塔里木河改道、孔雀河断流，终于在1972年，这个本来是“烟波浩渺”的罗布泊完全干涸了。而这蒙古语为“罗布淖尔”，意为“汇入多水之湖”的罗布泊，曾经是塔里木河、孔雀河、车尔臣河、若羌河和米兰河等多条河流的归宿，也曾经是中国第二大咸水湖（面积曾超过5000平方公里）。

据《汉书》记载，这里“多葭草、柽柳、胡桐、白草，民随畜牧逐水草，有驴马、多橐驼”，是一个安乐、富足的世界；18世纪，清代学者徐松在《西域水道记》中记载，这里虽有“山阳平沙”、“沙地旷远”，但仍有不少地方“胡桐丛生、结成林箐”；生活在塔里木河下游阿不旦一带的“罗布人”，过着“不食五谷，以鱼为粮，织野麻为衣，取雁毛为裘，藉水禽翼为卧”的自给自足的生活。

近百年内，罗布泊因来水断绝，渐趋缩小，直至干涸。1921年，塔里木河在尉犁县改道涌入孔雀河，东注罗布泊洼地，形成了近代罗布泊。1930年至1931年，罗布泊南北长约100公里，东西宽55公里，面积为3200平方公里，呈不规则椭圆形。1942年以后，孔雀河水径流量减少，罗布泊湖体收缩。20世纪60年代初期，塔里木河下游修筑水库，孔雀河上先后筑起多道堤坝，罗布泊断绝来水，日趋干涸。

如今，罗布泊是我国最干旱的一

罗布人麻扎

隅，年降水量不足10毫米，不少地方甚至终年滴水不降。暑季最高温度在42℃以上，地表温度在75℃。最好的季节在春、秋两季，但此时每隔三五天会遇到4～7级漠风袭击。干涸的罗布泊呈现着一种令人咋舌的凄凉和蛮荒，而这荒原一般的罗布泊上，散落的玉石、铜镞、串珠，甚至磨盘、玉斧、刮削器以及一只只螺壳，都诉说着这里曾经一时的繁盛。

有人称罗布泊地区是亚洲大陆上的一块“魔鬼三角区”，在罗布泊，不可思议的事时有发生，比如，许多人竟渴死在距泉水不远的地方。最早到新疆考察的瑞典探险家斯文·赫定提出了“罗布泊游移说”，他认为罗布泊存在南北湖区，由于入湖河水带有大量泥沙，沉积后抬高了湖底，原来的湖水就自然向另一处更低的地方流去，又经过许多年，抬高的湖底由于风蚀会再次降低，湖水再度回流，这个周期为1500年。

1900年，维吾尔族向导艾尔得克为找回丢失的锄头，让斯文·赫定首次发现了楼兰故城，从而为这个谜一样的古城招引来了各国的考古学家、探险者，他们蜂拥而至，在楼兰故城地区发掘文物，也发掘出了一个意外消失的文明。除新石器时代的石斧、玉斧、石刀、石箭镞外，还有汉简、汉文书、去卢文书、丝织品、木器、陶器、铜器、玻璃制品、古钱等。其中以晋代手抄《战国策》和汉锦最为珍贵。中外学者盛赞楼兰是一个“埋藏在沙漠中的宝地”，是历史遗落下来的“博物馆”、“东方的庞贝城”。

这个曾经人口14000余，士兵近3000的国家，在《史记·大宛列传》被记载道:“楼兰、姑师邑有城郭，临盐泽。”公元前2世纪，楼兰已是个“城郭之国”，张骞给汉武帝带回了楼兰的消息，也给汉王朝带回了扩大疆土的信心，数次征战后，汉王朝彻底控制了西域，同时也打通了东西方的贸易通道——丝绸之路，作为亚洲腹部的交通枢纽城镇，楼兰城在东西方文化交流中曾起过重要作用。汉朝、匈奴和周围一些游牧民族国家经常为争夺楼兰进行大规模战争。楼兰被人们称为“一块紧张的世界史的纪念碑”。

交河故城

曾盛极一时的西域重镇在3世纪后迅速地悄然退出历史舞台，直到1700年后的今天，还保持着“谢幕”时的姿态，令人恍惚觉得历史就发生在昨天，这一切至今还是个没有真正解开的谜。到了唐代，“楼兰”就几乎成了边远的代名词，李白的《塞下曲》中就有“愿将腰下剑，直为斩楼兰”的诗句。

声名显赫的楼兰王国在繁荣兴旺了五六百年以后，却史无记载，传无列名，突然销声匿迹了。7世纪时，唐玄奘取经归来，楼兰国已是“城廓岿然，人烟断绝”，其萧条之景，使人顿生沧海桑田之感慨!

“楼兰美女”的出土，让现代人对于3800年前的楼兰古国产生了更为浓厚的兴趣。虽然，在这片由崛起的盐壳

故城从繁华走向衰落，只留下历史的回音

地表和错综复杂的风蚀“雅丹”共同构成的土地上，越野车每小时平均只能前进两三公里，平均每两分钟汽车就得转三个急弯，但那些稍事挖掘就能找到的陶片、毡片、古铜钱、古兵器、丝绸碎片还是吸引着众多的“考古发现者”。

交河故城与高昌故城

在新疆的吐鲁番有两座保存较好的故城，一座是交河，另一座是高昌。

从空中俯瞰，交河故城更像一艘被历史搁浅在这里的诺亚方舟，方舟的两侧是涓涓的河流和大片的粮田，而唯有这块不足 35 万平方米的土地一片荒凉。先民们为什么要选择在这里居住？交河故城的独特之处又在哪里呢？

这是一座有着独到构造技法的城，它利用洪水冲刷自然形成的柳叶形的台地建造城郭，而台地的断崖就是它的城墙，所以看上去并不规整，而是一个纯自然形成的轮廓。因为土地坚硬，所以先民们采用下挖法的建筑技术，从平面往下挖掘，中间的土层被清理之后形成了墙壁，也就形成了院落。这种建城的方法在中亚地区，乃至全世界都是极为罕见的。

交河故城是目前世界上最大、最古老、保存最完好的生土建筑城市，最高建筑物有三层楼那么高，唐代西域最高军政机构安西都护府最早就设在这里。故城被当地人称为“雅尔和图”，意为“崖儿城”。经历了 2300 年风风雨雨的考验，目前，交河故城依然巍然屹立。由于河水冲刷，台地周缘形成了高达几十米的断崖，地势险峻、易守难攻，自古就是兵家必争之地。因两条河水绕城在城南交汇，故名交河。

交河故城为车师人始建，建筑年代早于秦汉，距今 2300 ~ 2000 年。这里曾是车师前国国王的治地，当时有“户七百、口六千五十，胜兵八百六十五人”，是一个政治、经济、军事和文化的中心。8 世纪末交河陷于吐蕃，9 世纪中叶后，设交河州，属回鹘管辖。13 世纪下半叶，西北蒙古贵族集团的海部、都哇发动战乱，交河故城屡屡受祸，破坏严重。明永乐年间，城池已废。明代陈诚有诗为证："沙河二水自交流，天设危城水上头，断壁悬崖多险要，荒台废址几春秋。"可见，当时的交河已是一片废墟了。

交河故城是"丝绸之路"上的历史名城，在历史的舞台上至少活跃了1500年，其间历代政治地位虽有差异，但是一直是古代西域政治、军事中心之一，在东西方文化交流中起过十分重要的作用。可以说，交河故城是古代车师、汉、回鹘等民族先后共同开发建设的历史纪念碑。

高昌故城与交河故城是一对风格不同的"姐妹城"。高昌故城约毁于元初，废弃后，大部分地面建筑荡然无存，遗留下主要是城西南的寺院、内城北部的"可汗堡"、气势犹存的城墙和深陷的护城河，以及随处可见的建筑基座和残壁。高昌故城除了有一小部分洞穴以外，城内的其他建筑基本上都是采用黄土干打垒的方式建造而成的，它的历史有两千多年。出人意料的是，在这里夯起第一道土墙的却是一批疲惫不堪、满身伤痕的中原将士。公元前104年，汉将李广利征伐大宛时，在这里留下伤病的将士，建壁垒、开农田，这就是高昌城的雏形。

当年，高昌故城被称为"连接东西方贸易的十字路口"。那时操着各种语言，穿着不同服饰的商旅、使团接踵而来，亚欧各具特色的商品也都在这里集散转运。交易的物品主要是粮食、服装、皮毛制品、陶器、五金、糖酒、药品以及骆驼、牛羊等。据说唐朝时期，这里的税收可以满足整个西域地区的军事和行政等所需的费用。"高达十二米的城墙上，人来马往，旗帜飞扬。城内，街道纵横，商肆骈列。"那是一座怎样繁华、喧嚣而又生机勃勃的城市啊！

可汗堡是当时高昌城里的一座较为重要的宫殿建筑，今天我们站到它的面前，还隐约能感受到高大屋顶透露出来的辉煌与气派，而阿斯塔纳古墓群里埋藏着一部活生生的高昌文明史。在这里珍藏着从魏晋南北朝到唐代各个时期的文物，从上万件出土的文物中，不难看出，中原人曾经是高昌不可忽视的社会力量，而中原文化是占主导地位的主体文化，那些栩栩如生的彩俑和日常用品与中原如出一辙。

1275年，蒙古贵族海都、都哇、卜思巴等率领12万大军围攻高昌城，这场战争持续了半年之久，高昌城被攻破；1383年，高昌城再次经历了一场激烈的"圣战"，终于在战火中彻底毁灭。当以黄土建造起来的文明变成了一片废墟之后，高昌国的政治、经济、文化中心便转移到了今天的吐鲁番地区。

高昌故城曾被称为"链接东西方贸易的十字路口"

《玛纳斯》：一首传唱到今天的千年史诗

在中国，魔幻现实主义的代表作《百年孤独》曾影响了一代人的写作观念；在新疆，史诗《玛纳斯》影响了柯尔克孜族人的全部生活。

如果将魔幻现实主义巨著《百年孤独》与柯尔克孜族史诗《玛纳斯》对照着读，会发现许多相似之处。它们都讲述了一个家族的历史，都充满了神奇的传说和曲折离奇的想象。但它们之间有一个最大的不同：史诗《玛纳斯》是在没有文字、没有曲谱的情况下，完全靠口头传承，从10世纪传唱到了今天；而《百年孤独》却是一个叫马尔克斯的男人用一支笔在纸上洋洋洒洒地书写的小说，并被印刷成了不同文字。

"荒滩变成了湖泊，湖泊变成了桑田，山丘变成了沟壑，冰川变成了河湾，一切的一切都在变化，祖先留下的故事代代相传。"玛纳斯是柯尔克孜族人心中的"天皇巨星"。任何一个柯尔克孜族人，从懂事起，就知道有个英雄叫玛纳斯。在任何一个柯尔克孜族牧业村，夜晚，都会听到有人唱《玛纳斯》。不论男女老少，谁都能唱上几段。

因为战乱，原来居住在叶尼塞河上游的柯尔克孜族多次西迁，迁到天山山区和帕米尔高原。柯尔克孜族人主要以放牧为生。辽阔的草原是诞生民歌的摇篮。人在过于空旷的环境中，是需要放声歌唱才能消解内心的寂寞的。可以说，柯尔克孜族人的一生，是歌唱的一生。祝贺婴儿诞生要唱"祝诞歌"；青年人唱"爱情歌"来表达感情；举行婚礼时要唱"哭嫁歌"、"劝嫁歌"；老人去世时则唱"哭歌"来告慰亡灵。

在不断的动荡中，民族英雄玛纳斯的故事诞生了。没有人说得清《玛纳斯》的作者是谁，但这丝毫不妨碍柯尔克孜族人靠着口口相传把玛纳斯家族历代英雄的故事流传至今，并在13世纪发展成为一部比较完整的史诗。

柯尔克孜族人非常喜欢一种叫

婚礼上忙碌的塔吉克族妇女

“库木孜”的伴奏乐器，在草原，几乎家家都有一把库木孜琴。库木孜对于柯尔克孜族人，就像热瓦普对于维吾尔族人一样重要。它是用整块的杏木或柳木挖成，琴杆细长，音箱像葫芦。只要听到库木孜的弹奏，柯尔克孜族人就会从四面八方涌来，亮起歌喉。库木孜演唱的不是一般的歌曲，而是事件的叙述、信息的传递。歌词也没有固定的内容，完全根据需要说的事情编，有时甚至现编现唱。牧民们在听演唱时，既是为了听故事，更是为了了解信息。正是这种演唱形式，才孕育出了不朽的《玛纳斯》史诗。

玛纳斯是柯尔克孜族人传说中的英雄，是力量、勇敢和智慧的化身。广义的《玛纳斯》，是指包括8部史诗在内的整部史诗，每部史诗的家族都是一个英雄的主人公的名字。而狭义的《玛纳斯》，则指史诗的第一部，内容古朴、结构完整、艺术纯熟，约占整部史诗的1/4。

东方史诗的基本模式是从英雄的诞生开始叙事，《玛纳斯》亦是如此：玛纳斯的父亲加克普汗很富有，但年迈无子让他很痛苦。通过祈子仪式，同样年迈的妻子神奇地怀孕了。玛纳斯出生时，一手握着血块，一手握着油脂。手握血，预示着玛纳斯将要浴血奋战一生；手握油，则预示玛纳斯要让柯尔克孜族人民过上富裕的生活。为了躲避卡勒玛克人的追杀，玛纳斯出生后便被送到森林里扶养。玛纳斯11岁时，率领40名小勇士，与入侵的卡勒玛克人进行了浴血搏斗，最后把入侵者赶出柯尔克孜族领地，使他的威名大振。成年后，他终于成为柯尔克孜族人的统帅。为根除后患，玛纳斯率军远征。他们翻山越岭，长途跋涉，与独眼巨人搏斗，与强敌交锋。经过激烈的浴血搏斗，玛纳斯大获全胜，但他把妻子“远征胜利应立即返乡，否则必有大祸”的劝诫置于脑后，乐而忘返，结果被敌人的毒斧砍中头部，不幸身亡。

像所有的史诗一样，《玛纳斯》也以征战为主要内容。史诗中描写了大大小小几十场征战，各类征战的对象不同，

柯尔克孜族人用库木孜弹唱《玛纳斯》

性质也各异。但是，贯穿于史诗《玛纳斯》始末的都是反抗侵略者的奴役与反抗一切邪恶势力的正义战争。这是一场反侵略、反奴役、保卫民族生存与独立的正义之战。

英雄玛纳斯是一位勇猛剽悍、能征善战、性格放荡不羁的勇士。他大吼一声，则山崩地裂、洪水汹涌、黑云翻滚、电闪雷鸣。他挥舞长矛利斧冲入敌阵，所到之处人头落地，尸体如山，血流成河。听到玛纳斯的名字，敌人魂飞魄散。但玛纳斯既有盖世的勇力，辉煌的战绩，也有惨痛的失败，狼狈的处境。玛纳斯的身上充满了原始的激情与新鲜的活力。

玛纳斯身边有14位汗王，40名勇士。他们个个具有超人的神力，又有人的血肉之躯和七情六欲。他们勇猛剽悍，又狂傲自大。他们创造出了丰功伟绩，受到人民的爱戴，同时，他们也犯错误、遭遇失败。

柯尔克孜自治州阿合奇县库兰萨日克乡被称为“猎鹰之乡”

虽然《玛纳斯》和藏族的《格萨尔王传》、蒙古族的《江格尔》一起被称为我国三大英雄史诗，但无论《格萨尔王传》，还是《江格尔》，几乎都是以凯旋、欢宴，或被天神迎回天界作为史诗的结局，唯独《玛纳斯》，以主人公惨遭不幸为结局。

《玛纳斯》中塑造了许多悲剧英雄，描写了许多悲剧事件。父杀子、弟害兄、叔父谋害侄儿、祖父谋害孙子，以致最后酿成夫杀妻、妻杀夫、侄杀叔、孙儿杀祖父的流血事件。这种具有悲剧美的史诗格外悲壮惨烈。

《玛纳斯》讲故事的方式很有特点，完全按照事件发生的时序讲述，由始至末。每一部史诗，开头都是从英雄的出生，结尾都是到英雄怎样牺牲。掌握了这个规律，面对庞大的8部史诗，其实可以用一个简单的公式概括出来：上部史诗的主人公是下部史诗主人公的爸爸。这种不断延续的父子关系，构成了整部《玛纳斯》史诗的血脉脊梁。

柯尔克孜族是个跨国民族，在中国、吉尔吉斯斯坦、乌兹别克斯坦等国都有分布。这些国家都有人会唱《玛纳斯》，而在中国，居素甫·玛玛依因为能唱全本8部史诗，成为世界公认的演唱《玛纳斯》最完整的人。他演唱的《玛纳斯》宏伟大气，情节完整，风格浑朴。那23万行诗，相当于荷马史诗《伊利亚特》的14倍。全部唱完，需要三天三夜，故而他被称为“活着的荷马”。《玛纳斯》已渗入柯尔克孜族人的血液中。

《十二木卡姆》：维吾尔族人唱不完的情歌

深夜时，安静地聆听《十二木卡姆》，在新疆大地那辽阔背景下响着苍凉男人的声音，那是唱给情人的滚烫之声。

就像蒙古族离不开《江格尔》、藏族人离不开《格萨尔》、柯尔克孜族人离不开《玛纳斯》一样，维吾尔族人离不开《木卡姆》；就像西方文化离不开《圣经》，伊斯兰文化离不开《古兰经》，维吾尔文化也离不开《木卡姆》。

木卡姆起源于喀什噶尔，是优秀的维吾尔古典音乐形式，它融合了疏勒乐、龟兹乐、于阗乐的传统，形成了一种特殊的歌舞形式。它是新疆大地上最隐秘的歌唱，是维吾尔音乐的母亲，是打开新疆人情感世界的金钥匙，在那里有一个被遮蔽和掩藏起来的新疆。

真正的木卡姆表演，一定是在特定时刻、特定环境，一群人情感的特定爆发。那些放下锄把，鞋上还沾着泥土的民间艺术家，亮开嗓门后，会将一个完全听不懂歌词的人唱得热泪盈眶。

在喀什的大广场上，当木卡姆的歌声响起后，男女老少都将进入舞蹈状态。木卡姆是他们的呼吸、他们的血液，他们的身体就是木卡姆的组成部分。所有的人都是演员，同时也是观众，人们如痴如狂，跳舞与歌唱，是因为需要，而不是为了取悦别人——这就是木卡姆和其他舞台艺术完全不同的地方。木卡姆绝不是一种单纯的歌舞表演，是集词、曲、舞、环境于一身，原汁原味、酣畅淋漓的生命的艺术；是那种沾满尘土、来自大地的声音。

在新疆南部，常常可以听到这样的故事：一位维吾尔族老人，将自己家房梁上的椽子抽下来卖掉，只是为了筹钱参加木卡姆聚会。他们认为，没有肉吃可以，但怎么能没有歌舞？“葡萄架下跳一曲木卡姆”，这在维吾尔族人眼里，

在维吾尔族人眼中，没有肉吃可以，但怎么能没有歌舞？

就是天堂生活的缩影。舍弃一根椽子，换得在天堂生活的几小时，多么值得！

一些偏僻地区的馕坑旁，常能看见一些打馕的男人，带着沾满油渍的围裙，手里举着一个扎好了图案的馕饼，往上抹些清油，之后，“啪”地贴在烧得发白的馕坑壁上。他们丝毫不厌倦地重复着这个动作，但他们头顶上总会有个黑乎乎的音箱，木卡姆的歌声一直从那里流淌出来。音乐让他们劳作的身影变得生动起来，也洗礼、安抚着那没有洗净的脸颊、那有着滚圆肚子的馕坑、那堆成小山一样的干馕，木卡姆的旋律让这平庸的日常生活充沛、饱满、勃然生机。

木卡姆在新疆不仅是普通人随时享用的日常音乐，如果遇到庆祝丰收、盛大节日、举行婚礼，木卡姆更是不可或缺的，人们随着独塔尔、热瓦普、弹拨尔、艾捷克、卡龙、手鼓等乐器奏出的木卡姆曲调，载歌载舞，尽情于欢快与幸福的表达。

木卡姆整理者阿曼尼沙汗雕像

作为一种民间音乐，木卡姆的历史悠远。早先，维吾尔族人的祖先在从事渔猎、畜牧活动时，在旷野、山间、草地上即兴歌唱，这种歌叫作“博雅婉”，也就是“旷野”之意；后来，经过不断融合、衍变，到了12世纪，这种歌曲发展成“博雅婉”组曲，这就是“木卡姆”的雏形；13世纪，“博雅婉”组曲传入中亚和伊朗高原；到了15世纪，“博雅婉”组曲正式定名为“木卡姆”。

16世纪，一个叫阿曼尼沙汗的农家女孩，不仅长得很漂亮，也很有音乐天赋。当时的国王到山里打猎，听到她弹琴唱歌，就循着歌声找到了她，国王立刻为她的美貌和才华而着迷并且爱上了她，把她娶到宫中当了妃子。

阿曼尼沙汗本来就很喜欢民间音乐，进宫后，她把全国最有名的木卡姆艺人集中到宫里，对“木卡姆”进行了大规模的整理，将原来歌词中难懂的外来语词汇、古维吾尔语词汇和陈旧的宫廷诗词进行删改，整理出结构完整、体系严密、朗朗上口、易于理解的全新“木卡姆”。

尽管如此，我们现在在听木卡姆之前，还是应该先看看翻译成汉语的歌词，因为木卡姆的歌词就是一首首优美的古典诗歌。鲁特菲、纳瓦依、诺毕提、麦西热甫、依瓦依答、傅祖勒这些新疆诗人的诗词被填入木卡姆曲调后，被传唱开来，直到今天。其中，诗人纳瓦依不仅是中古时期中亚文化的代表人物，还是思想家和政治活动家。他写了多部诗集，在哲学和音乐方面也颇有建树。他的抒情诗感情真挚，技法高超，很善于使用比喻，被填入木卡姆曲调后，他的文字就像长了翅膀，到处飞翔。“我因分离在哭泣，你却让我耐心等待，啊，你用烈火当药，将我的灼伤涂擦。宝座桂冠有何用？星辰的彩绸装扮天穹，消亡的尘土飞扬，天穹依然疙疙瘩瘩。啊，你那奴仆的奴仆才穿锦袍戴乌纱，纳瓦依是你的奴仆，不要那锦袍乌纱。”我们看到了一个甘为爱情奴仆的男人，看到了诗人为纯真的爱情甘愿抛开绝大多数男人一生都为之奋斗的权贵生活，看到一个真诚的情人对时间的考问，因为时间是爱情永恒的、最大的考验，这是一种多么能打动情人的表白啊！

除了这些来自古典诗人们的作品的木卡姆歌词外，另一部分则是由民间叙事诗组成的，其中包括《艾里甫与赛乃木》、《赛诺拜尔》这类民间叙事中的代表性片断。《艾里甫与赛乃木》是在维吾尔民间流传十分广泛的爱情故事，像其他民族相爱的男女，他们也经历了曲折与坎坷，通过《十二木卡姆》的传唱，这段感人的恋情成为维吾尔艺术中的经典。

木卡姆因全曲分12大套，故而又称为《十二木卡姆》，每套又分三部分，音调上各有不同。先是“大曲”，维吾尔语叫“穹乃额曼”，一般是一首感情深沉的散板序唱；之后紧接“太孜”、“努斯赫”、“赛勒克”、“卡拉”等段落，一直到兴奋热烈的“赛乃姆”和“大赛勒克”到达高潮，最后以轻快的“太喀特”结束。

整个《十二木卡姆》共包括170多首曲牌和72首乐曲，长期流传于新疆各地。木卡姆因地区不同又分为“喀什木卡姆”、“刀郎木卡姆”、“吐鲁番木卡姆”、“哈密木卡姆”和“伊犁木卡姆”5种。其中，“喀什木卡姆”的规模最大、形式最完整、曲调也最丰富，从头至尾演唱一遍需要20多个小时。

能歌善舞的维吾尔族女孩

卡龙是一种弹弦乐器，可独奏，也可合奏或伴奏，是演奏木卡姆不可或缺的乐器。经中亚传入中国时，卡龙叫“七十二弦琵琶”；到了清代，曾名“喀尔奈”，并被列入宫廷里的“回部乐”。卡龙是“刀郎木卡姆”和“哈密木卡姆”的主要伴奏乐器。演奏散板部分，尤能发挥它的特色。正是有了像卡龙这样的乐器，才让木卡姆显得格外独特。深夜静听，卡龙和苍劲的男声相配，有一种特殊的悲凉。

以前，《十二木卡姆》一直以口头传授的方式在民间流传，到新疆解放前夕，仅有两三位高龄艺人能够较完整地演唱。1960年，经过多位音乐家的共同合作，出版了两卷本的《十二木卡姆》音乐巨著。2005年11月25日，联合国教科文组织在巴黎宣布《中国新疆维吾尔木卡姆艺术》为“人类口头和非物质遗产代表作”。

在那遥远的地方，有位“民歌王”

早在唐代，长安城里一度出现过“唱胡歌，跳胡旋舞”的风尚，那是西北草原文化大规模进军中原，并与农耕文化发生关系的第一个高峰期；之后，经过了一段漫长的等待，直到王洛宾的出现才将这一传承推向了第二个高峰。

王洛宾，一个深受中国古典文化熏陶、有良好学院派音乐教育背景，最终被西北草原文化浸染的人，让那些独具魅力的民歌响彻了整个神州，甚至传到了更远的地方。

“在那遥远的地方，有位好姑娘，人们走过了她的帐房都要回头留恋地张望……”可以毫不夸张地说，有华人的地方，就能听到这首《在那遥远的地方》，这首被称为“艺术珍品”、“皇冠上的明珠”的歌曲，也是王洛宾本人的最爱，以至于他的墓碑上，都镌刻着这首歌。

“遥远”是王洛宾一生中的关键词之一，他一生居住在那个遥远的地方，漫游、辗转于这片远离他的故土的土地；他的大半生都远离人们的视线，当他重新回到民歌的舞台上，旋即离开，去了一个更加遥远的地方，不知道那里有没有草原、帐房和美丽的姑娘和他眼中“迷人的月亮”。

王洛宾出生在北京，曾在北京师范大学音乐系学习，毕业作品是给徐志摩的《云游》一诗谱曲。这首他采用西洋歌剧的手法谱成的歌曲，在音乐系引起了轰动，就在他预备前往巴黎留学的时候，抗战爆发了，他说：“赶走了日本鬼子再去巴黎吧。”很快，他参加了西北战地服务团，由山西、陕西辗转来到宁夏。一天，途中遭遇大雨，歇息在六盘山下。山不高，树木也不挺拔，山脚下，车马店的老板

新疆舞蹈是王洛宾灵感的源泉

"五朵梅"闲来无事，给他们唱了一曲"花儿"："走哩走哩走远了，眼里的花儿飘满了，唉嗨的呦，眼里的花儿把心淹哈了；走哩走哩走远了，褡裢的锅盔轻哈了，唉嗨的呦，心里的苦痛重哈了……"一曲凄美委婉的"花儿"触动了王洛宾的音乐神经，他决定继续西行，去找寻最美的歌。

1939年，王洛宾随剧团来到兰州，有一支新疆汽车运输队途经兰州，剧团组织联欢会要慰劳车队人员。在联欢会上，汽车队一个头戴小花帽，留着小胡子的维吾尔族司机站起来唱了首维吾尔语歌，短促而不连贯，别人都没在意小伙子的歌声，但王洛宾从小伙子毫无规则的节奏中，听到了一种完全异于内地音乐的韵味和节奏的清新曲调。他急切地追到车队住宿的车马店，寻访了那位唱歌的维吾尔族司机。王洛宾边跟着哼唱，边把每一句都记下来，之后，又找到朋友翻译歌曲的内容：新疆有个达坂城，丫头漂亮得很，他想娶她做老婆，还要她妹妹和嫁妆，赶着马车去娶亲……

王洛宾把抄记的乐谱整理、连缀，寻找到主调，编成一首简短流畅的曲谱，曲子8个小节，4个乐句。在填词时犯难了。达坂城、丫头、漂亮、娶她做老婆……显然，这种略显直白的表达很不符合汉族人的传统习惯，怎么办？他凭借对汉语四声的谙熟，加上想象，将达坂城和姑娘进行了再加工，写成了一首风格完全不同的《达坂城的姑娘》。这首歌，一经演唱马上流传开来，并成为现代中国第一首由汉语译配的维吾尔族民歌。

达坂城这座乌鲁木齐与吐鲁番之间的小镇，因为一首《达坂城的姑娘》而声名远扬，每年成千上万的游客哼

新疆舞者

唱着"达坂城的石路硬又平啦，西瓜大又甜啦，那里住的姑娘辫子长啊，两个眼睛真漂亮"从四面八方来到这里，寻找长着长辫子、大眼睛、待字闺中的好姑娘，当然人们更是在追寻王洛宾的足迹。如今，达坂城建有王洛宾纪念馆，馆内有一尊王洛宾的雕像，背面铭刻着王洛宾《达坂城的姑娘》的手迹。

1941年，王洛宾写出了他一生的代表作《在那遥远的地方》。正当他迎来创作的第一个高峰期时，命运却和他开起了玩笑——他被捕了。国民党认为他是抗日积极分子，将他秘密逮捕，关押在兰州城北的监狱中。监狱在黄河南岸，他可以看得见黄河堰滩。在山上的小木笼子里，王洛宾一待就是3年。宪兵们一次次殴打他，要他改变思想，可他死不开口。每次过完"堂"，他都皮开肉绽，浑身是血，然而，等身体一好起来，他照样写歌，那些在牢房中写就

婚礼上跳起欢快的鹰舞

的歌曲，显示了他超人的耐力和韧性。1944 年，王洛宾出狱后，到青海马步芳部下当了一名音乐教员，王洛宾再次有了一份糊口的工作，却也埋下了之后坎坷生活的伏笔。1949 年 9 月，王洛宾随王震部队进入新疆，开始大量采集民歌。那时的交通极为不便，上山下乡要靠骑骆驼、马、牛、毛驴，走街串巷常常以步代车。早晨严寒中午酷热，语言不通，民俗不熟，王洛宾就是在这样的条件下，编创了《哪里来的骆驼队》、《克拉克什河水弯又长》、《黑力其汗》等歌曲。他热情高涨地学习维吾尔语，了解维吾尔族的民俗风情，迎来了创作的第二个高峰期。

但乖张的命运依然没有放过王洛宾，1960 年到 1975 年，王洛宾因“莫须有”的罪名，成为新疆第一监狱的囚徒。在狱中，他经常勒紧裤腰带，用自己嘴里省下的窝窝头“换”囚徒们的好歌。他写了《撒阿黛》、《高高的白杨》、《苏来曼与伊拉洪》等歌曲，整理出三大本民歌集，还写下了许多研究音乐的札记。

达坂城的王洛宾雕像

当他从监狱出来时已是一个白发老人，没有户口、没有工作，他成了无业游民。为了填饱肚子，他先是在工地上给人打石头、看工具、拉板车，靠出卖体力勉强糊口。直到1979年，他的冤案才得到彻底平反，重新穿上了军装，并在乌鲁木齐幸福路有了一套自己的住房。

因为在狱中待的时间太长，以至于他一点儿也不知道自己的创作或整理的歌曲已广为流传。他想为自己讨个说法："许多音乐会都演唱我的歌曲，但为什么不署我的名字，而是只写'青海民歌'、'新疆民歌'，如果别人问这歌是哪个民族的，歌曲里的汉语是从哪里来的，我们说什么？唱这样一支没有作者的歌并不体面。"直到1996年，病榻上的王洛宾终于收到中国音乐著作权协会给他的回复，来函明确指出："社会舆论无法改变著作权的归属，谁改编、整理，版权就应该归谁。"

王洛宾青年时远游到甘肃和青海，但最终在新疆落脚，并在乌鲁木齐市幸福路的一所房子里度过了他生命中最后的时光。幸福路上的很多居民至今都清楚地记得，这位一生写过无数情歌的老人穿着红格子衬衣，骑着自行车，车把前坠着一袋馒头，与他们擦肩而过的样子。

王洛宾写了一首名为《乌鲁木齐的月亮》的歌曲。歌词分为四段，写到了这座城市春、夏、秋、冬的不同景色，但这些景色里都有一个月亮："乌鲁木齐的月亮，清新的月亮，春夜里照在红山顶上……夏夜里照在南山牧场……秋夜里照在鉴湖水面上……冬夜里照在红湖冰场上……"在王洛宾的眼中，乌鲁木齐的月亮是迷人的。

乌鲁木齐是王洛宾的第二故乡，他一生中最美好的15年是在新疆第一监狱中被消磨掉的。面对这样一个地方，王洛宾的内心情感一定是复杂的，但他的歌曲的词和旋律只有流畅和简单。是王洛宾在民歌中浸泡的时间太久，深谙了民歌的韵味，将世间一切都删繁就简，浓缩成了点点精华，还是他对坎坷的命运依然留存了一份感恩的心？

王洛宾一生创作了《掀起你的盖头来》、《半个月亮爬上来》、《阿娜尔罕》、《达坂城的姑娘》、《青春舞曲》等300多首歌曲，收集整理了十几个少数民族的750多首民歌，创作了6部歌剧。这位深受中国传统文化的熏陶，同时又接受过西方文化的磨砺的"民歌王"，将汉语的四声巧妙地与少数民族的曲调结合起来，打破了民族之间的樊篱，让真正民族的歌声传遍了世界。

王洛宾雕像

斯文·赫定与亚洲腹地

在去往新疆之前，你不能不知道这个叫作斯文·赫定的瑞典人，最好还要读一读他在20世纪写就的《亚洲腹地旅行记》、《亚洲腹地探险八年》或者《我的探险生涯》，因为这个瑞典人与亚洲腹地有着太多的联系。

斯文·赫定是瑞典人，生于1865年。少年时，目睹瑞典极地探险家诺登舍尔载誉归来的盛况，兴起"大丈夫当如是"的念头。机缘凑巧，诺登舍尔投资俄国中亚巴库油田，当地一位工程师想为儿子聘请家教，赫定得到了这份工作。第二年也就是1886年春天，合同期满，赫定南下做纵贯波斯的旅行，为广袤的亚洲腹地所深深吸引，终生事业方向由此确定。此后长时间的探险生活，甚至使他无暇娶妻。他说：我已和中国结婚。

两项成绩使赫定名满天下。一个是发现楼兰故城，一个是填补地图上西藏的大片空白。当然这是从欧洲人的角度来说，事实上当地人早就知道废墟的存在，而藏族千百年来在西藏生活，对那里的一山一水也是再熟悉不过。赫定的成绩，在于通过精确的描述，把它们纳入西方知识体系。赫定因此成为世界级偶像，激励了包括斯坦因等一批人步其后尘（当然我们中国人对他们另有看法）。在一次宴会上，美国老罗斯福总统对赫定的介绍者说：你该不是说，这就是那个赫定吧？当时很多西方国家领袖以结交赫定为荣。英国驻印度总督寇仁勋爵亦曾允诺提供一切条件帮助赫定探险西藏，可惜旋即去职，而英国政府的态度马上完全转变，禁止赫定从印度入藏，赫定只得绕道克什米尔。

赫定活了87岁，这使他有足够的时间去感受语境的变迁——从殖民主义到合作与交流。1926年，赫定以61岁高龄再赴新疆，不过这回不再是探险，

两项成绩使赫定名满天下，其中一个便是发现了楼兰故城

而是科学考察，背后还有南京国民政府支持，这与当年他数次从西藏被押解出境真是天壤之别。

如果不是语境的变化，赫定的履历表不可能到晚年还会奇峰突起。在获得南京政府信任的前一年，事实上他已经放弃了。1925年，赫定出版了诸多著作中影响最大的一部——《我的探险生涯》，作为对自己一生的总结。在该书结尾，赫定表示，自己已经不能理解世事变化多端。换句话说，他认为自己的使命已经结束了。“至于未来的余生如何发展，且看全能的上帝摆布吧！”

但是，上帝似乎还不想抛弃这位老先生。在新疆的最后8年，赫定率领“多国部队”（包括中国科学家）以纯粹科学考察的面目出现，努力克制除了欧洲人都不是人的意识。这是他被允许继续在中国活动的前提条件。在他以前的书里，则充斥着“欧洲人”的字样；他的每一项发现，也全都基于“欧洲人”的立场——“在我之前，还从来没有欧洲人到达这里”——类似描述在《我的探险生涯》中比比皆是。

同时，在《我的探险生涯》中，也可以找到中国主权意识觉醒的证据。赫定最早进入中国是1888年年底，抵达新疆西部一个有中国驻军的边境据点。当晚，驻军统领柯安前来拜访赫定并致赠礼物。这个细节表明，当时中国人还没有现代边界意识，至少不认为赫定属于非法越境，而把他当作客人对待。但是到1906年的时候，赫定筹划第三次入藏，印度政府建议他申请中国护照。后来赫定从中国驻伦敦公使（当时中国与瑞典没有外交关系）那里拿到了前往新疆的护照。由于当时西藏禁止一切外国人进入，赫定便谎称要去新疆。

新疆罗布泊奥尔德克·吾马克之墓（瑞典探险家、地理学家斯文·赫定的向导）

赫定自认为是一个信守诺言的绅士，但似乎只是对具体的人而言。欺骗一个国家，并未使他良心不安。大概这也是因为在他的观念里，新疆和西藏只是中国的势力范围，而不是中国本身。对于中国主权的尊重，那是很久以后的事。在这个意义上，中国人把他归于殖民主义探险家并不算冤枉，尽管看起来这个人没做过什么对不起中国人的事情（如果他在书中总能保持诚实的话）。

当时赫定的确没把中国护照放在眼里，甚至打算一烧了之。这也不能完全怪他，因为这本护照基本上都压箱底了。行踪暴露后，西藏地方官员照例对他进行阻拦，但从没有怀疑他是否非法入境，更不曾要求验看护照。这说明当时中国虽已表面上接受国际规则，但并不能推行到基层政权。在

罗布泊楼兰遗址

地方上，还是老办法。赫定的护照只发生过一次效用，班禅因此确认他是客人，决定接见他。护照的概念，及于班禅的身边人而止。

在新疆和西藏探险，赫定要与三种人打交道：官员、平民、随行者。考察他与人打交道的态度，由此作出判断，可能比概念化地把他归入殖民主义或者帝国主义探险家（当然今天大多数人已经不这么看）要实在一些。

大概赫定属于口德很好的那种人，他笔下的中国地方官员，要么很绅士，要么恪尽职守，即使在很多年后撰写的回忆录里，也从不恶语相向。我想这也和中国官员面对西方人时的自尊心理有关，他们轻易不会暴露自己恶劣的一面。如果双方相安无事，赫定会用感激的口吻叙述中国官员对他的关照。更多情况是像西藏的地方官那样，奉命阻止他前进。这时候赫定多半会采取耍赖皮的态度，避免发生正面冲撞。看来多数官员还是对赫定礼敬有加，因此赫定最后往往不忘加上一句“我们成了朋友”。一个单身在华旅行的西方人当然要采取合作的态度，赫定只有一次向阻拦他的官员暗示西方的强大，更多时候宁愿套交情，比如强调他和班禅的良好关系。

对待平民百姓，赫定避免过多地打交道，为了能够顺利旅行，宁愿在和他们发生买卖关系时吃点儿亏，反正多数时候赫定总是能够得到充足的经费。赫定遭遇过小偷和土匪，并没有大惊小怪，毕竟这种情况普天下皆然。前边说过，赫定的口德很好，因此更不倾向于采取讽刺挖苦的口吻。只有一次，他发现某个短期随行人员（说当地百姓更合适）可能想偷他的牲口，但由于气候恶劣，牲口减员严重，因此他写道：看来他不能如愿了。赫定总是对守信的人大加赞扬。

赫定是个独行侠，从来不带西方人同行，基本做法是在进入中国之前，招募当地人组成他的探险队。进入中国后，也不排斥随时补充队员，特别是那些有特长的牧人和猎手。赫定对穆斯林更有好感，探险队前后两个最得力的领班伊斯岚和艾沙都是穆斯林，赫定与他们感情很深，特别是艾沙病死在旅途中的时候，赫定悲伤的笔调令人感动。还有一位名叫艾厄达特的猎手，当他倒在藏北高原上，赫定写道："墓穴掘好了，艾厄达特的身体被放入墓穴，底下垫着他的外套，身上盖着他的毛皮毯子，然后我们将土填进墓穴，沉重的西藏土壤落在艾厄达特胸膛上，他的脸被转向麦加方向。我们也将他射杀的最后一头牦牛尾巴绑在坟上做标记的柱子顶端，柱子上钉了一块小木牌，我写下艾厄达特的名字、去世日期以及他为探险队牺牲生命的事实。"

可以理解，由于探险基本都是在荒无人烟的荒野上进行，死亡的威胁随时可能降临，因此赫定和他的队员们保持着质朴的感情。至少从他的笔下，看不出探险队内部发生冲突的记录，对于长达二十多年的探险旅行、前后招募不下数百人的事实来说，这是一个难能可贵的记录。来自五湖四海的人们，情愿跟随一个西方人出生入死于穷山恶水之间，除了报酬的吸引力外，赫定的人格魅力应该说也是重要因素。在回忆录里，赫定尽量为他们每一个人留下了名字以及赞美的评价。

然而，当赫定第四次入藏的时候，为了保密，他向招募的队员们谎称要去新疆，这使他们认为旅途将很轻松，领班也只准备了一个月的粮草。但进入中国后，赫定突然命令探险队走向藏北无人区，根本不顾及物质储备的短缺情况，而这意味着拿整个探险队的生命去冒险。按照现代商业观念，这是令人无法容忍的违反合同行为。

照例，由于气候恶劣，随行的上百头牲口陆续死去，但只要还有一匹马，也要作为赫定的坐骑。赫定是老板，他很清楚自己应该扮演的角色。

赫定是一个为了达到目的而不惜一切代价的人，牺牲了很多探险队员的生命，为他送命的牲口更是不计其数。不过赫定对野生动物倒是爱护有加，除了必要的猎取肉食外，一般他禁止手下随意射杀野骆驼、野牦牛、野驴、天鹅等当地野生动物。这在那个动辄炫耀射杀多少只猛虎的时代，是相当可贵的珍爱生命的意识。有一次，手下人猎杀了一只母天鹅，公天鹅悲伤徘徊不去，赫定只好送它一并归西，为此内疚不已。

总的来说，赫定是个标准的绅士，懂得尊重人、尊重生命，这倒不是由于经常旅途险恶而被逼无奈，主要还是天性和所受教育使然。也只有这样，他才避免了风一样来风一样去的宿命（像同时代大多数西方探险家那样），直到晚年仍能得到中国政府的信任。

不过，随着探险的成功，他不断滋生的傲慢情绪也是显而易见的。赫定探险新疆和西藏，最主要的动力是那里的很多地方还"从来没有西方人去过"，他想做"第一个西方人"。这是一种偏见，但也有合理的成分，那就是把人类的知识进行西方式的精确描述。如果没有赫定，也许楼兰故城的命运就是永远沉睡地下。

赫定想做"第一个"的念头近乎偏执。例如，当他听说英国人杨赫斯本已

罗布泊楼兰遗址

经率兵打进拉萨之后，遂对这座魂牵梦萦的圣城掉头不顾。他最得意的是弄清楚了外喜马拉雅山一带的地理状况，填补了“地图（欧洲版）上的空白”。为此他斤斤计较于冈底斯山脉的命名权（固执己见地称之为外喜马拉雅山），对于支持他观点的学者和探险家感激不尽。换句话说，赫定数十年探险生涯的动力是追求荣誉，探求知识的渴望倒还在其次。

在《我的探险生涯》中，赫定都是从西部进入中国，前两次是翻越帕米尔高原，后两次是通过克什米尔。返回的线路比较多，除了走原路外，一次是从北京向北穿过蒙古经西伯利亚回国，还有一次是直接翻过喜马拉雅山进入尼泊尔回到印度。除了走蒙古那次外，这些路程都非常艰险，如果不是久经考验，仅高山反应就不容易对付。赫定本人一开始也有高山反应。一旦穿过这些山口走出中国，很快就会进入气候宜人的地区。只有像赫定这种意志坚定的人，才愿意一趟趟地走。

边塞与边塞诗

边塞诗成为潮流，是盛唐时期的事。中原与边关为了争夺地盘，一直不停地打仗，打仗就有官兵，就有思念官兵的女人。边塞诗不仅写了塞外生活的壮阔，也写了思念亲人的柔情。

早在汉魏六朝，就有人写过零星的边塞诗；隋朝国力增强，常打胜仗，写边塞诗的人多了起来；到了“初唐四杰”和陈子昂时期，边塞诗已经较为成型；随着盛唐的到来，边塞诗完全成熟了起来。

盛唐边塞诗可分为两类：一类是没有边塞生活经验的人写的边塞诗；另一类是有过边塞生活经验的人写的边塞诗。前类诗人，虽然没有长期生活在塞外，但他们的诗歌中渗透了浓浓的边关情结。有不少诗人以“凉州词”为题作诗，因为出了凉州，就到了塞外。王之涣说：“羌笛何须怨杨柳，春风不度玉门关。”王翰说：“葡萄美酒夜光杯，欲饮琵琶马上催。”他们都敏锐地感觉到了“羌笛”和“葡萄”的不同，却又有些莫名的亢奋，渴望在“春风”都吹不到的玉门关外有所建树，因为有一股力量在“马上催”。

打仗就会流血死人，一个士兵就牵动一个家庭的神经，可是这仗打了几个朝代，依然不见停止。刘湾说：“死是征人死，功是将军功。”杜甫说：“边庭流血成海水，武皇开边意未已。”王昌龄说：“青海长云暗雪山，孤城遥望玉门关。黄沙百战穿金甲，不破楼兰终不还。”崔颢说：“闻道辽西无斗战，时时醉向酒家眠。”

和以上这些匆匆走过边塞的诗人不同，还有一些诗人来到边塞，不是观光客，而是有一份官职，定居下来生活几年。其中，尤以岑参和高适为代表人物。他们可以称得上真正的边塞诗人。他们有足够的时间观察边塞的景色，体味边塞的生活，所写的诗歌，较前类诗人，也就更复杂和深刻。

岑参的曾祖是唐太宗时的名相，后来家道中落，他虽有考取功名之心，也曾献书长安，但仕途之路未能一帆风顺。一度，岑参在嵩山和终南山过起了隐居生活，那时，他创作了大量的山水诗，并写得极好，为后来创作边塞诗打下了基础。后来他考取了进士，被征调到边塞安西（今新疆库车）和北庭（今新疆吉木萨尔），算得上真正的“投笔从戎”。

公元 749 年，岑参第一次出塞到安

绮丽壮阔的新疆山水

边塞风情

西幕府当“书记”。他才三十出头，算得上一身戎装的“青年英雄”。从长安出发，他一路骑马，经过河西走廊，抵达敦煌，出了阳关，穿过吐鲁番，南下库尔勒，最终到达了库车安西。

岑参走的是古丝绸之路上最艰险的一段，行程 5000 余里，历时两个多月。一路上，边塞的奇山异景，与岑参洒脱好奇的性格相互碰撞，写下了不少以风景为题的诗歌：“马走碎石中，四蹄皆血流。”但岑参不是普通的游客，他没有游山玩水的闲散心情，他一心想在战场上取得功名：“功名只向马上取，真是英雄一丈夫。”所以他笔下的边塞诗，在描绘暴虐风景的同时，还有一股不服输的豪情：“君不见，走马川行雪海边，平沙莽莽黄入天。轮台九月风夜吼，一川碎石大如斗，随风满地石乱走。”在岑参的笔下，有这样一列部队，在恶劣的天气中行军，并坚定地相信自己会赢，诗人信心十足地断定，“虏骑闻之应胆慑”，因而要在“车师西门伫献捷”。

在《白雪歌送武判官归京》中，岑参以新奇浪漫的眼光，写出了一幅别有风味的新疆冬日风景：“北风卷地白草折，胡天八月即飞雪。忽如一夜春风来，千树万树梨花开……轮台东门送君去，去时雪满天山路。山回路转不见君，雪上空留马行处。”北风呼啸、八月飞雪，按理说心情应该很压抑，可岑参却感觉那压满枝头的雪花像江南春天的梨花，这种“变冷为暖”的笔调确实令人叫绝。轮台送人，应是满腹悲凉，但在大雪覆盖的天山路上，那一点点马蹄，却静中生动，让整首诗歌变得开阔起来。

高适早年生活困顿，20 岁时游历长安，过了很多年落魄浪游的生活。46 岁时，他得了个封丘县尉的小官，当了 3 年后弃官不干，在知天命的年纪，决定西出阳关，到新疆河西幕府当个“书记”。高适非常有政治才能，安史之乱后，他被皇帝一路提升，最后升到了淮南节度使，成为边塞诗人中官位最高的一个。

赶着毛驴去做礼拜

高适的名篇《邯郸少年行》、《古大梁行》等都充满了豪士侠客的肝胆意气。就是赠别朋友的诗作也写得豪迈动人。如《别韦参军》:“丈夫不作儿女别，临歧涕泪沾衣巾。”又如《别董大》:“莫愁前路无知己，天下谁人不识君?”都成为千古名句。

但高适的代表作还是边塞诗《燕歌行》:“汉家烟尘在东北，汉将辞家破残贼。男儿本自重横行，天子非常赐颜色。金伐鼓下榆关，旌旆逶迤碣石间……相看白刃血纷纷，死节从来岂顾勋?君不见沙场征战苦，至今犹忆李将军!”高适和岑参不同，他毕竟是年过半百才来到边塞，内心已认识到战争的残酷性，他同情士兵，讽刺那些不体恤下属的将军。《燕歌行》的角度很刁，打开了边塞诗单纯写景状物的窠臼，拓宽了题材，显示了高适老辣而独到的“政治家眼光”。

据考证，高适和岑参两人相互认识，但却来往不多。天宝十一年(752)秋，有8位诗人会聚长安，岑参曾写诗一首，名为《与高适薛据同登慈恩寺浮图》。二人还有一些共同的朋友，如王昌龄、杜甫等人。杜甫晚年写过一首诗，是同时送给高、岑二人的。

围绕着高适、岑参二人的交往，可以引发出当时许多著名诗人，他们形成的这个诗歌群落，不仅描绘了边塞的奇情异景和征人离妇的思念，还描写了面对战争和死亡，好男儿一笑置之的豪情。因为帝国的统一和空前的强盛，使得这一时代的文化人充满了自豪感。对于一向“以守为攻”的中原，盛唐的豪情是一簇耀眼的礼花，绚烂夺目。

回想1000多年前的长安，人们穿胡服、吃胡饼、跳胡旋舞，在胡姬开的酒肆里饮酒作诗，西域草原文化在此时大规模地融入中原农耕文化当中，催生出了边塞诗这朵奇葩。之后，直到王洛宾创作和改编的歌曲在中原广为传唱，西域文化才又一次大规模地浸染到中原文化当中。

穿艾德莱斯绸的女人

新疆的美简洁到用几个词就可以概括：戈壁、沙漠、草原、毡房和马。而新疆女人却是用最繁复、华丽的色彩来裁剪自己的衣裙，穿着花团锦簇的艾德莱斯绸做成的衣裙，新疆女人，像一朵婀娜多姿的鲜花，在夏天里艳丽地绽放。

“艾德莱斯”是印欧语系和突厥语系中的词汇，意思是“扎染绸”。早在元末明初，一批和田、喀什的工匠到中亚学习了当地的染织法，回到家乡后，开始大规模生产，艾德莱斯由此传入新疆。

不过，今天的和田，关于艾德莱斯绸的来历，有一个动人的爱情故事：距今约2000年前的一位汉代公主，和亲要嫁到新疆来。那时，关于养蚕抽丝的学问都是保密的。为了讨好未来的丈夫，这位公主冒着触犯戒律的危险，将一颗蚕茧偷偷藏在头发里，带到了今天的和田吉亚乡，并教会了当地农民如何养蚕抽丝、纺线织绸。

古代和田曾是丝绸之路上的“西域绢都”，唐代的商人一次就能运输丝绸达4300多匹，这些丝绸运到长安后，制成“胡锦”穿在了长安贵妇们的身上。如今的和田，人们还在古老的木质土机上织绸。

艾德莱斯绸的制作工艺极其复杂，先将蚕茧煮沸抽丝、并丝、卷线，然后经过扎染、图案设计、捆扎，最后分线、上机、织绸，制成成品。所有工序全部都由匠人手工操作完成，对技艺要求很高。扎染丝绸的颜料，都是从草根、核桃皮、红柳花、石榴花……中提炼出来的，非常环保。这种布料一般幅宽仅有40厘米，质地柔软，轻盈飘逸，很适合做裙装面料。穿上艾德莱斯绸裙，会显得格外动人，因为它色泽艳

艾德莱斯绸的图案大多来自生活，云朵、流水、花卉、枝叶等，都能被织进绸子里

丽，非常适合维吾尔族人高鼻梁、深眼窝的长相。所以，每个维吾尔族女人都有几件艾德莱斯绸做的裙子。它不像日本人的和服，最终演化成一种节日礼服，艾德莱斯在新疆是日常服装，无论赴宴，还是居家都穿着它，而且不分年龄大小，只不过穿的颜色有所不同。

中老年妇女一般会穿黑“艾德莱斯”，这种绸子也叫“安集延艾德莱斯”。安集延是乌兹别克斯坦的一个城市，在和田与中亚往来密切的时候，有大批的乌兹别克斯坦人曾在和田定居，和田称他们为安集延人。有人说黑艾德莱斯绸的图案是从乌兹别克斯坦传来的，有人说艾德莱斯绸经过了乌兹别克斯坦工匠的改进，也有人说和田的安集延人多穿这种黑色面料的衣服，所以才有了这种别称。姑娘和少妇更喜欢红“艾德莱斯”，这种绸子的图案是红色的，底色一般用黄色或白色。色彩非常鲜艳，富有青春气息。黄“艾德莱斯”的图案为黄色，显得庄重、典雅、富贵，多为中青年妇女所喜欢。绿“艾德莱斯”则是小女孩的童装。还有一种叫混合“艾德莱斯”，维吾尔族人称“买利奇满”，是把各种基色有规则地进行排列，色彩对比或者强烈，或者舒缓温馨，适合各种年龄段的女人。

艾德莱斯绸以一种基础色为主，配以其他色彩，艳而不乱；图案大多来自生活，云朵、流水、花卉、枝叶、耳坠、宝石、琴弦、栅栏、牛角……都能被织在绸子里。每一种图案，都有强烈的寓意。图案中花卉、枝叶，说明新疆自古就是瓜果之乡；图案中的热瓦普、独塔尔琴，说明新疆人能歌善舞；图案中的树叶和流水，说明新疆人崇拜树神和水神。这些图案一般呈长条形，有的是二方连、三方连，交错排列。有的图案非常直观，一眼就能辨认；有的图案则被强烈变形，辨认起来很困难。图案一般是从上到下排列。有一种典型的排列方法是：把花瓣、栅栏、独塔尔琴、耳坠组合为一组，两侧再配以流苏等纹样。

由于手工艺的弥足珍贵，艾德莱斯绸的价格并不便宜

过去，很多维吾尔族人家都会织染艾德莱斯绸。现在，这个古老工艺却面临着失传的危险。因为相比机制的丝绸，织一块艾德莱斯绸所花费的时间要多几倍，即便是最熟练的能手，一天最多只能织 3 米。由于织造工艺相对复杂，购买的人群非常有限，相对较少，许多村民放弃了这门先辈传下来的手艺。

和田人一度希望将艾德莱斯绸的工艺机械化，然而，受材质和织造工艺的限制，最终没有形成大规模生产。由于手工艺的弥足珍贵，现在想购得一块上好的艾德莱斯绸，每米需要近 100 元。做一件传统的维吾尔族裙装至少需要 600 元，但用人造丝做一件裙装只需 100 元左右。新疆女子还能留住艾德莱斯绸吗？

走遍中国·新疆

CLASSIC XINJIANG
新疆经典

走遍中国 · 新疆

CLASSIC XINJIANG
新疆经典

新疆必访焦点

1. 喀纳斯

喀纳斯无疑是新疆缤纷自然风光中最绚丽的一颗明珠。横亘在新疆北部的阿尔泰山雄伟壮观，其主峰友谊峰终年被冰雪覆盖，是我国海拔最低的现代冰川之一，喀纳斯湖就位于风景秀丽的友谊峰南坡，兼具北国风光之雄浑和南方山水之娇秀，加之这里还有“云海佛光”、“变色湖”、“浮木长堤”、“湖怪”等胜景，北面是白雪皑皑的奎屯山、高耸入云的友谊峰。湖周重峦叠嶂，山林犹如画屏。不同的植物群落层次分明，色彩各异。每至秋季更是万木争辉：金黄、殷红、墨绿各现异彩。

喀纳斯月亮湾

2. 喀什

喀什是全疆民俗风情、特色建筑保存最完好的都市，“不到喀什不算到新疆”的说法显示出喀什对于前往新疆旅行者的重要意义。流连在喀什老城百年不变的街巷中如同穿梭于时空隧道，耳畔飘扬着弹奏热瓦普和手鼓击打出的悠扬民乐，英吉沙的小刀和喀什的石榴汁以及正宗的维吾尔族餐馆都会深深印入旅行者的记忆。名声显赫的艾提尕尔清真寺每逢伊斯兰节庆就会有成千上万的信众围聚于此载歌载舞，无人不知的香妃墓和喀什大巴扎也是旅行者必游之地。

3. 天山天池

雄阔的天山山脉全长 2500 公里，横亘亚洲腹地，为塔里木盆地和准噶尔盆地的天然分界线。天池处于天山东段最高峰博格达峰的山腰，以高山湖泊为中心，雪峰倒映，云杉环拥，碧水似镜，风光如画，古称“瑶池”，据说神话中西王母宴群仙的蟠桃盛会便设在此处。高耸的博格达峰与碧蓝的天池相映成趣，高原草甸与俊秀的云杉林环抱，自然和谐宛如天境。

天池

巴音布鲁克

4. 巴音布鲁克

有着“中国最美的草原”之称的巴音布鲁克，地处天山的隆起带。雄伟的额尔宾山将其一分为二，形成两个盆地。冰雪融水化成涓涓细流，滋润着巴音布鲁克大草原，九曲回转之间汇成了巴州人的母亲河——开都河。开都河穿行于两盆地之间，使草原上形成大大小小的牛轭湖、沼泽湿地，孕育了草原上的一代又一代。仲夏之际，草原上鲜花争芳斗艳，一座座雪莲般的蒙古包散落其间。在这里，你可以信马由缰，纵横于无边的草原之上；也可以寻访中国最大的天鹅栖息地——美丽的天鹅湖；还可以在避暑胜地巩乃斯森林公园泡一泡温泉。

5. 塔克拉玛干沙漠

瑞典探险家斯文·赫定的探险队曾在塔克拉玛干沙漠中几乎全军覆灭，因此，他给了塔克拉玛干“死亡之海”的称呼。塔克拉玛干沙漠位于塔里木盆地的腹地。整个沙漠东西长约 1000 公里，南北宽约 400 公里，总面积 337600 平方公里，是中国最大的沙漠，也是世界最大的流动性沙漠之一，丝路古道南道

塔克拉玛干沙漠

的尼雅、精绝、小宛、戎卢、圩弥、渠乐、楼兰等古代城镇和许多村落都被流沙所湮没。而穿越其中的塔中公路则如死亡之海的航线，这是1989年为开采石油而建筑一条沙漠公路，由轮台到塔中油田区至民丰，全长525公里，贯穿塔克拉玛干沙漠。公路两侧种植柳、沙枣、梭梭等适应沙漠环境的荒漠植物，被誉为大漠绿色长城。

6. 慕士塔格峰

慕士塔格峰海拔7546米。地处塔里木盆地西部边缘，峰顶的皑皑白雪犹如满头白发，那倒挂的冰川犹如胸前飘动的银须，它像一位须眉斑白的寿星，雄踞群山之首，故有“冰山之父”的美称。而与之相伴的喀拉库勒湖，是慕士塔格峰融水形成的一个湖泊。湖面海拔3600米，面积10平方公里，最深30米，是新疆海拔较高的高原湖泊。喀拉库勒湖与慕士塔格峰构成一幅气势磅礴的自然画卷，在各个角度所观赏的景色都十分壮美。平静的湖光山色，处处美景，日落时分，这种磅礴大气宁静之美令人震撼。

慕士塔格峰

7. 楼兰故城

楼兰这个在世人充满神秘的国度，自百多年前被斯文·赫定从沙海中翻出之后，便成为人们心中的向往。谜一样的楼兰美女，如空旷、悲凉的故城遗址，无不激起后人的兴趣，国际上更是兴起了一门新的学科——楼兰学。作为西域强悍的部族之一，楼兰人的故事一直辗转于沙漠之中。而作为古代沙漠中的极乐世界，大漠孤烟之中楼兰古国的历史在延续了800多年之后，又消散于滚滚黄沙之中。只剩下断断续续的墙垣孤零零地矗立在那儿——不悲不喜。因此不管你对沙漠充满向往，还是对西域

楼兰故城

文化充满兴趣，楼兰故城都是一个能够满足你个人情怀的地方。

8. 那拉提草原

由乌鲁木齐西行是富饶的伊犁河谷，那里有那拉提草原和果子沟的美景、特克斯八卦城的神奇、夏塔古道的险峻，博乐市美丽的赛里木湖、艾比湖如繁星洒落。那拉提草原是世界四大草原之一的亚高山草甸植物区，自古以来就是著名的牧场，交错的河道、平展的河谷、高峻的山峰、茂密的森林交相辉映，每年6～9月，草原上各种野花开遍山岗草坡，红、黄、蓝、紫五颜六色，将草原点缀得绚丽多姿。优美的草原风光与当地哈萨克民俗风情结合，成为新疆著名的旅游观光度假区。

9. 吐鲁番

吐鲁番自古以来就是西域要津，交河故城、高昌故城虽只余断壁残垣却依然可见当年的辉煌，现存最大的伊斯兰造型古塔苏公塔和绵延千里的坎儿井都是人类建筑史上不朽的丰碑。热浪腾腾的火焰山和中国海拔最低点艾丁湖则是吐鲁番独有的自然景观。光秃蒸腾的火焰山中却蕴藏着一条条绿意盎然的沟壑，甘甜的泉水、充足的阳光孕育着满沟满谷的葡萄，戴着花帽的大叔演奏着欢快的民乐，留着长辫子的维吾尔族姑娘翩翩起舞，吐鲁番似乎已经成了新疆最被旅行者认知的风景。

10. 乌尔禾魔鬼城

乌尔禾魔鬼城以“魔鬼”为名，主要有两个原因：形与音。远眺魔鬼城，就像中世纪欧洲的大城堡。大大小小的城堡林立，高高低低参差错落。千百年来，由于风雨剥蚀，地面形成深浅不一的沟壑，裸露的石层被狂风雕琢得奇形怪状。在起伏的山坡上，布满血红、湛蓝、洁白、橙黄的各色石子，宛如魔女遗珠，更增添了几许神秘色彩。魔鬼城四季狂风不断，最大风力可达12级，据说每当风起时，飞沙走石，天昏地暗，怪影迷离。魔鬼城是摄影爱好者的钟爱之地，尤其是夕阳西照的时候，魔鬼城并没有传说中的诡异可怕，甚至有些如诗如画，光影流动，在沟壑与石层间形成阴影，让人体验千万年时光流逝中一瞬间的慢镜头。

那拉提风光

乌尔禾魔鬼城

坎儿井博物馆

11. 坎儿井

坎儿井是新疆一道颇具技术含量的风景线。它与长城、大运河并称为中国古代“三大工程”。坎儿井其实是一种古老的下水道形式，由坚井、地下暗渠、地面明渠、涝坝四部分组成。它巧妙地利用自然坡降对土地进行自流灌溉，并通过暗渠引水节约了个各种损耗，成功地将吐鲁番盆地周边——天山博格达峰、喀拉乌成山所融的雪水引入“地下”润泽绿洲。

新疆地区的坎儿井多为清代以后陆续修建的，且多集中在吐鲁番和哈密地区，仅吐鲁番盆地就有坎儿井 1100 多条，总长度超过 5000 公里。由于坎儿井曲行于地下，故而不会因炎热、狂风而使水分大量蒸发，稳定的流量保证了盆地内自流灌溉。尤其是在炎热的夏天，如果有幸进到坎儿井下的接待室，吃着被天山雪水冰镇过的葡萄和哈密瓜，不能不算是新疆之行的一大享受。

12. 柏孜克里克千佛洞

柏孜克里克千佛洞是高昌地区回鹘人最鼎盛时期的石窟代表之作，也是汉传佛教的源头。在唐、五代、宋、元长达 7 个世纪之久的时间里，柏孜克里克千佛洞一直是高昌地区的佛教中心。

柏孜克里克千佛洞现今仅存洞窟 57 个，壁画 40 余幅，是吐鲁番现存石窟中洞窟最多、壁画内容最丰富的石窟群。千佛洞内的壁画采用多种颜料，色泽绚烂，是回鹘佛教艺术中最重要、数量最多、保存最完整、最具有代表性的传世之品。它的佛像造型兼有东西方两种形象。由此可见，这里是佛教汉化过程中一个非常重要的过渡点。除此之外，柏孜克里克千佛洞还是世界上少数保存摩尼教艺术的地点之一，洞窟内有保存完好的反映东汉时期摩尼教（或称牟尼教，即《倚天屠龙记》中明教的波斯总教）的洞窟和壁画。

柏孜克里克千佛洞

去新疆一定要尝试的事

1. 爬雪山

与其他地方的雪山不同，少了信仰的加持，新疆的雪山更加纯净、纯粹。在新疆海拔3000米以上的雪山有三四千座。因此，除了吐鲁番盆地外，在新疆几乎每一个地方、每个角度都可以看到雪山。昆仑余脉的公格尔九别峰是西昆仑山脉上的第二高峰，因山上终年积雪，被当地人喻为“牧民头上白色的帽子”；海拔7500米的慕士塔格峰，白雪皑皑、冰川倒挂的鲜活形象被人称为“冰山之父”；天山东脉的博格达峰，银装素裹的山形与天池绿水相映成趣……新疆的雪山，由于海拔高，建议登山者在专业的旅游公司及专业向导帮助和带领下登山。

2. 翻沙漠

打开新疆的地图，不难发现，新疆的绿洲大都背靠雪山、面临沙漠。新疆境内的沙漠占据中国沙漠总面积的60%。在中国十大沙漠中，仅新疆一地就占了3个。其中塔克拉玛干沙漠位居第一。

雪山是夏塔的背景

沙漠驼队

塔克拉玛干沙漠在维吾尔语中是“进得去出不来”的意思，被探险家们称为“死亡之海”。虽然在20世纪90年代末，修建了沙漠公路。但是对于旅行者来说，穿越塔克拉玛干的意义尤其重大。不论是追寻历史、挑战极限，还是亲近自然，穿越塔克拉玛干都是旅行者心中的一个节点。

3. 走戈壁

新疆戈壁一望无垠。就在这一片片生命的禁区之中，大自然却肆意挥洒出一幅幅写意的美景——或是朝霞掩映下的魔鬼城；又或是落日余晖中缠绵的沙海；抑或是傲骨铮铮的胡杨林……胡杨这种看似静止实则灵动的植物，为这一片片荒芜的戈壁勾勒出遒劲的生命力。在戈壁上行走，多以车代步。看上去平淡无奇的荒野实则暗藏杀机。尖锐的盐碱块，正是行车途中最大的障碍。所以

逛巴扎

堆成小山的哈密瓜

在新疆行走于戈壁之中，要的不仅仅是情怀，还有勇往直前的勇气。

4. 吃水果

如果你自诩为“老饕”，那就一定不能错过新疆的水果。新疆盛产水果，尤其南疆为最。每年八九月，瓜果成熟时，也是南疆人民招待远方客人的时候。因为新疆地处欧亚大陆的中心地带，属于典型的温带大陆性干旱气候，因此日照时间长、日夜温差大、积温高、干旱，为其出产优良的瓜果提供了良好的先天条件。尤其是南疆出产的苹果、葡萄、杏子、香梨等瓜果由于糖分含量高、个大爽口、香甜唯美。也正因如此，民间一直流传着“吐鲁番的葡萄哈密的瓜，南疆的水果人人夸”的民谚。

5. 逛巴扎

巴扎是新疆人的市场。巴扎似乎新疆人即兴之作，如同神来一笔。世上本无巴扎，只是从开始的一两家摆摊设点，到后来三五成群，于是哪里热闹了，哪里人多了，哪里便有了巴扎。新疆人的巴扎大都约定俗成，自然而然地按照行业门类自觉地凑在一起。卖盆儿的不会和卖布料的凑在一起，卖小吃的也不往卖皮货的跟前凑合。在新疆南部，巴扎遍布城乡。库拉克巴扎（玉米市场），塔西巴扎（石料市场），吐麻克巴扎（帽子市场），也里米西巴扎（瓜果市场）等。这些因凑趣而成，沿袭了两三百年的知名巴扎时至今日依然生意兴隆。而对于新疆人来说，巴扎不只是一个购物的地方，还是他们聊天、排忧解难的好去处。

6. 看花海

得天独厚的地理与气候环境，造就了新疆纯美的自然景观。尤其是到了夏天，花期来临，新疆的很多地方就会变成花的海洋。喀拉峻的草原花海、昭苏的油菜花田、遍布伊犁各县的野杏花和红花，还有不能不提的霍城薰衣草，竞相装点着这片美丽的土地。

霍城薰衣草花园是全世界最大的薰衣草花园，就连世界上最著名的薰衣草基地——法国普罗旺斯也只能屈居其后。每年夏季5、6月份以后，紫色的薰衣草会开遍山野。也只有在这个时候，置身于紫色的花海之中，背靠雪山、头顶蓝天，才能真正体会“浪漫”二字。

新疆特色主题线路

1. 穿越车师古道

车师古道又叫“他地道”，是新疆最悠久的古道之一，其历史至少可追溯至汉代。《西州图经》记载：“他地道，右道出交河县界，至西北向柳谷，通庭州四百五十里，足水草，唯通人马。”公元前后，车师古王国分为“车师前部王国”（今吐鲁番一带）和“车师后部王国”（今吉木萨尔一带），中间有天山阻隔，为了互市，在两国之间逐渐形成了这条“车师古道”。

“车师古道”的山地路程约50公里，平均海拔为2500米左右。以“琼达坂”为分水岭，古道分南北两段。由于气候差异，依此形成的自然景观也就各不相同了。曲折蜿蜒的山道沿着山体走势傍河而去，有的路段在崖岩中盘旋，直冲云霄；有的路段则铺就在五彩缤纷的花草坡上；还有的路段跨急流、穿密林、过险峡，狭隘处不足两米……除此之外，古道上的人文景观也是丰富多彩、各有各的不同。其中琼达坂上的神秘古堡、五道桥附近的草原石人、五道桥与六道桥之间的石门雄关、泉子街一带的垄沟要塞……更被封上了“车师古道十景”的雅号。

■ 行程时间

4天

■ 最佳出行时间

5～10月

■ 线路

D1 乌鲁木齐—大河沿—五星牧场

D2 五星牧场—土石窑子

D3 土石窑子—琼达坂—六道桥

D4 六道桥—泉子街—吉木萨尔—乌鲁木齐

车师古道

2. 穿越塔克拉玛干沙漠

受丝绸之路研究热潮的影响，塔克拉玛干沙漠成为全球最重要的考古探险地点之一。而穿越“死亡之海”——塔克拉玛干沙漠对于很多人来说却是望而却步。中国最变幻莫测的沙海、最幻化无常的流动沙丘、最莫测的天气都成为人们止步沙漠之行的原因。然而沙漠公路的修建，让穿越塔克拉玛干变得充满无限可能。

塔克拉玛干由于沙漠公路是目前世界最长的贯穿流动沙漠的等级公路，也是中国第一条沙漠公路，全长522公里，纵向贯穿沙漠。1999年9月29日，塔克拉玛干沙漠公路获得了由上海大世界吉尼斯总部颁发的世界吉尼斯纪录证书。

■ 行程时间

2天

■ 最佳出行时间

7 ~ 10月

■ 线路

D1 轮台—塔中
D2 塔中—民丰

特别提醒： 1. 由于沙漠温差很大，建议白天不要贸然进入。
2. 如果要夜行沙漠公路，最好跟在长途汽车后面一起进入。
3. 沙漠公路限速80公里。

3. 穿越巴音布鲁克草原

巴音布鲁克草原

那拉提草原名列世界四大河谷草原之一，是发育在第三纪古洪积层上的中山地草场。东南与那拉提高岭相接，西北沿巩乃斯河上游谷地落下，呈东南—西北大面积倾斜走势。其间山泉密布、溪流纵横、是巩乃斯草原重要的夏季牧场，被人们誉为“空中草原”。在这里，如果不赶时间，可以感受一下信马由缰的感觉。这里有正宗的伊犁骏马，个个高大剽悍、马腿细而长，且都经过正规驯导，因此相当安全。

巴音布鲁克，蒙古语译为“富饶的泉水”。每逢7月，这里都要举行一年一度的东归那达慕盛会，届时草原上会热闹非凡。巴音布鲁克还是个观鸟的胜地，每年5 ~ 6月，有上万只天鹅及其他候鸟从印度和非洲南部成群结队，来到巴音布鲁克的天鹅湖安家栖息，9月以后又携雏南飞。这一时期便是巴音布鲁克最佳的观鸟时间。

■ 行程时间

3天

最佳出行时间

5～10月

线路

D1 那拉提镇—巴音布鲁克草原

D2 巴音布鲁克草原—哈尔淖尔高山湖—哈尔淖尔达坂—那拉提高山草原风景区

D3 那拉提高山草原风景区—那拉提镇

4. 将军戈壁自驾之旅

这是一条极其经典的以地质奇观为主的自驾路线，全长356公里，其中有将近200公里属于无人区。因此后勤补给要准备充分。这条自驾线路原是216国道，后因新216国道的通车而废弃。但这一条路却成为自驾车爱好者与摄影发烧友的最爱。

将军戈壁位于准噶尔盆地的东缘，戈壁与黄沙是这里千百年来的主旋律。相传，唐朝时，北庭都护府都护、节度使杨袭古率军与回鹘人在这片戈壁上展开了惨烈的厮杀，最后迷失了方向。戈壁滩上不断出现的幻象引得士兵们四处狂奔，最终全部渴死在这片面积近1000平方公里的戈壁滩上。后人在这里修了一座庙以纪念这位将军，取名“将军庙”，但现在仅剩的遗址几不可寻。悲壮的故事为这片景色定下了荒原的基调。硅化木园、恐龙化石沟、石钱滩、一棵树、雅丹地貌区、奇台魔鬼城都是这个基调上闪动、跳脱的音符。荒芜粗犷的景致、艰难的路况，伴着那传奇般的历史故事，一路走来让人充满了豪情。

青河县是成吉思汗西征时经过的草原。在这里，哈萨克人在草原、山间点燃他们毡房边的炊烟，继续着他们的生活。

伊犁独库公路上的牧民

行程时间

2天

最佳出行时间

5～10月

线路

D1 奇台县土园仓（三个庄子乡）—将军戈壁—萨尔托海牧场—青河县

D2 萨尔托海牧场—青河县

特别提醒： 1. 由于路况复杂，建议采用越野车出行。

2. 一定要做到补给充足。不然在无人区等候支援是件让人很不爽的事情。

3. 偶尔会在无人区遇到怕生的哈萨克、蒙古牧民，建议主动和他们打个招呼，或是给他们的小孩送一些糖果等小玩意儿。

5. 伊犁薰衣草之旅

果子沟野果无数，从春天野花烂漫到秋天的果香馥郁，无不让人心旷神怡。无怪乎林则徐曾在此留言感叹“如入万花谷中”。霍尔果斯口岸在位于中国与哈萨克斯坦的边境上的霍城县境内，是与中亚各国通商的重要口岸，与红其拉甫、阿拉山口并列为新疆三大口岸。早在隋唐时期，霍尔果斯口岸便是古丝路新北道上的一个重要驿站。远看霍尔果斯口岸就像一座充满异国情调的小镇。富有浓郁俄罗斯风格的建筑随处可见。

伊犁的薰衣草主要分布在从霍尔果斯口岸到伊宁的路上。每逢6月下旬，伊犁河谷就会变成一片紫色的花海。风吹起，一整片的薰衣草花田层叠起伏，煞是好看。薰衣草基地位于霍城县65团。但从赛里木湖到伊宁的一线，伊犁河谷内的农四师70团场、71团场、73团场和67团场、68团场都有种植薰衣草。

这一路行驶过来，无论是野趣盎然的果子沟、俄罗斯风情的口岸，还是充满浪漫气息的薰衣草花田，都使人心旷神怡、流连忘返。

行程时间

2天

最佳出行时间

6～8月（具体时间建议依据薰衣草花期而定）

线路

D1 果子沟—霍尔果斯口岸

D2 霍尔果斯口岸—薰衣草基地—伊宁

北疆惊艳的薰衣草

新疆特色节庆

1. 赛里木湖那达慕大会

时间： 7月底~8月初

地点： 赛里木湖

赛里木湖源自蒙古语称“赛里木卓尔”，意为“山脊梁上的湖”，四周群山围绕，幽林秀草。碧草繁花、零星毡房，马嘶羊咩，为赛里木湖平添出勃勃生机。那达慕大会是马背上的民族（注：这里特指蒙古族和哈萨克族）最为盛大的节日。每年7月底到8月初是赛里木湖最热闹的时候。方圆百里的蒙古族和哈萨克族牧民要在这里举行赛里木湖那达慕大会。不仅有载歌载舞的文娱项目，还会举行摔跤、赛马、刁羊、姑娘追等传统的体育比赛，以及互惠互利的集市贸易活动。

2. 喀什达瓦孜节

时间： 6月中旬

地点： 喀什地区

“达瓦孜”一词源于波斯语“达尔巴里”，意思是“在高空走大绳的人”。由名字可以看出，“达瓦孜”其实是维吾尔族一种古老的杂技表演。史料记载，“达瓦孜”这项杂技源于两千多年前的西域，汉代传入中原，曾在南疆维吾尔族聚居地盛行。1997年6月22日，“达瓦孜”传人阿迪力·吾守尔以13分48秒成功地横跨了我国长江三峡打破了世界吉尼斯纪录。近现代更形成集会的形式，每年6月中旬在新疆的喀什，“达瓦孜”艺人会聚一堂，尽显绝技。

赛里木湖赛马大会

古尔邦节

吐鲁番葡萄节

3. 古尔邦节

时间： 伊斯兰教历的十二月十日

地点： 新疆清真寺

古尔邦节与开斋节、圣纪并列为伊斯兰三大宗教节日，是回族、维吾尔族、哈萨克族、乌孜别克族、塔吉克族、塔塔尔族、柯尔克孜族、撒拉族、东乡族、保安族等穆斯林兄弟民族的共同节日。古尔邦节这一天清晨的礼拜，是穆斯林一年中规模最大的礼拜，所有成年男人皆去当地礼拜寺参加聚礼。聚礼之后，各家各户都要到墓地去祈祷，怀念并为死去的亲人祈福。在喀什，著名的艾提尕尔清真大寺前的大聚礼结束后，乐师们会登上艾提尕尔清真大寺的门顶，敲起“纳格拉”（铁壳鼓），吹起“苏奈依”（唢呐），大寺前广场上的男子们会适时跳起热情奔放的萨满舞，以表达喜庆之情。

4. 吐鲁番葡萄节

时间： 8月

地点： 吐鲁番

吐鲁番地理环境特殊，夏季因气候炎热素有“火洲”之称，因此这里的瓜果也分外香甜。吐鲁番地区以盛产葡萄享誉中外。因此每年的葡萄节吸引了很多旅游者。除了庆祝一年一度的葡萄丰收外，吐鲁番葡萄节还是为了纪念丝绸之路开通而举办。丝绸之路在中国境内长达 5000 多公里，仅在新疆境内就占据了将近一半。其中南、中、北三线更是横贯新疆全境，吐鲁番为历史重镇、交通要冲。

5. 纳吾鲁孜节

时间： 3月 22 日前后

地点： 新疆北部哈萨克族地区

纳吾鲁孜节是哈萨克族人民的“春节”。“纳吾鲁孜”为哈萨克语，有“辞旧迎新”之意。每年的这一天，哈萨克族人都要身着盛装，成群结队地走家串村互相拜年。在“冬不拉”等弹拨乐器的伴奏声中翩翩起舞，唱“纳吾鲁孜歌”。歌曲的曲调是固定的，但是歌词都是人们即兴自编的，内容多是老幼平安、五谷丰登、六畜兴旺等吉祥话。哈萨克人尊老敬老，在纳吾鲁孜节这一天，他们要把羊头奉献给老人。而老人要以各色祝词作为回礼。

新疆节庆列表

新疆少数民族众多，民族风情各异，主要节日是伊斯兰教的盛大节日肉孜节和古尔邦节，其中比较重要的民族传统节庆主要有：

赛里木湖那达慕大会

时间：7月底8月初

活动地点：新疆博尔塔拉蒙古自治州

巴罗提节

时间：伊斯兰教历八月的头两天

活动地点：新疆塔吉克族地区

喀什达瓦孜节

时间：6月中旬

活动地点：新疆喀什地区

俄罗斯圣诞节

时间：12月25日

活动地点：新疆俄罗斯族地区

吐鲁番葡萄节

时间：8月下旬～9月下旬

活动地点：吐鲁番

古尔邦节

时间：伊斯兰教历的十二月十日

活动地点：新疆清真寺

肉孜节

时间：伊斯兰教历的十月一日

活动地点：新疆各地

纳吾鲁孜节

时间：3月22日前后

活动地点：新疆哈萨克族地区

努肉孜节

时间：3月22日

活动地点：新疆乌孜别克族地区

纳吾鲁孜节

新疆最值得推荐的美食

1. 馕

新疆人可以一日无菜，但绝不可以一日无馕。馕是新疆维吾尔族同胞最重要的主食。馕的历史有 2000 多年，发展至今种类繁多，约有五十种。其中，肉馕、油馕、窝窝馕、芝麻馕、片馕、希尔曼馕……在新疆颇为常见。

“馕”在维吾尔语中是“烤面饼”的意思。做法也极为简单，在面粉（或精粉）中加少许盐水和酵面，和匀，揉透，稍发，即可烤制而成。将烤熟的馕从馕坑里取出，再快速地在其表面刷一层油，不仅让烤馕看上去油光发亮，更诱人欲罢不能。馕因含水分少，故可久储而不坏，加之其省钱又方便携带是出门的“良品”。

馕

2. 新疆薄皮包子

在新疆，薄皮包子的名声，犹如“狗不理”之于全国。作为新疆十大小吃之一的薄皮包子既上得了宴席，又出得了市井，是饕餮们不可错过的新疆美食。

薄皮包子，皮薄如纸透过外皮甚至可以看到内馅，肉嫩油多，伴有香甜的新疆洋葱（皮牙子），吃过的人无不齿颊留香。除此之外，薄皮包子还属于经济实惠型的美食，几毛钱一个的包子，再大的饭量三五个下肚，也能吃个肚圆。除了单独食用外，薄皮包子还常常和抓饭、馕配在一起吃，这可是维吾尔族人上等的饭食。

味道鲜美的新疆烤包子

3. 拉条子

拉条子是一种直接用手拉制成的面食配菜的吃食，是新疆各族都非常喜爱的食品。其中维吾尔族人和回族人所做的拉条子风味尤佳。拉条子依据辅菜的不同而分成不同种类。当然季节不同，菜色也变化很大。在新疆，一盘拉条子的价格往往在 7 ~ 10 元。初次品尝拉条子的人往往被其“巨大”的装盘吓一跳。但只要把辅菜往盛面的大盘子里一倒，拌开了吃上几口，就会立马忘了它“惊人”的分量。

拉条子拌面

4. 烤全羊

烤全羊在维吾尔语里叫“吐努尔喀瓦甫”，它是维吾尔族的一道传统大菜，也是维吾尔族人招待贵宾的上等佳肴。新疆的烤全羊多选用绵羯羊，或是周岁以内的肥羊羔，肉质鲜嫩而且营养丰富。烤羊之前，维吾尔族人会先用精面粉、盐水、鸡蛋、姜黄、胡椒粉和孜然粉等调成糊状，均匀地抹在羊的全身，然后用钉有铁钉的木棍从头穿到尾，放在特制的馕坑里烤制。烤熟后的羊外焦里嫩，香味扑鼻。在南疆不仅可以在饭馆里吃到烤全羊，还可以在街面上买到切分零售的烤全羊。

5. 大盘鸡

新疆大盘鸡起源众说纷纭，比较广泛的一个说法是，新疆沙湾县的一家清真饭馆，以前是做纯新疆风味的，20世纪90年代初期，新疆来了许多四川人，他们很多人都从事着体力活，饭量很大，怎么样吃才能既经济又实惠呢？四川人和当地人在一起研究、试验，在新疆炒菜的基础上配以多种作料，既有鸡块，又有相关的蔬菜，还有主食；味道上，既有新疆人喜欢的辣味，又有四川人着迷的麻味。于是，大盘鸡诞生了。

大盘鸡以鸡块和土豆块，配皮带面烹饪而成，新疆大盘鸡色彩鲜艳，有爽滑麻辣的鸡肉和软糯甜润的土豆，辣中有香，粗中带细。新疆大盘鸡以沙湾、乌鲁木齐、伊犁大盘鸡最为出名，乌鲁木齐柴窝堡有一条大盘鸡美食街，血站那边的大盘鸡也很有名，新疆第一盘也不错，来新疆可以去品尝一下。

6. 烤羊肉串

在新疆，人们通常称“羊肉串”为“烤肉”。它的做法可能大家再熟悉不过了，但新疆的烤肉原料是其他地方无可比拟的，在阿勒泰、巴音布鲁克、南疆，有种大尾羊，是极好的肉用羊，用此种羊肉烤制出的肉串味道鲜美无比！

烤全羊

7. 抓饭

“抓饭”，维吾尔语叫“波罗”，是新疆的特色美食之一，逢年过节、婚丧嫁娶的日子里，都必备“抓饭”待客。客人们围坐在炕上，当中铺上一块干净餐布。主人一手端盆，一手执壶，请客人逐个淋洗净手，并递给干净毛巾擦干，然后端来几盘“抓饭”，置餐布上（一般是二至三人一盘），请客人直接用手从盘中抓吃。

抓饭的种类很多，花色品种十分丰富。除了常见的牛羊肉抓饭外，还有雪鸡肉抓饭、鸭肉抓饭、野鸡肉抓饭，甚至用葡萄干、杏干等干果做的甜抓饭或素抓饭。最有趣的是放酸奶子的抓饭，称之“克备克波糯”，是消暑解热的佳品。最讲究的要算“阿西漫吐”，也就是包子抓饭。在每碗抓饭里放上五、六个薄皮包子。抓饭和薄皮包子都是维吾尔族的上等饭，把这两者合在一起，锦上添花。只有来了贵宾和亲朋好友，主人才会做这种饭来招待客人。

READY TO START
准备出发

走遍中国 · 新疆

READY TO START
准备出发

旅行与季节

新疆地域辽阔，选择到新疆旅行的季节要依所去的地区而略有不同。总体来说，新疆适合旅行的季节为5～10月，而最佳旅行季节则是7～9月，此时，大多数地区气候宜人，瓜果丰盛。

就不同的地区而言：乌鲁木齐是世界上离海最远的城市，这里的气候特点是春秋短暂、夏冬漫长。夏天很热，每年4月底，万木刚刚吐出新绿，紧接着就进入炎热干旱的夏季。冬天则温度很低，时有大雪纷飞。因此最佳的季节是9、10月。

到吐鲁番旅行，除了参观景点外，品尝吐鲁番的葡萄也是主要目的，所以选择8月中、下旬葡萄成熟的季节前往很不错。北疆阿尔泰地区、喀纳斯湖则适合8、9月旅行，这个季节气温适宜，植物的色彩浓郁。冬天的北疆道路和山区常常会被冰雪封冻，要去是不太可能的。

新疆很多山区冬天大雪封山，但盆地、沙漠、绿洲旅行基本上不受季节的影响。特别是到沙漠旅行，所以这个时节到塔克拉玛干沙漠旅行是最好的选择，尤其是9、10、11这三个月。去罗布泊、楼兰沙漠地区探险则最好10月前往。新疆还是登山者的天堂，7、8月是最佳的登山季节。

■ 春季·新疆

最佳推荐地：喀什、帕米尔高原、吐鲁番

新疆的春季很短暂，冷空气活动频繁，气温极不稳定，变幅较大。春季各类灾害性天气气候事件频发，暴雨山洪、冰雹、寒潮、低温冷害、霜冻、暴雪、大风沙尘等气象灾害给交通运输等造成了较大的损失，因此适宜旅行的地区为城市，而进入山区则有一定风险。除了城市以外，建议将出行的重点放在南疆。由于天气原因，在北疆还处于北国风霜的时候，南疆已然春意盎然了。

喀什：在不能畅游自然风光的时候，去看看新疆的人文景观似乎也是一个不错的选择。耐人寻味的老城与风情万种的人事，构成了喀什独特的人文风景线。喀什至今已建城千年，自古就是丝绸之路的必经之地。无论是艾提尕尔清真寺的穆斯林虔诚的礼拜，还是喀什老街原始的风貌，都保证让你看了一次就过目难忘，再到大巴扎去淘一件纯手工的工艺品，那你的此行必然会留下深刻的印象。

帕米尔高原：早春三月是行走南疆最美的时间之一。高原上的万物都沉浸在春的明媚之中。怒放的杏花在昆仑巍峨身躯的映衬下，越发显得娇艳美丽、坚韧不屈。帕米尔的春天还是节日的盛典——肖公巴哈节（迎春节）、祖吾尔节（引水节）、铁合木祖瓦斯提节（播种节）……无不与春天有关。塔吉克人用一个又一个的节日，来表达对冰雪消融、万物复苏的期盼。

吐鲁番：吐鲁番的春天，桑葚含苞待放，就连空气都被染上了清甜的香味。桑葚是“瓜果中的报春花”。在这里，几乎家家户户的门前都栽种着参天的桑树，桑树被吐鲁番人视为“宝树”，树干可以庇荫家宅、枝条可以用来造纸、果实（桑葚）可以祛病健身。每年五月，游人来到这里，除了可以参加在鄯善县吐峪沟景区内举办的桑葚节外，还可以去吐鲁番市郊的葡萄乡和亚尔乡、葡萄沟等地采摘桑葚。

昭苏草原的春色

■ 夏季·新疆

最佳推荐地：巴音布鲁克草原、喀纳斯、伊犁

新疆的大部分地区夏季气温偏高，总体来说，南疆气温高于北疆。最突出的是吐鲁番，极端最高气温曾达 49.6℃，居全国之首。但吐鲁番的热是干热，不会像南方的夏天那样仿佛被蒸着一样。

昼夜温差大是新疆气候的一大特点，白天挥汗如雨，晚上则要盖棉被。夏天在太阳下暴晒异常酷热，但只要待在树荫下或室内，又会感觉很凉爽。身上汗水蒸发得也很快，这也是内陆性气候的一个好处。而北疆各地，夏天比较凉快。所以，夏季的北疆是旅游避暑的好地方。

巴音布鲁克草原之天鹅湖：巴音布鲁克大草原是天山脚下最肥美的夏季牧场。尤其是春末夏初之际，冰雪消融、万物复苏，那些旅居在印度、缅甸、巴基斯坦，甚至黑海、红海和地中海沿岸诸国的天鹅和雁鸥，会成群结队，不远万里地飞回巴音布鲁克的天鹅湖。在这里筑巢、换羽、求偶、栖息繁衍。每逢此时，巴音布鲁克的天鹅湖便成了观鸟者的圣地。

那拉提草原：夏日的那拉提草原绿草茵茵，繁花似锦。策马奔驰在辽阔的草原上，感受天地旷野的无限自由，到当地哈萨克族人家拜访，体验哈萨克族民俗。

伊犁：夏季的伊犁是花的海洋。伊犁河谷是世界上最大的薰衣草产区。每年6月，上万亩的薰衣草田在伊犁河谷内汇成一片紫色的海洋。伴随着馥郁芳香的气味，蓝紫色的薰衣草随风而动。轻舞飞扬之中，浪漫萌发了。除了薰衣草外，昭苏的油菜花也在这时竞相开放。大片大片的油菜花，如金色的织毯盖在广袤无垠的昭苏大草原之上，与远处洁白的天山遥相呼应，带给人视觉上无限的震撼。

■ 秋季 · 新疆

最佳推荐地：轮台、库姆塔格沙漠、额尔齐斯河

毋庸置疑，新疆秋季是旅游最佳时间，8、9月和10月初的天气已经开始凉爽，山区开始呈现出一片醉人的金色，种类繁多、香甜可口的瓜果也已经成熟，此时的新疆，是游客最多的时候。

喀纳斯：秋季的喀纳斯退去了冰雪的外衣，露出了美丽而神秘的风貌。蜿蜒曲折的喀纳斯河像是一条翡翠的玉带，缠绕在山岭之间。两岸的白桦树挥扬着枝条，彰显着其旺盛的生命力。

秋季的喀纳斯，你可以乘一叶扁舟徜徉在清澈的湖水中，感受变幻多端的湖光山色；可以拜访神秘的图瓦人，去体验那未曾腐化过的原色。

胡杨林：每当秋风乍起，胡杨的

绚丽迷人的夏秋水色

叶子就变成金黄色，映着秋日的美景，成为新疆秋季最美丽的代言。在全世界，有90%的胡杨分布在中国，而中国的胡杨有90%分布在新疆，且以南疆最为集中。塔克拉玛干是我国面积最大的沙漠。每到秋天来临，或淡黄、或金黄、或深红的胡杨，蔓延在浩瀚的塔克拉玛干沙漠之上，仿佛在沙漠中点燃了炽烈的"火焰"。让本没什么秋色可言的荒凉沙漠，有了生命。

库木塔格沙漠：沙漠是新疆秋季游的主旋律。库木塔格沙漠浓缩了全世界各大沙漠景观，是世界上离城市最近的沙漠。"库木塔格"在维吾尔语中就是"沙山"的意思，成形于汉代，千年以来始终立于鄯善老城的南端，从未向北移动，故而形成了世界上少见的"绿不退、沙不进"的奇观。站在沙山之巅，静观大漠的日出与日落，无不带给人大漠孤烟、长河日圆的震撼。此外，沙疗也是库姆塔格沙漠历经千年、功效神奇的保健疗法。

额尔齐斯河：秋天的额尔齐斯河静谧而又热烈。额尔齐斯河是中国境内唯一一条倒流河，河水最终注入北冰洋。额尔齐斯河隐身于阿尔泰山之中，在一场场秋雨的催促下，河谷两岸被镀上了一层浓郁的金黄色。秋色烂漫，宛如《安徒生童话》中的场景。挺拔的白桦树在阳光的照射下，犹如给叶子穿上了金色的霓裳，层林尽染。在银白色的树干与湛蓝的天空映衬下，煞是好看。

■ 冬季·新疆

最佳推荐地：乌鲁木齐滑雪场、天池、火焰山

新疆冬季漫长，总有几次寒潮出现。尤其是北疆，冬季温度普遍偏低。乌鲁木齐冬季气温能降至 -15℃左右，遍地银装素裹。乌鲁木齐最冷时达 -20℃。北疆阿勒泰，冬季就更漫长，也更加寒冷，山区大雪封山，路经常不通，不适合旅行。冬天的新疆冰雪资源比较丰富，还有可堪比欧洲滑雪场的雪山冰川。让人一尝冬游之乐趣。

新疆和内地的时差是两个小时，进疆后一定要把时间调过来。绝大多数城乡的公共场所公示时间均是以北京时间为准，在南疆某些地方则以新疆时间为准。为了确保你的出行，购票时，一定要问清楚。

乌鲁木齐滑雪场：乌鲁木齐冬季的平均气温只有 -10℃，且雪期长、雪质佳、风力小，因而在市区周边修建不少符合国际标准的滑雪场。有新疆规模最大的雪莲山灯光滑雪场；也有气候环境独特的水西沟滑雪滑冰场……滑雪之后，再泡一泡温泉，缓解一天因滑雪而带来的疲劳，是新疆冬季游的一个不错的选择。

天池：天池景色变幻无穷。冬天的天池俊秀俏丽。由于天山深处的气候和地理环境，这里既没有炎热的夏，也没有寒冷的冬，因而有了"雪压青松松更青，冰封湖水水更暖"之说。从每年的10月下旬至来年的5月上旬，天池一直处于冰封阶段。这时的天池纯美而安静，遗世独立，带着几许神秘。

火焰山：冬日的火焰山收起了它夏天的狂热，带着一种温柔的内敛。少了40℃的炙热，让人可以静静地，近近地欣赏它的清丽。在冰雪苍茫的荒漠之中，它静卧无言，似乎在为来年夏天储存火热的能量。雪花伏在火红的山体上，静默、柔美。无论是在苍茫的山脚下滑雪还是投身于沙漠中的温情，火焰山都会给人带来独特的体验。

若羌米兰佛塔

到达与离开

如今新疆交通发达，对旅行者来说，去新疆旅行已经变得相对轻松了。目前新疆已形成以乌鲁木齐市为中心辐射四周的航空、铁路、公路立体交通枢纽。

新疆地形地貌可概括为“三山夹两盆”。北部和中部是阿尔泰山脉与天山山脉，以及两山之间的准噶尔盆地，南部是与西藏交界处的昆仑山脉，塔里木盆地处于天山山脉和昆仑山脉之间，塔克拉玛干大沙漠位于盆地的中部。新疆的公路交通线围绕着两个盆地，一北一南的两个环组成了新疆的公路主干，在此基础上辐射出的道路四通八达，而穿越塔克拉玛干沙漠的长达522公里的塔里木公路更是加强了新疆南北的联系。兰新、青新、新藏3条省级公路，是新疆与邻近省区的交通干道。旅行者可通过公路交通完成全疆旅行。

新疆省内现16座城市拥有机场，自治区内外的航空交通非常便捷。

另外，新疆已建了3条铁路，内地旅行者可乘坐火车通过兰州—乌鲁木齐的兰新铁路进入新疆，并通过吐鲁番—库尔勒—喀什的南疆铁路很方便地前往喀什等地。

特别提醒：由于新疆地广人稀，很多周边景点无班车通达，所以自助旅行者如果可以联合多人在当地包车去各景点应该是一种经济的做法，既方便、省时，又可分摊费用，为明智之举。

航空

新疆是中国航空航线最长，航站最多的一个省区。以乌鲁木齐为中心，目前新疆的航班通达的自治区内地区有乌鲁木齐、喀什、伊宁、阿勒泰、和田、库尔勒、克拉玛依、塔城、库车、且末、阿克苏、那拉提、喀纳斯、吐鲁番、哈密、博乐。

乌鲁木齐作为国内航线的较大航站，可通达国内30多个重要城市，目前还开通了至香港的包机航线。此外，库尔勒是自治区内较大的航空港，除了与国内许多大城市通航外，还有通往中亚国家、俄罗斯与欧洲的航线。

飞机是进出新疆的快捷方式，从北京飞到乌鲁木齐仅仅需要3个半小时，而公路和火车则需要花掉成倍的时间，但乘坐飞机费用高算是一个缺点。此外，乌鲁木齐到全疆各地的航班，在淡季时班次较少，会给旅行带来不便。

同时，机场大多数都坐落在市郊，进出市区最经济的交通工具首推民航大巴，这点对于自助旅行的人来说相当重要。但搭乘机场大巴的缺点是速度较慢，尤其遇到塞车时，更是让人无法掌控时间，此外，往往还需要再换车去自己的目的地。

特别提醒：每年5月开始，新疆进入旅游旺季，要想购买折扣机票会很难，有时，甚至全价机票如果不预订也会难以买到。票价折扣由每天的市场需求（出票量）决定。

另外，由于新疆区内部分航班在抵达乌鲁木齐时，与东线航班正常起飞的时刻无法形成当日衔接，所以时常给游客带来许多不便。

为此，南方航空公司新疆分公司对购买南航转南航联程客票的旅客提供免费当夜住宿。只要转机时间在24小时之内，需要在乌鲁木齐停留一晚的乘客，可到乌鲁木齐三号航站楼（T3）南航中转柜台办理免费当夜住宿手续，然后将送旅客去对口的酒店，第二天登机前两小时酒店会把旅客送到航站楼办理登机手续。需要注意的是，旺季及特定假日里可能会因为人流集中而接待能力变得有限，所以具体情况请提前咨询南航服务网点。

特别提醒：需要特别提醒一下的是，乌鲁木齐日出日落的时间比北京大约晚两小时。

■ 铁路

新疆3条重要铁路线分别是：兰新铁路（兰州—乌鲁木齐），南疆铁路（吐鲁番—库尔勒—喀什），兰新铁路西段（乌鲁木齐—阿拉山口），著名的欧亚第二大陆桥横越新疆，由阿拉山口出境，终止于荷兰鹿特丹港。目前到新疆的火车已经提速，比如从北京西到乌鲁木齐的T69次不足35个小时即可到达；到哈密则只需33个小时。

铁路连通南疆、东疆和西疆3个方向的线路是：乌鲁木齐—喀什，途经和静、焉耆、库尔勒、轮台、库车、新和、阿克苏、巴楚、阿图什等地；乌鲁木齐—阿拉山口，途经玛纳斯、石河子、沙湾、奎屯、乌苏、精河、博乐等地；乌鲁木齐—哈密，这是进出新疆各线都要经过的一条线路，即哈密、鄯善、吐鲁番沿线。

特别提醒：铁路相对于航空、公路交通来说，受天气环境影响相对较小，一般都能准时地发车与到达，旅行者需要注意的主要是搞清楚火车时刻表，然后购买车票。在新疆的大中城市，都有很多火车票售票代理处，但进入旅游旺季后应尽量提前购票。

■ 公路

新疆的公路交通网大体可归纳为“三横五纵”。“三横”是指312、314、315国道，其中312国道和315国道为出疆通道。312国道东起江苏连云港，西至伊犁霍尔果斯，过哈密星星峡镇后进入新疆。这条公路吐鲁番至乌鲁木齐段已改建为高等级公路，乌鲁木齐至奎屯为高速公路；314国道从乌鲁木齐出发，经库尔勒，向西到达喀什，是联系南北疆的重要通道；315国道是第二条出疆通道，由喀什向东，沿昆仑山北麓经若羌，翻越阿尔金山到达青海格尔木。从南疆去敦煌也要走这条路。

312国道

哈密市星星峡镇—哈密市—鄯善县—吐鲁番市—乌鲁木齐市—石河子市—奎屯市—博乐市三台海子（赛里木湖）—霍城县清水河镇—霍城县霍尔果斯口岸（镇），全长1431公里；乌鲁木齐至哈密的312国道属于兰新公路西段，可直达兰州。

314 国道

乌鲁木齐市—托克逊县—库尔勒市—库车县—阿克苏市—喀什市—塔什库尔干塔吉克自治县红其拉甫口岸，全长1879公里；其中喀什到红其拉甫山口一段称为中国—巴基斯坦公路，沿途有喀拉库勒湖和慕士塔格峰、塔什库尔干县石头城等景观。

315 国道

若羌县依吞布拉克镇—若羌县—若羌县瓦石峡乡—且末县—民丰县—和田市—叶城县—喀什市，全长1735公里。

“五纵”是指216、217、218、219国道和塔里木沙漠公路。其中216、217、218国道穿越天山，贯通南北疆。219国道即新藏公路，从叶城出发，翻越昆仑山、喀喇昆仑山，到达西藏阿里地区。

216 国道

阿勒泰市—北屯市—阜康市幸福路口—乌鲁木齐市—乌鲁木齐县天山一号冰川—和静县巴仑台镇，全长865公里。

别具特色的帐篷

217 国道

阿勒泰市—布尔津县—和布克赛尔蒙古自治县和什托洛盖镇—克拉玛依市乌尔禾镇—克拉玛依市—奎屯市—尼勒克县乔尔玛—和静县巴音布鲁克镇—库车县，全长1090公里。

218 国道

霍城县清水河镇—伊宁市—新源县那拉提—和静县巩乃斯林场—和静县巴伦台镇—库尔勒市—尉犁县—尉犁县铁干里克镇—若羌县，全长1125公里。

219 国道

叶城县新藏公路0公里处—皮山县康西瓦—界山达坂，全长755公里。

主要公路：塔里木沙漠公路：全长522公里，是世界上最长的沙漠公路。

特别提醒：新疆主要的国道路况较好，但进入山区、沙漠等特殊的地理区域，某些路段比较复杂：如独库公路、乌库公路等要翻越冰达坂，冬天会大雪封山；218国道尉犁至若羌段，有时沙漠会湮没部分路段；布尔津至喀纳斯湖的公路由于是山路，行车要注意安全。

住在新疆

新疆以缤纷的自然风光和淳朴的民族风情成为旅行者向往之地，近年来新疆的旅游住宿条件不断完善。相对于内地人头攒动的热门旅游景点，新疆地广人稀，所以很少有客房爆满的局面。除黄金周以外，其他时间重点旅游城市住

石头城宾馆

宿都有很多选择，价格也比较便宜。

新疆目前的发展很快，在乌鲁木齐市、各自治州、各自治县主要城市、县城几乎各种档次的宾馆、招待所、私人旅社都有，总体来说，在这些地方找到符合个人条件的住宿地不是困难的事情。

当然，除了价格外，住宿环境也是一个十分重要的因素，比如在吐鲁番，旅行者会希望住在葡萄园内，可以选择吐鲁番宾馆、绿洲宾馆这样环境优美的地方；在伊犁，设施良好的友谊宾馆也很受欢迎；在喀什市，具有浓郁的地方民族特色的其尼瓦克宾馆、色满宾馆更是全世界背包客到喀什的必选住宿地。

在新疆旅行，即使在山区、草原、沙漠边缘的一些已开发的景点，旅行者都无须担心住宿问题，比如北疆的喀纳斯、帕米尔高原上的塔县、巴音郭楞大草原等地，既有住宿服务设施，也有老乡家的毡房、蒙古包、木屋等，非常方便。当然，在阿尔金山、罗布泊等特殊地区或者在进行户外穿越类活动等特种项目中，野外宿营是常采取的方式。

特别提醒： 扎营不仅需要准备帐篷、睡袋、睡垫等户外装备，还要掌握相关常识，对地理环境、气候变化、野生动物可能危及安全的因素等都要有所了解。

新疆目前发展很快，大中城市的星级酒店服务设施标准统一规范，与内地价格也差不多。如乌鲁木齐五星级的鸿福大饭店，标准房约为 560 元 / 间，商务房约为 588 元 / 间；乌鲁木齐的如家连锁酒店标准间约 150 元 / 间。而国营和私营招待所，价格相对便宜，私营的小旅馆价位在 15 ~ 30 元 / 床，带热水、电视，有公共卫生间和淋浴的三人间一般 25 ~ 50 元 / 床。有独立的卫生间和淋浴的标准间大多在 100 元以上。偏僻的景点和热点旅游城市则房价较贵。

旅行者青睐的住宿地

新疆近些年来，新开张的高级酒店比比皆是，大多设施完善、服务硬件好，但价格相对较贵。

而旅行者最推崇的青年旅舍在新疆还不多，目前乌鲁木齐有两三家。但很多旅馆也具有同青年旅舍相类似的服务与氛围，如提供一些实际的旅行服务和资讯，价格相对于星级宾馆也具有一定的优势，因此受到旅行者们的偏爱。这样的旅馆有乌鲁木齐的白桦林国际青年旅舍、吐鲁番的交通宾馆、喀什的色满宾馆和其尼瓦克宾馆、喀纳斯湖的舰旗驿站、库车的卡拉库尔宾馆等。

低价位的星级享受

如果是在淡季到新疆，尤其是冬天，游人稀少，宾馆、酒店价格优惠较大。比如在乌鲁木齐，冬季很多三星级的酒店标准间价格仅在100元左右，而挂牌的标价常常在288～388元。

吃在新疆

新疆饮食口味以维吾尔族特色饮食为主，最常见的是牛羊肉和面食类菜品。

在新疆的很多大中城市里，内地各种风味的餐饮也很普遍，比如在乌鲁木齐、库尔勒、喀什，川菜、鲁菜、粤菜、东北菜等各种菜系的餐馆比比皆是。但是在山区或小城镇，尤其是少数民族聚居的地区，绿色蔬菜较少，很多饭馆也不善于烹饪绿叶菜，价格也较贵。鉴于此，旅行者必须尽快习惯以肉食和面食为主的新疆饮食。新疆的水果便宜又种类繁多，因此建议多吃水果以补充身体所需的维生素。

特别提醒： 新疆除了蒙古族外，其他民族基本都不食猪肉，游客记住一定要注意尊重当地的民族习惯。

新疆独有的美食

目前内地都有很多新疆餐馆，大家熟悉的吃食有羊肉串、大盘鸡等，但千万不要以为新疆的美食仅此而已，在新疆，有些特色美食是在其他地方找不到的。

木赛来斯

南疆维吾尔族群众最喜欢的一种饮料，用鲜葡萄为原料酿制，但却不是葡萄酒。吐鲁番当地人和其他盛产葡萄的维吾尔族群众大多都会酿制这种饮料。人们把鲜葡萄放在案板上，将葡萄的皮和核剔出，汁流入盆中，过滤后倒入锅中熬。熬好后，置于向阳的地方，让其发酵约40天就酿好了。木赛来斯呈淡咖啡色，气味芳香，是营养丰富的上等补品。

新疆美食——烤羊肉串

阔尔达克

维吾尔族群众用羊肉、胡萝卜、土豆等炖的一种菜，一般常用馕来就着这种菜吃。维吾尔族群众在喜宴、逢年过节时用来招待亲友。这种菜香气四溢，色彩丰富。

帕尔木丁

维吾尔族传统的风味食品，类似一种馅饼。面里要掺鸡蛋和油做成皮。皮擀成圆形，放馅后包成马鞍形，蘸醋贴在馕坑里烤，烤熟后色泽金黄，皮脆肉鲜，吃起来满口香酥。

纳仁

来源于牧区的佳肴，也叫“手抓肉”或“手抓羊肉面”，它是用原汁肉汤煮面条或是面片，捞出后，把肉放在上面，肉用小刀切碎后同面拌在一起，佐以辣面子、洋葱末即成，传统的吃法是用手抓着吃。

薄皮包子

一种死面包子，维吾尔语称“皮特尔曼达”。这种包子的皮不用发面，而是用温盐水和面，面皮擀得很薄。馅是将羊肉切成小指尖大的肉丁、洋葱。包好的包子外形像鸡冠。在新疆，薄皮包子除了单独食用外，还常和手抓饭一起食用。此外，吃时不要忘了撒些胡椒粉，可以去膻。烤包子一般1～2元一个，刚出坑时吃味道最香，因为羊肉馅凉了之后有膻味，内地游客可能不习惯。

薄皮包子

酸奶子

一种发酵的乳制品，极受维吾尔族群众喜爱，比我们平常喝到的酸奶味道更酸，但也更纯。外地游客刚开始吃时，抵不住那个酸劲儿，可放适量白砂糖，搅匀后饮用，而维吾尔族群众饮酸奶子，就喝那个酸劲儿，从不加糖。游客可在街头或巴扎买到。

油塔子

形状真的好像塔，是一种面食。维吾尔族群众一般以油塔子做早点。做油塔子，面拉得越薄越好。然后抹一层羊尾油，在里面撒少许精盐和花椒粉，将面边拉边卷搓成细条，再切成小段，然后拧成塔状，入笼蒸熟食用。油塔子面薄，层很多，油多而不腻，吃了绝对忘不了。

抓饭

是维吾尔族的主要食品之一，维吾尔语称“朴劳”，客人们洗净手后，围坐在炕上，中间铺一块洁净的餐布，大家用手抓食，故称“抓饭”。原料为大米、羊肉、胡萝卜、洋葱、孜然、油、盐等，10～15元一碗，往往还配上羊肉。一般吃抓饭要喝热茶解腻。

■ 新疆不能错过的是水果

新疆是瓜果之乡，所以去新疆的游客出行之前一定要计算好，是否已经到了瓜果丰收的季节。

新疆一年四季都有干鲜瓜果上市，如石榴、葡萄、无花果、巴旦杏、桑

采摘香梨的维吾尔族小伙

葚、蟠桃、梨、核桃、沙棘果、伽师甜瓜、哈密瓜等。其中，5月份黄杏开始上市，8月份吐鲁番的葡萄下架，目前，当地果农用高超的葡萄保鲜技术保存着葡萄，在吐鲁番，几乎一年四季都可以吃上新鲜葡萄。每年7～10月哈密瓜开始大量上市，著名的哈密瓜品种有“红心脆”、“黑眉毛蜜极甘”、“网纹香”。此外，南疆伽师县的甜瓜也被称为“伽师瓜”，其甘甜绝不输给吐鲁番的瓜，早在清朝时代就被列为贡品；新疆的西瓜成熟时节是7～10月。库尔勒香梨皮薄、肉质细脆、汁多渣少、香甜爽口，绝不能错过，维吾尔语叫“乃西姆提”，蒙古语叫“开地姆”，香梨还有清热解暑的功效。

在南疆的喀什、阿图什到处可见果园，无花果被称为“水果中的皇后”，其含糖量高达70%，甜得让人一次只能吃下一两个。

品尝哈密瓜

特别提醒： 千万不要在吃完水果后再喝热茶，这样容易造成腹泻。此外，新疆本地人习惯以公斤做计量单位。

预算

新疆地域广，景点众多且分散，路途遥远，且多不通班车，想要深度游的话都需要包车，因此交通费是新疆旅行的主要花销。如能找到同行者，大家可以分摊一些包车的费用。此外，如果一个人在新疆旅行，会与许多美食失之交臂，因为新疆菜份儿大，比如大盘鸡，即使饭量大的大小伙子也很难吃完一份。总之，“独行侠”式的旅行方式可能比较适合在内地，但在新疆独自旅行绝对不是一个好的方式。最省钱的应该是找到几个志同道合的人，以火车、巴士等大众交通工具或合伙租汽车、自己驾驶等方式出行，三餐住宿统一解决，结成一个旅行团，这样交通费可以分摊、食宿总体花费也不会太高。但新疆很多景区门票昂贵，这一项难以节省。

新疆的餐饮总体来说价格较便宜且份儿大，比如拌面6元/份、手抓饭15元/份，烤羊肉串大多1元/串，最贵不会超过2元/串，饭量小的常常是一份拌面都吃不完。

此外，新疆旅行线路丰富，通常预算差异很大。比如在喀什市区内游玩，花费可能主要是吃饭和住宿以及购买旅行纪念品，而去喀纳斯旅行，则交通费和门票是主要部分。因此，制订预算时应根据自己的计划再参考书内的消费信息来计算，这样会比较精确。

■ 行程中最大的开支：路费

交通支出无疑是最大的。原因我们在上面已经说过。除去进出新疆的交通费用，包车费用也是主要的部分。包车的价格随季节的不同而有较大的浮动，淡季较便宜，7~10月为旺季，价格上浮20%左右。此外，租车时一定要明确价格是否包含雇司机、油费、过路费，是否要负责司机食宿等问题，另外，如果租车走长线价格也会比短线便宜，比如，乌鲁木齐租车费用情况大致如下：普通轿车，如桑塔纳200元/天；越野车、巡洋舰500元/天，三菱800元/天；小型客车600～900元/天。

■ 无法省掉的开支：门票

除交通费外，门票的开支是无法节省的，内地游客千里迢迢来到新疆，肯定不会因景点门票的因素而放弃。一些知名的景点门票大致为：喀纳斯150元，天山天池100元，除此以外30元左右的景点门票比比皆是。一些重要的文物保护区门票最为昂贵，如果不是有特别的爱好和需求，可以考虑放弃。乌鲁木齐市市内的公园基本上都是免费的。

■ 弹性最大的开支：住宿

住宿的开支弹性很大，如果对住宿条件的要求比较高，这笔花费自然就较大，三星级宾馆大多在300元/天左右，而如果选择普通宾馆和招待所100元/天以下足够了，多人间仅需要30～40元/床。此外，在一些偏远山区，远离大城市的景点，住老乡家价格就会很便宜，10～20元就能住一晚上，甚至遇到好客的老乡还会免费。

■ 可以省掉的开支：土特产的购买

新疆富有民族特色的工艺品很多，如果不加以控制的话，这笔消费也很惊人，比如地毯、丝绸、玉器、乐器，品质好一些的价格都十分昂贵，当然这笔开销是完全可以免去的。

特别提醒： 新疆早晚温差较大，在10℃~15℃，如在天池过夜、游南山牧场、登一号冰川、游喀纳斯湖、去巴音布鲁克草原等须带外衣和毛衣等衣物。在新疆除了徒步之外，有时要骑马、骑骆驼，所以一双合适的鞋很重要。新疆紫外线照射强烈，要带防晒品，同时携带如夏桑菊冲剂、十滴水等药物。新疆是多种少数民族杂居的地区，宗教色彩浓厚，信仰伊斯兰教的民族的生活禁忌，绝对不可以冒犯。在新疆，旅游尽量不要自行前往或自己开车旅游，因为不可预测因素较多，独自旅行的难度较大。

URUMQI AND THE SURROUNDING
乌鲁木齐及周边地区

阿勒泰
塔城
克拉玛依
博尔塔拉
昌吉
乌鲁木齐
伊宁
哈密
和静
（巴州）
吐鲁番
阿克苏
克孜勒苏
喀什
巴音郭楞
和田

走遍中国 · 新疆

URUMQI AND THE SURROUNDING
乌鲁木齐及周边地区

作为新疆维吾尔自治区的首府，乌鲁木齐是离海洋最远的内陆城市，是亚洲的地理中心。乌鲁木齐承载、交织了古丝绸之路与19世纪狂热的探险家的传奇印象。

乌鲁木齐地区三面环山。东部是博格达山、东山，西部坐落着西山，南部则是天格尔山，北部是平缓开阔的平原，常年水草丰盛。因而，比较流行的说法是：乌鲁木齐是蒙古语“优美的牧场”之意。近来有学者提出“乌鲁木齐”这个词源自9世纪突厥语“绿绿的一片地方”和“路过的地方”两个意思。

对于内地人来说，乌鲁木齐是最为接近中亚伊斯兰风格的城市，即使今天，这种特点依然可以看到。在市区的大街上，古代与现代的风格、宗教的肃穆与商业的喧哗并存着。二道桥巴扎、五一路夜市、幽蓝的天池水、在市区内就可望见的洁白的博格达峰，都召唤着来自世界各地的普通游客和登山爱好者。同时，吸引旅行者目光的还有大盘鸡、手抓饭、羊肉串、吐鲁番葡萄、伽师瓜、哈密瓜、库尔勒香梨、库车杏以及巴旦木、沙枣、瓜脯等特色餐饮和水果。与此同时，也不难找到川菜、东北菜等特色饭馆，各色酒吧、咖啡馆和快餐厅。此外，独具特色的和田地毯、色彩绚丽的民族服装、艾德莱斯绸、维吾尔族绣花小帽、玛瑙项链、宝石戒指、闻名遐迩的英吉沙小刀，来自南亚及阿拉伯国家的铜器、布料、衣饰等对旅行者同样是不可抗拒的诱惑。

前世今生

历史上，轮台、红庙子、迪化都曾是乌鲁木齐的称谓。早在新石器时代，就有人类在这里繁衍生息。2000 多年前，游牧民族就已在此地生活。后来由古姑师－车师人最先进驻。东汉时期，这里已是东师六国的一部分。640 年，大唐在天山北麓设置庭州，下辖 4 县，古称“轮台”，位置在现在的乌鲁木齐东南至乌拉泊设轮台县一带，人类聚居生活，而如今乌拉泊古城遗址在风沙中依然可寻；此后，乌鲁木齐真正成为“繁华富庶，甲于关外”的好地方。清乾隆年间，在乌鲁木齐河以东修筑土城，作为驻军营堡，这是乌鲁木齐的雏形。对于乌鲁木齐的大规模开发始于清乾隆年间。乾隆二十八年（1763），乌鲁木齐定名迪化。光绪十年（1884），新疆建立行省，省会即设立于此。1954 年改名为乌鲁木齐。

旅行与季节

乌鲁木齐深处大陆腹地，属于温带大陆性干旱气候，春秋季短，冬夏季长，昼夜温差大。年平均降水量为 194 毫米，最暖的 7、8 月平均气温为 25.7℃，最冷的 1 月平均气温为 −15.2℃。偶尔也会出现极端气温，最高为 47.8℃，最低为 −41.5℃。每年的 6 ~ 10 月是乌鲁木齐旅游的黄金季节。

乌鲁木齐的春天来得比较缓慢，由北至南从 3 月下旬一直会延续到 4 月下旬，才会完全进入春的季节。夏季平均气温为 23℃，是旅游避暑的胜地。秋天是从 8 月下旬开始的。进入秋天以后，乌鲁木齐的气候环境比较稳定，不冷不热。秋天也是收获的季节，此时天山南北的瓜果也会汇聚于此。乌鲁木齐的冬天几乎长达 150 天，南郊积雪长达 175 天，是开展高山滑雪、高山冰场速滑、雪地“叼羊”、雪地“姑娘追”等冬季活动的最佳场所。

焦点

静看日出与日落

乌鲁木齐与北京有两个小时的时

乌鲁木齐地区旅行交通示意图

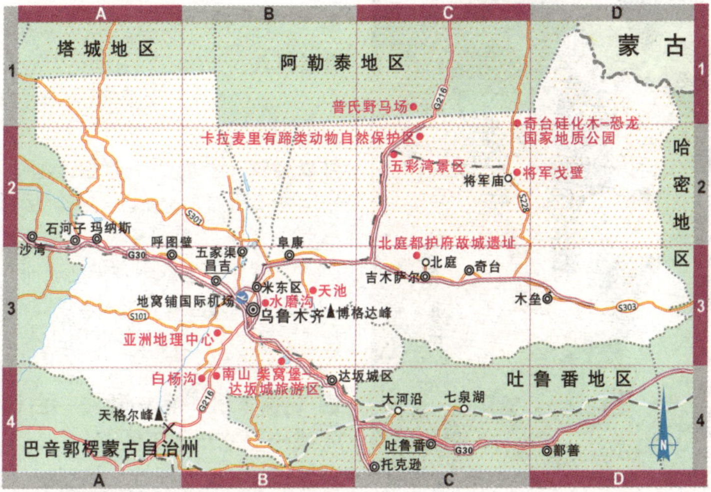

差。因此乌鲁木齐看日出不用起个大早，一般七八点钟正是太阳破晓而出的时候。红山位于乌鲁木齐的市中心，山岩突兀，气势非凡。每当晨晓时分，岩壁映日、红光熠熠。除了日出外，红山宝塔的“塔映夕阳”也是这里的一大景观。夕阳西下，落日的余晖将塔影拖得长长的，风姿诱人，别有韵味。

■ 闲逛巴扎

巴扎是新疆最具风土人情的一景。乌鲁木齐市内既有历史悠久、风味独韵的二道桥大巴扎，也有极具国际范儿的国际大巴扎。二道桥大巴扎是公认的最具维吾尔之风的特色巴扎。走在二道桥的街道上，古老的建筑、浓郁的中亚风情，让人恍惚之间忘了身在何处。国际大巴扎被誉为世界第一大巴扎，比著名的土耳其大巴扎还要大上9000多平方米。伊斯兰风格的建筑形式将风格与特色框定其中。逛巴扎之前一定要做好充足的准备，小心迷失其中。

乌鲁木齐二道桥的蒙面穆斯林女子

■ 饕餮各族美食

作为新疆的首府，乌鲁木齐是新疆各民族的会聚地。所以在乌鲁木齐，可以吃到各式各样的美食。有维吾尔族的抓饭、馕、拉面、烤羊肉、烤包子；有回族的揪片、拌面、粉汤、酥馍、烩面；有蒙古族的手抓肉、奶酪、奶豆腐、炖羊肉；还有俄罗斯族的面包、饼干、奶制品……这么多的美食、这么多的选择可以让你在乌鲁木齐过足美食之瘾，满足饕餮之欲。

■ 攀爬天山天池

天山天池是到乌鲁木齐旅游的必游之地。这里风景因气候多变，让人能够在一天之内感受到四季的变化。传说，天山天池曾是王母娘娘的沐浴池，这里的池水清澈碧透，池边云杉环绕，远处是白雪皑皑的博格达峰。简洁的池光山色绘出了一幅带着仙气的高原湖泊的大美之色。不管是感受美景，还是体验“一日四季”的变化之奇，天山天池都是不错的选择。

行程推荐

■ 乌鲁木齐—天山天池1日游

必游景点： 天池石门、西小天池、西小天池瀑布源头、大天池、大湾倒影、瑶池风帆

可以尝试： 于白头山俯拍天池全景；到西小天池瀑布源头品尝清冽甘甜的泉水。

D1 早餐后，坐汽车赴天山天池，游览天池，当天留宿天山或者返回市区。往返里程约220公里。

■ 乌鲁木齐—南山牧场—白杨沟（或一号冰川）2日游

必游景点： 南山牧场、白杨沟、一号

天山天池

冰川

可以尝试：于西白杨沟拍摄密林绿野、牛羊成群、毡房点点，风光如画的高原风景；到南山牧场参观哈萨克少数民族毡房。

D1 早餐后，坐汽车赴南山牧场，然后继续往白杨沟，往返里程约为150公里。

D2 从白杨沟或从南山牧场到一号冰川。

■ 天山天池—吐鲁番—南山牧场3日游

必游景点：天山天池、国际大巴扎、交河故城、坎儿井、火焰山、葡萄沟、高昌故城、南山牧场

可以尝试：逛国际大巴扎；到交河故城、火焰山、高昌故城拍摄大漠戈壁的壮美景色；去葡萄沟品尝甜美的葡萄。

D1 早餐后，坐汽车赴天山天池，游览天池并在天池午餐，返回乌鲁木齐市参观国际大巴扎，饭店晚餐。夜宿乌鲁木齐。

D2 早餐后乘汽车赴吐鲁番，参观交河故城、坎儿井，在绿洲宾馆午餐后参观火焰山、葡萄沟、高昌故城，晚餐后返回乌鲁木齐市。住乌鲁木齐。

D3 早餐后，坐汽车赴南山牧场，参观哈萨克少数民族毡房，品尝民族小吃，晚餐返回乌鲁木齐住宿。总体花费预计800元。

预算

新疆地域博大，景点众多，乌鲁木齐市内主要的景点1 ~ 2天即可游遍，乌鲁木齐周边的天山天池、南山牧场、白杨沟、一号冰川这些景点往返也至少需要一天时间。在费用方面，多人合租车辆比较省时省力，前往周边地区往返在100元左右。而住宿可以选择的档次非常多，普通宾馆150元以内的标准间即可满足需求，也可以选择普通招待所或者青年旅馆，每人每天的住宿则只需要五六十元。此外，享受乌鲁木齐的美食和歌舞表演、购买纪念品也是一笔不小的开支，此项内容根据自身需求而所留出的预算也不同。总体说来，在乌鲁木齐及周边的总花费在300元/天左右。

乌鲁木齐

二道桥市场

【对古老的中亚市井生活的最精准的诠释】

二道桥市场是新疆最具有民族特色的巴扎之一（"巴扎"是维吾尔语集市的意思），也是乌鲁木齐市最有趣的地方。

19世纪末20世纪初，这里曾经有一座木质的桥梁，这座木桥被称为"二道桥"。在南梢门子外还有一座木桥，大小与二道桥相仿，叫"头道桥"。清朝时，沙俄在乌鲁木齐划定了贸易市场，那时候，沿街店铺林立，其中黄金加工的店居多，由此便有了"打金一条街"的名字。慢慢地，工艺品一条街、地毯一条街等顺势而起，吆喝声已持续了一个世纪。

解放后，这里陆续建成了民族商场、团结剧场等建筑，如今，当年的木桥早已不见踪影，取而代之的是现代化的立交桥，二道桥则成了乌鲁木齐最富民族特色的商圈及旅游点。

富有异域情调的喀什绿岛快餐厅、拉合曼蜂蜜店、阿米娜乐器店、民族音像店等各种店铺杂陈；各种小吃摊出售羊肉串、黄油、米肠面肺、石榴、西瓜、吐鲁番葡萄、哈密瓜、库尔勒香梨、库车杏以及葡萄干、巴旦木、沙枣、瓜脯等，还可以买到最具有新疆特色的和田地毯、各种民族服装、艾德莱斯绸、维吾尔族绣花小帽、玛瑙项链、宝石戒指等装饰品，而工艺精湛的英吉沙小刀更随处可见，此外，还有来自南亚及巴基斯坦、俄罗斯等国家的铜器、手工艺品、服饰等。

交通：二道桥市场东面与和平南路相通；南面通过胜利路与水上乐园、南郊客运站相连；西面与龙泉街以及市区主干道解放南路贯通；正面为乌鲁木齐市另一条主干道解放南路，向北距离中山路商业街仅3公里，向西距火车南站3公里。1路、101路、104路、61路、10路、16路等近15条公交线路都经过二道桥市场。也可以从南门新华书店旁边的解放南路北口步行前往。

二道桥市场

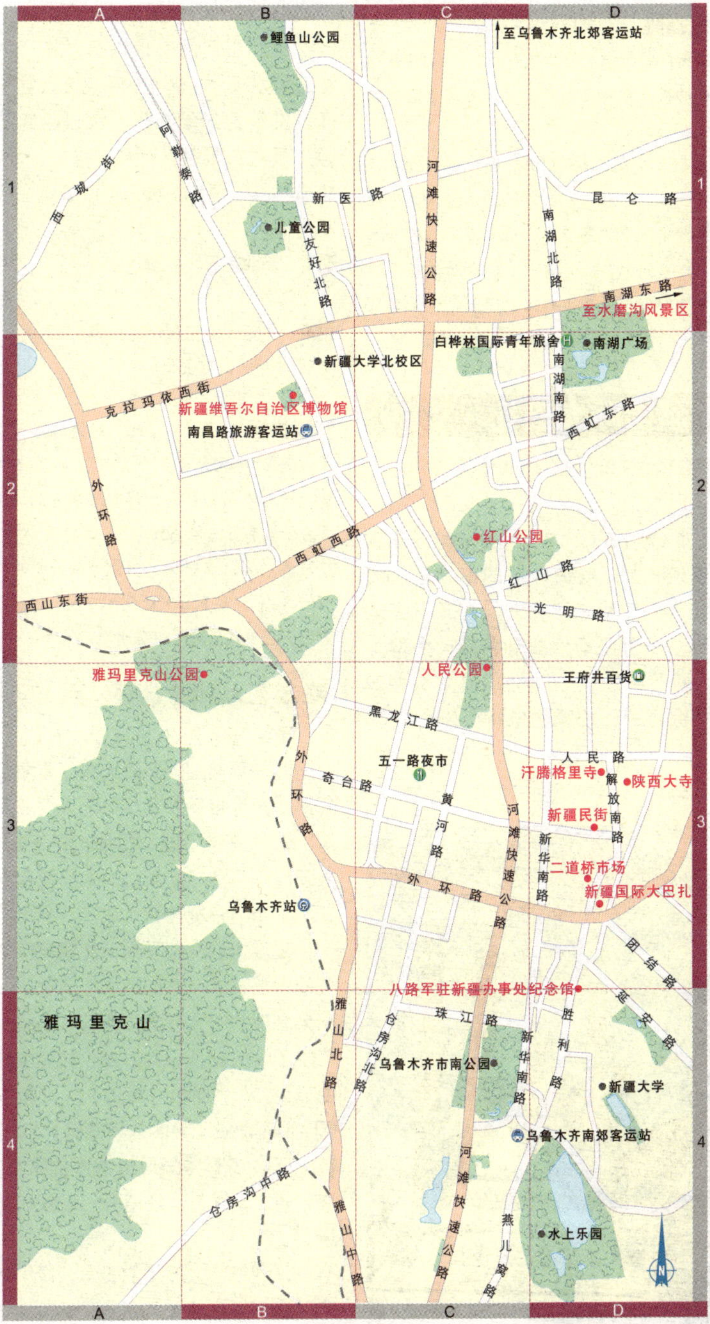
至乌鲁木齐北郊客运站
鲤鱼山公园
西城街
阿勒泰路
新医路
河滩快速公路
昆仑路
南湖北路
儿童公园
友好北路
南湖东路
至水磨沟风景区
白桦林国际青年旅舍
南湖广场
新疆大学北校区
南湖南路
克拉玛依西街
新疆维吾尔自治区博物馆
西虹东路
南昌路旅游客运站
外环路
红山公园
西虹西路
红山路
西山东街
光明路
雅玛里克山公园
人民公园
王府井百货
黑龙江路
人民路
五一路夜市
汗腾格里寺
陕西大寺
奇台路
解放南路
新疆民街
黄河路
新华南路
二道桥市场
新疆国际大巴扎
乌鲁木齐站
团结路
八路军驻新疆办事处纪念馆
延安路
雅玛里克山
珠江路
胜利路
雅山北路
仓房沟北路
乌鲁木齐市南公园
新疆大学
乌鲁木齐南郊客运站
仓房沟中路
雅山中路
燕儿窝路
水上乐园
A B C D
1 2 3 4

乌鲁木齐城区示意图

特别提醒： 1. 市场的1～3层是商业区，卖新疆各民族的手工艺品、干鲜果。第4层是综合性的民族歌舞宴会厅，可以在那里品尝新疆特有的美食。

2. 星期天是最热闹的时候，请准备好相机，捕捉一张张生动的面孔、一幕幕鲜活的中亚风格都市画面。乌鲁木齐近60万少数民族人口中，有近45%的少数民族群众居住在二道桥市场的辐射区内，待上一个下午，绝对可以感受到这里浓郁的民族特色和氛围。

新疆国际大巴扎

【乌鲁木齐作为少数民族城市的标志性建筑之一】

新疆国际大巴扎如一个伊斯兰建筑风格的古堡，红砖外墙的中心是3000平方米的广场。广场上的观光塔高达80米，此外还有清真寺和露天大型舞台、可容纳近千人用餐的剧院式大型演艺宴会厅、55部购物电扶梯和3000多家商铺，商业总面积近4万平方米。

国际大巴扎

巴扎里商品琳琅满目，除了各种小吃和水果外，这里的手工艺品店也很多，艾德莱斯绸、玛瑙项链、宝石戒指、套靴、服装、布料、挂毯、地毯、维吾尔及哈萨克民族风格音像制品应有尽有。

交通： 新疆乌鲁木齐解放南路8号，二道桥市场的对面。

门票： 国际大巴扎观光塔50元

电话： 0991-8556000

特别提醒： 1. 国际大巴扎观光塔塔顶有茶座，可以俯瞰大巴扎全景及乌鲁木齐的市景。还有专门的导游讲解在塔顶看到的市内著名景点和标志性建筑。

2. 这里的客流量很大，据统计每天平均可达3万人左右，最多时可达到10万人。游客在游览时一定要注意看管好随身物品。

宴艺大剧院

【巴扎内一定不能错过的去处之一】

吃一顿典型的新疆大餐、看看民族舞蹈，大厅自助餐从268元到398元不等。选择座位不同，价钱也各不相同。表演时间每场一个半小时，而用餐时长在两个半小时左右。

宴艺大剧院位于大巴扎建筑群4号楼四层至五层，内部装饰极为奢华，高十余米的欧式大厅灯火辉煌。四楼大厅每晚上演的都是极具边疆少数民族特色的节目，如《纳孜尔库姆》、《迎新娘》、《天山姑娘》、《美丽的黑眼睛》、《五色鞋》等，还有异国风情浓厚的东方舞、康康舞、踢踏舞、印度舞、俄罗斯舞等舞蹈。

说到宴艺大剧院的美食，这里也是新疆清真菜品的龙头。除了现场制作新疆特色小吃外，宴艺大剧院还开发出失传多年的菜品：龟兹烤羊脖、巴里坤羊

木卡姆宴艺大剧院

排、农家四宝、手撕羊腿、鲜辣回锅羊排等，巴扎的歌舞盛宴一定会让你觉得不虚此行。

新疆民街

【有“一街走遍新疆，一日畅游古今”之说，乌鲁木齐市“新十景”之一】

“新疆民街”坐落于乌鲁木齐市具有百年商业历史的龙泉街中段，是目前新疆规模最宏大、民族风格最鲜明的民风、民俗、民情文化一条街，会聚了新疆各地的文化、风情、餐饮、物产等。

新疆民街由民族餐饮街、民族风情街、欧亚商品街、珠宝名品街4条步行街组成，有新疆微缩景观、新疆民俗博物馆、民族茶艺吧、西域三十六国风情园、民族手工艺巴扎、科技园等景点。其中民族风情街会聚了新疆15个地、州、市的最具代表性的微缩景观，制作非常精美。

交通：乘坐乌鲁木齐市公交车1路、61路、63路、65路、70路、101路、102路、103路、104路、106路、111路、308路、911路、923路在山西巷站下车步行约200米可达。

门票：民俗博物馆20元；西域三十六国展20元；新疆十五地州沙盘馆20元。

特别提醒：1. 二道桥市场、新疆国际大巴扎、新疆民街都集中在一起，可一并游览。2. 位于附近的新疆民俗博物馆也值得一看，这里还是新疆最大的玉石珠宝交易集散地。

新疆维吾尔自治区博物馆

【省级、综合性历史博物馆】

新疆维吾尔自治区博物馆是新疆文物收藏和科研中心，建于1953年。其外观造型具有维吾尔建筑风格。馆内装饰亦富有民族特色。展厅面积7800平方米，共收藏历史文物、民族文物、革命文物等5万余件。

到这里还有一具有确切身份的干尸，他生前的身份是唐朝高昌王国左卫大将军张雄。其实，自治区博物馆的馆藏极为丰富，分为新馆和旧馆，现对外开放的主题展就有:《找回西域昨日辉煌——新疆历史文物陈列》、《新疆民族风情陈列》、《逝而不朽惊天下——新疆古代干尸展览》、《历史的丰碑——新疆革命史料展览》四项陈列展览。通过参观文物藏品，能较系统地了解新疆从2万年前的旧石器时代开始的各时期历史面貌；维吾尔、哈萨克、回、柯尔克孜、蒙古、锡伯、塔吉克、乌孜别克、达斡尔、满、塔塔尔、俄罗斯12个居住在新疆的民族民俗风情；以及生活在新疆的古代的先民中的欧罗巴人种、蒙古人种以及他们的混血型，展出的干尸和文物是研究人类学、民族学、历史学、考古学和医学的珍贵资料。

时间：夏季平日9:30～19:00，节假日10:00～18:00，冬季10:30～18:00。

交通：位于阿勒泰路，市内友好市场附近。乘7路、51路、66路、910路、912路公交车在博物馆站下车即可。

门票：免费。全年开放，夏季公休日照常开馆，春节期间闭馆，冬季公休日不开放。

电话：0991-4552826

特别提醒：馆内有导游机，押金100元，可以免费使用。

八路军驻新疆办事处纪念馆

【全国11个八路军办事处纪念馆之一，其建筑风格为中俄合璧】

纪念馆坐落在乌鲁木齐市胜利路二巷一号院内，是一幢中俄合璧的青砖楼房，院内种植有白杨、松柏、杏树和鲜花，环境幽雅。

这座房舍的历史不足百年，却颇为曲折。在盛世才统治新疆时期，由私宅改为新疆边防督办公署第二招待所。1937年七七事变爆发后，日本发动了全面侵华战争。国民政府发表《自卫抗战声明书》。在8月14日的国共两党谈判中双方达成将在陕北的红军主力改编为国民革命军第八路军，并在国民党统治区若干城市设立八路军办事处等协议。10月，八路军驻新疆办事处成立，邓发为办事处负责人。后来周恩来、邓颖超、任弼时、王稼祥、蔡畅等当时往来苏联的途中，也都在此居留过。1942年，盛世才投落反共，逮捕、迫害我党工作人员，办事处随之关闭。1962年，办事处照原样修复。1965年10月1日辟为“八路军驻新疆办事处纪念馆”。

时间：10:30～14:00，15:30～18:30。

交通：坐落在乌鲁木齐市胜利路二巷一号院内。乘1路、104路、111路公交车至延安路下车。

门票：免费

特别提醒：楼顶南侧有一座凉亭，可鸟瞰市区。

红山公园

【红山是乌鲁木齐的象征，“红山夕照”是最有代表性的景观之一】

红山因山头很像猛虎，山岩呈红

背包客收藏：镇龙塔

红山的对面有一座山叫作“雅玛里克山”（俗称妖魔山）。山下，乌鲁木齐河纵贯南北。

传说，红山是天池中飞来的一条赤色巨龙，落地化为山岩，但仍不安分地缓缓向雅玛里克山爬去，两山一旦合拢，乌鲁木齐河会被阻断，城区将化为一片汪洋。乌鲁木齐都统是一位迷信的满族地方官员，1788年，他下令在两条“巨龙”头上各建一座九级青砖“镇龙塔”。其中红山顶上之塔存留至今，而雅玛里克山头之塔则于20余年前被大风吹倒，近年才重新修复。

色，因而又称“虎头山”、“红山嘴”。

每当傍晚，山体更是被夕阳映红，煞是壮观。山上的建筑有远眺楼和大雄宝殿，山头被称作虎头峰，峰上的清代灰塔是乌鲁木齐全貌的最佳眺望点，并且被认为是乌鲁木齐的城徽。红山宝塔建于1788年，塔高10.6米，为六面九级青砖实心塔。

红山公园内有“塔映夕阳”、“古楼揽月”等18个景点。公园四周已被乌鲁木齐四通八达的公路包围，公园内还有酒吧、茶馆等休闲场所，这里也是当地人晨练的地方。

时间： 7:30 ~ 22:30

交通： 市内1路、7路、17路、61路、62路、68路、101路公交线路都经过红山公园。公园内有观光车，票价5元，往返10元。

门票： 免费

电话： 0991-8855671

雅玛里克山森林公园

【东可望白雪皑皑的博格达峰，西可赏通红的西山落霞】

雅玛里克山俗称“妖魔山”，位于市区西侧，呈东北—西南走向，长约9公里、宽约5公里，最高处青年峰海拔1397.6米，与红山遥相呼应。很多游人喜欢在夏季傍晚登上峰顶，向东可望白雪皑皑的博格达峰，西可赏通红的西山落霞，看城市夜景。

早期在这一带游牧的蒙古族厄鲁特部落牧民称这座山为“雅玛里克山”，意为“山羊之家”。传说此山是西王母为了镇住青龙而设的造物。但走西口来到乌鲁木齐的老百姓更熟悉《西游记》，于是这座山被说成牛魔王居住的地方，因此得名。山上有个九九世纪亭，是俯瞰乌鲁木齐市全景的好去处。

交通： 市内乘905路、906路公交车都可到达。

人民公园

门票： 免费

人民公园

【乌鲁木齐市内最大的公园】

人民公园原名“同乐公园”，俗称“西公园”，位于乌鲁木齐河西岸，距离“长桥饮马”雕塑大约100米。

早在清乾隆年间建造乌鲁木齐城时，由于这里是一片湖沼，四周古树蓊郁，环境清雅，于是将这里辟为官员休憩的地方。清光绪九年（1883）开始建园，1918年整修湖池，仿故宫楼阁式样建造了丹凤朝阳阁等建筑。园中有为纪念清代学者纪晓岚所建的“阅微草堂”，以及被慈禧流放到这里的维新大臣张荫桓所捐修的“鉴湖亭”。

交通： 乘1路、2路、3路、7路、17路、58路、902路公交车可达。

门票： 免费

陕西大寺

【乌鲁木齐市最大的古清真寺，全国保护最完整的清代清真寺之一】

寺院大约建于清代乾隆、嘉庆年间，重建于1906年。陕西大寺乍一看像内地的佛教寺院：传统砖木结构、琉璃瓦顶、大殿前部由40根红漆大柱支

陕西大寺

撑，建筑式样采用传统的单檐歇山式，绝对的中国古典建筑风格。细看，却能看出寺院的伊斯兰建筑风格，拱门上刻有精美的《古兰经》文，后部为望月楼，是阿訇宣告斋戒的场所。大寺的建筑形式在清真寺建筑中十分罕见。

陕西大寺附近，大多居住着回族群众，随处可见戴着小帽的穆斯林，寺院旁的每家商店都卖清真食品和穆斯林用品，处处充满伊斯兰色彩。

交通： 位于和平南路永和正巷10号。乘1路、3路、17路、60路、61路、104路公交车南门站下车。

门票： 60元（旺季），20元（淡季）

汗腾格里寺

【一座混合了伊斯兰艺术风格与现代建筑风格的清真寺】

地处乌鲁木齐老城南门，因此当地人常称之为“南门大寺”。始建于1864年，1902年、1984年曾两度重建，改称“汗腾格里寺”，其意为“王中之王”。最早由来自喀什的信徒集资建设，建成后来此做礼拜的大部分为喀什人，因此也被叫作“喀什寺”。该建筑为土木结构，是伊斯兰风格建筑。

寺院分为地下两层、地上两层；底层为寺院商场，二层即地面层，是寺院生活用房，第三层为礼拜大殿，四层则是经学班教学楼。寺院在现代化的高楼大厦与商业气氛的包围中既独特又与其融为一体。清真寺和商场巧妙地结合，且很好地解决了静与闹两方面，两个环形楼梯将商场和清真寺分隔开来，使两者互不干扰，很值得品味。

交通： 乘1路、101路公交车到南门站下车。

门票： 10元

水磨沟

【新疆“新十景”之一】

水磨沟是东郊一条狭长的山谷，由水磨沟河上游的虹桥山、清泉山、温泉山、水塔山与水磨沟河这“四山一河”组成风景区。

水磨沟公园

清乾隆年间这里就兴建了水磨，1907年，新疆布政使在这里修建了规模更大的官水磨，此后官私水磨多达100多盘。水磨沟在清末时候还建有“衣斗亭”、“萧曹亭”、“盼云轩”、“笑涛亭”等亭台楼阁。

此外，清泉山腰还有清泉寺，是新疆佛教圣地，也是乌鲁木齐佛教协会所在地。如今，这里开辟成风景区，景点有水磨沟公园、雪莲山高尔夫球场、温泉疗养院、龙骧马术俱乐部、维斯特欢乐城等。

时间： 8:00 ~ 18:00

交通： 在市区北门乘坐104路公交车，在北园春乘坐34路公交车，到温泉站下车，然后右行到十字路口处再右行400米到达水磨沟公园。或者乘坐801路公交车直接可以到达水磨沟公园。

门票： 免费

电话： 0991-2876981、4871592

特别提醒： 水磨沟风景区可以进行烧烤，按照炉子大小收取费用。

亚洲大陆地理中心

【新疆“新十景”之一，亚洲大陆的地理中心】

这里本是一个普普通通的小山村，村民大多以放羊为生，村边是一条冲沟，村口有一棵大榆树。1992年开始，这里不再普通了，因为经中国科学家1992年7月测定证实，这里位于东经87° 19′ 52″，北纬43° 40′ 37″，正好是亚洲大陆的地理中心！这里建有一座高16米的代表英文单词“亚洲”首字母“A”的黑色雕塑。

亚洲公园内天圆地方的亚心广场汇集了象征亚洲各国文化结晶的石雕图腾和木质、玻璃钢雕塑图腾。亚洲地理中心的大门也非常有气魄，如钢铁网络支撑起来的飞翔之翼。

亚洲中心大道的两旁是亚洲各国著名的雕塑：伊朗的《猎狮》、塔吉克斯

背包客推荐：水磨沟必游

水磨沟温泉与南京汤山温泉、临潼华清池温泉合称为中国距离城市最近的三大温泉。水磨沟温泉的温度38° C ~ 40° C，含有硫化氢泉、氟泉、磷酸泉、偏硅酸泉和氯化物泉等6种化学成分，达到了国家医疗价值浓度标准。

景区内还修建了运动休闲区，以水磨沟公园的雪莲山高尔夫球场为中心，包括养生休闲区、生态区、文化休闲区、民俗风情展示区。是广大市民和来乌鲁木齐旅游的人们居住小憩、修身养性的最好去处。

雪莲山高尔夫球场是世界上离海洋最远的高尔夫球场。球场拥有3000亩绿地，远眺白雪皑皑的博格达峰，俯瞰全市繁华景象，被誉为“天山之星”、“戈壁明珠”。

坦的《神鹰》、科威特的《舟》、巴基斯坦的《和平万岁》、伊拉克的《汉谟拉比法典柱》、老挝的《祝福》等，无不象征着亚洲各民族的精神，展示着各国人民的文化追求，体现着多元文化的共存。

交通：位于市西南大约 30 公里的永丰乡包家槽子村，南郊客运站有班车到永丰乡。返回时从永丰乡可包租三轮车前往包家槽子村，花费大约是：夏利车往返 100 元。

门票：30 元

乌拉泊古城

【轮台九月风夜吼，一川碎石大如斗，随风满地石乱走。——岑参（唐）】

古城遗址坐落在大湾乡乌拉泊村，又叫“破城子”，是唐至元时期的轮台县城，古丝路北新道上曾经的军事要塞和税收重镇。在那个时候，过往的使者和商旅都要在这里办理“通关文牒”才能前行。

经过千百年的风沙侵蚀，如今的古城高约 4 米、长 550 米、宽 480 米，城垣基本轮廓还清晰可辨。遗址内有些荒凉破败，保存较完整的城墙墙身上仍然能看到凸出的马面。古城内还存少量的夯土建筑地基。该城的瓮门、城楼、角楼等都显得格外宏大，城垣中部还有对外望的孔道。这里出土的大量的古陶器、玉器和钱币、生产生活用具等，均距今达千年以上。

乌拉泊古城

乌拉泊古城遗址公园陈列馆已开馆，可供参观。

交通：距市中心 17 公里。在乌鲁木齐火车南站乘 312 路公交车，或日月星光花园乘 528 路公交车，或在三屯碑乘 9 路车到水西沟收费站换乘 312（528）路公交车，也可以在南昌路旅游客运站乘车直达景区。

门票：20 元

特别提醒：距古城3公里的乌拉泊水库夏天可看到天鹅和成群的野鸭。

柴窝堡湖—达坂城谷地

【大盐湖、风力发电厂、达坂城串联成了一条丰富的旅游线路】

柴窝堡湖位于乌鲁木齐市东南 40 公里处的达坂城谷地中。虽然柴窝堡湖是乌鲁木齐市郊最大的淡水湖，然而游客来到这里的目的却往往是与它紧邻的一个盐湖。盐湖在柴窝堡湖东南大约 5 公里处，面积达 23.7 平方公里，其含盐量竟然为海水的一百倍左右！最令人惊奇的是两湖相距之近，并且两湖的湖底相通，含盐量却各不相同，真是大自然的神奇之作。这是因周围高地山脉富含盐分，山体物质被河流、洪水、地下水携带着流入湖内，蓄积在相通的湖底，但因为盐湖地势低于柴窝堡湖，于是盐分逐渐沉积在盐湖里，因而形成了这种奇观。

大盐湖也是全疆出产食盐的重要地

点，人们甚至用这里的盐加工制作成工艺品。在大盐湖南岸山梁上有几座唐代和元代古墓，盐湖东岸公路一侧为汉唐烽燧遗址，可以顺路参观。

此外，柴窝堡湖—达坂城谷地是全国著名风口之一，柴窝堡风力发电厂是亚洲最大的风力发电厂。此处风景也颇为壮观，也是摄影爱好者经常光顾的地方。

柴窝堡湖东 15 公里处，就是因王洛宾先生一曲《达坂城的姑娘》而名扬天下的达坂城。

交通：柴窝堡湖位于乌鲁木齐至吐鲁番的公路边，中途下车即可。

门票：30 元

特别提醒：柴窝堡湖旅游区大多数景点都分布在312国道附近，从乌鲁木齐市出发，大约半小时行程可达乌拉泊古城，后可经过路两侧长达10公里的风力发电站，以及柴窝堡湖、盐湖、盐湖烽火台、达坂城、白水镇古城、王洛宾艺术馆等，这些景点可在一天之内参观完。

一号冰川

【有“冰川活化石”之誉，是世界上离城市最近的冰川】

这里有大小 76 条现代冰川，最大的是天格尔峰北坡的一号冰川，底部海拔为 3740 米。1959 年，中国科学院在此建立了天山冰川研究站，这是我国唯一的在国际上开放交流的高山冰川研究站。“一号冰川”名字中的“一号”即是由当年的研究编号而来，是我国观测研究现代冰川和古冰川遗迹的最佳地点，其周围是 2、3、4、5 等编号的冰川。

这些冰川蕴藏着丰富的水资源，乌鲁木齐河的源头就在这里，然而，据科学家观测，目前受气候变化与地球持续

一号冰川

升温影响，一号冰川消融加快，45 年间冰川厚度竟然减少了大约 11 米！

这里冰川冲积地貌非常明显，导游都可以给你讲述天山和乌鲁木齐河发育、变化的历史。这里晶莹夺目的冰舌上，科研工作者凿成的 80 余米长的大冰洞，也成了窥探冰川的一景。

交通：位于市区西南 120 余公里处的天格尔山中。乌鲁木齐市人民公园门口有旅游班车前往一号冰川。车费 100 多元，有 130 多公里路，路上单程要 2 ~ 3 小时。乘车沿乌库（库尔勒）公路南行，到达坂后，向右拐上便道，即可看到冰川观测站。

门票：进山环保费 15 元

特别提醒：现在为了保护一号冰川的自然生态环境，一号冰川已经禁止社会车辆开上去，从山腰步行至冰川脚下大约有4公里路程，路途远、海拔高且气温常年在-10℃左右，高海拔地区气候多变。请注意身体状况及保暖，阳光明媚的时候还要戴上墨镜保护眼睛。乘坐旅游专线车只是到山腰处仰望雪山，当地人提供租马登山服务，50元/人，往返约1小时。

南山风景区

【乌鲁木齐著名的徒步线路之一】

南山风景区泛指乌鲁木齐南部、喀拉乌成山以北的山区。这里包含天山一带的垂直风光，有高耸的雪峰、有葱郁的森林、有清冽的泉水、有繁花点点的草原，还有寒气逼人的冰川。尤其是山区自西向东平行分布的数十条大小沟谷，既是优良的天然牧场，又是徒步旅行的好地方。

南山风景区主要景点有：西白杨沟、东白杨沟、照壁山、菊花台、平西梁子、庙尔沟。

特别提醒： 南山徒步线路：乌鲁木齐—60公里—甘沟乡—6.5公里汽车山路—菊花台—2.5公里—金泉沟滑雪场—3公里—白杨沟—3公里—白杨沟瀑布—3公里—白杨沟—60公里—乌鲁木齐

交通： 南山风景区很大，景点很多，可以在乌鲁木齐财大坐525路、512路、551路到终点中桥客运站下车，然后乘去小渠子，西白杨沟、东白杨沟、水西沟、板房沟、后峡、南台子、庙尔沟、托里牧场、萨尔乔克牧场、中梁、南山机场的班车。票价按距离计算，9～13元/人。绝不能错过白杨沟。
门票： 30元，骑马40元/小时，到哈萨克毡房里做客20元。

■ 白杨沟

【乌鲁木齐南郊著名的避暑游览胜地】

白杨沟位于新疆乌鲁木齐南山，是乌鲁木齐南郊著名的避暑游览胜地。山区自西向东平行分布着数十条大小沟谷，地处中山与低山过渡带，海拔2252米，年降雨量500～600毫米。一进沟谷，只见蓝天下群山峻峭，牛羊成群，密林绿野，溪流淙淙。云杉掩映下，毡房点点，小楼座座，风光如画。其中最著名的是西白杨沟。一号冰川是乌鲁木齐河的源头，位于市区西南125公里处的天格尔山上，长约2.2公里，平均宽500米，面积1.8平方公里，其周围分布着150多条大小不一的现代冰川。

天山天池

【古称“瑶池”，神话中西王母宴群仙的蟠桃盛会所在地】

天池和她众多的美丽神话早已为人熟知，即使没去过新疆的人也大多知道新疆有个天池。

天池地处天山博格达峰北侧，位于阜康市南偏东40余公里，距乌鲁木齐市110公里。天池是一座高山湖泊，湖面海拔1980米，面积大约4.9平方公里。

天池古称“瑶池”，《山海经》就有瑶池及西王母的传说，而晋时的《穆天子传》更是有周穆王西游与西王母瑶池相会的生动描述，而《西游记》中所描绘的蟠桃会也是王母娘娘在瑶池畔隆重推出的。以上这些记载可见“瑶池”的神奇与魅力。

而“天池”一名来自乾隆四十八年（1783）乌鲁木齐都统明亮题的《灵山天池统凿水渠碑记》。1783年乾隆帝的侄女婿明亮主持修建引水灌溉渠，次年完工时水位下降至低于引水渠口十几尺，工程完全报废，乾隆帝大怒，责令所有工钱均由明亮自行承担。所幸这位豆腐渣工程负责人明亮文采不错，在这块《碑记》中对凿渠之事一笔带过，而对天池风光及沿线景观作了细腻描述，也算为后人造福了。

横亘亚洲腹地的天山山脉是塔里木盆地和准噶尔盆地的天然分界线，天池这座天然的高山冰碛湖就处于天山东段最高峰博格达峰的山腰。

天池在盛夏时节风景最为明艳，更是避暑的好地方。而冬季，这里则是理想的高山溜冰场。此外，博格达峰、云杉林与高山湖泊一同构成了这里的美景，1990年联合国在此设立了“博格达保护区”。

天池一带还有丰富的资源和奇特的自然景观，天池附近的雪山上生长着雪莲，动物则有雪鸡，遍地是蘑菇，党参、黄芪、贝母等珍贵药材也隐身其间。山中有各类珍禽异兽，鱼群与水鸟共享着深邃的天池水。

景点包括：大天池北坡游览区、大天池游览区、娘娘庙游览区、十万罗汉涅山游览区、博格达峰北坡游览区共五大景区，每个景区又有数个景点，其中一些景点只是古代寺庙遗址或路途遥远不易到达，所以几乎可以忽略不计，下文就着重介绍主要的景点。

交通：1. 距市区约110公里，在南昌路旅游客运站每天9:00～12:00整点发车，前往天池，一天4班，往返票价90元。此外乌鲁木齐市人民公园、红山宾馆门口有班车直达，全程需要2小时。或从乌鲁木齐走高速公路去天池，约一个半小时到达。

2. 经济的方式是乘坐长途班车从乌鲁木齐（北郊客运站）至阜康客运站，票价10.5元，8:00～20:30流水发车，阜康客运站至天池景区游客服务中心7:00～19:30有专线车，票价10.60元，每30分钟一班。

门票：旺季100元（4月1日～10月31日）；淡季40元。区间车票价：70元（旺季），40元（淡季）。

电话：景区值班电话0994-3251002

住宿：1. 区内有宾馆和各种度假村，价格从几十元到两百元不等。很多哈萨克族人的毡房旅馆也提供住宿，还提供餐饮服务，如手抓饭、烧烤等。毡房的价格250元/间。在湖区周围有很多餐厅，有各种风味的新疆菜，价格较山下无疑要贵上一些。

2. 沿着娘娘庙的对岸一直往下走，会碰到一个哈萨克族人的接待点，可以选择在这里住上一晚，体验一下住在毡房里的乐趣。这里的价格比较实在，一日三餐包住宿，每人大概50元。

天山天池

特别提醒： 1. 由于海拔较高，即使在盛夏，也要带上御寒的衣物。
2. 骑马上山看天池是许多游客的选择，目前租马的价格最低是20元/小时。
3. 在景区，一般想与当地的哈萨克小孩合影，都要付费（一块钱）。
4. 第一次去天池，最好跟着旅游团混，那样可以蹭到导游的讲解。
5. 选择乘游船畅游天池。一般游船费用是65元，船舫的费用是80元。乘船舫的人少、船速慢，很适合拍照。
6. 天池附近的白石头能俯瞰天池全貌，并且是拍摄天池的理想地点。
7. 景区内铺设了沥青路面、沙石路面，旅游车辆可直达海西、锅底坑。同时还修有通往各处的人行道、马道，可去景区内任何一个景点。

大天池北坡游览区

进出天池的旅游公路翻越天池北坡，所以北坡的景点乘坐区内观光车都会经过，而乘坐缆车就只能浮光掠影了。

天池石门——石门一线

石门是进入天池风景区的天然山口，宽约百米，最窄处仅十来米，是河道切割形成的峡谷，故又称“石峡”。石壁颜色赭暗，如同铁铸，又称“铁门关”。

五十盘天

石门以上从“又一村”开始，就是上天池顶的盘山公路，约五十盘，沿途植被繁茂、溪流潺潺。

王母脚盆——西小天池

“王母脚盆”位于“五十盘天”的第三盘的右下方，景名为“龙潭碧月”。海拔1660米，由天池湖水从地下渗漏入池，水似玉汁，犹如王母的冰肌玉体，传说是“王母娘娘的洗脚盆”。

西小天池瀑布

过了西小天池不远，路右侧的瀑布

天池

即为“西小天池瀑布”，瀑布凌空，垂帘数十米。

醴泉隐乳——西小天池瀑布源头

西小天池瀑布的源头为醴泉洞，隐蔽难寻，故又称“隐乳洞”。泉水从地下涌出，清净甘甜似醴（甜酒），传说是“王母娘娘的醴泉”。

仙女泳池——东小天池

东小天池，位于“五十盘天”的最后一盘的左侧 500 米处，方圆数百米，海拔 1860 米。传说原为“天上仙女的游泳池”，后被黑龙霸占，故又名“黑龙潭”。

悬泉飞瀑——东小天池泻水瀑布

东小天池北岸断崖峭壁，高近百米，故称“百米崖”。春末夏初冰雪消融时节，池水上涨并由北岸倾泻下跌会形成近百米高的瀑布。

“鳄鱼吐珠”——东小天池瀑布源头

翻过东小天池南面的山头，即达大天池北岸。天池北岸是一座巨大的天然堤坝，高 289 米，整个大坝似一条鳄鱼尾巴，故称“鳄鱼坝”。大坝东首建有人工水闸，名“鳄鱼闸”。天池水下泻，形成一条十来米高的瀑布，称“鳄鱼吐珠”，是东小天池的上游源泉。“鳄鱼吐珠”、“冰潭银帘”和“悬泉飞瀑”合称“天池三瀑”。

■ 大天池游览区

风景区以天池为中心，湖水清澈，四周群山环抱，绿草野花相衬，有“天山明珠”盛誉。天池景区围绕湖面有“天池”石碑留影、“定海神针”、“西岸鳄鱼”等几处常规观赏景点。

天山天池东小天池

天镜浮空——大天池

大天池湖面，传说是“王母娘娘的梳妆镜”，“天镜”海拔 1910 米，呈半月形，酷似一个头南身北的葫芦，其南段的三工河就是葫芦的把儿。天池南北长 3.4 公里，最宽处 1.5 公里，平均宽度 1 公里，湖周长 9.7 公里；最大湖深 102 米（位于东北处），平均湖深 40 米；湖水冰凉清澈，内有人工养殖的冷水型鱼类。

镇海古榆——“定海神针”

天池北岸鳄鱼坝上有一棵生长在海拔 1910 米高处的古榆树。这棵被称为“定海神针”的大树相传是由王母娘娘的神簪化成的。传说王母娘娘在瑶池举办蟠桃会，瑶池水怪因未被邀请便兴风作浪。王母盛怒之下，顺手从头上拔下一支宝簪，插在瑶池北岸，镇锁水怪。后来，在插宝簪的地方，长出了一棵榆树。

东岸靓女

此处景观指夕阳西下时，落日余晖沿着卧龙山勾勒出一位屈曲双腿、仰面而卧的少女侧影，只有夜宿天池的游人才能有幸欣赏此景。

西岸鳄鱼

天池西岸的长垄山体，传说是一条鳄鱼所变，故名“鳄鱼山”。鳄鱼头朝南身朝北，鳄鱼背呈弧状缓峰隆起，鳄鱼足插于湖中，鳄鱼尾部就是北岸的鳄鱼坝。

大湾倒影

大天池湖面西南部被称为“大湾子”，每天上午九、十点钟通常是天池风平浪静之时，此时最适合在大湾子拍摄雪峰林海在水中的倒影。

瑶池风帆

欣赏到此景需要机缘巧合，夏季由天池南岸松海至北岸经湖面由帆船运送枯木，傍晚时分帆船顺风而下在天池之上徐徐而过，动中有静是摄影者可遇而不可求的画面构图。

■ 娘娘庙游览区

一到大天池，左侧就有一条路向东延伸。循路向前数百米，可见一个船坞。从这里沿大天池东岸小路向南徒步半小时，便可到娘娘庙游览区。娘娘庙是天池最重要的人文景观，娘娘庙附近还有达摩险径、居仙故洞、达摩禅洞、观音阁旧址、会仙瑶台、老子故洞几处景点，都不大，可根据自己的时间安排。

西王母庙——娘娘庙

道教将西王母视为玉皇大帝的妻子，因此称西王母为王母娘娘。此地原有规模宏大的娘娘庙，后毁于战火。近年来海外信众多有来此朝圣者，1992 年，台湾道教“慈惠堂”在原娘娘庙遗址兴建了这座庙宇。现庙内有王母娘娘全身像及原娘娘庙部分遗物，如古钟、瓦当、壁画等。

居仙故洞位于西王母庙右上方 50 米处，传说为群仙居住的地方，洞内壁画残存，隐约可辨。

■ 十万罗汉涅山游览区

天池西 4 公里处的山又被称为十万

天山天池冬景

罗汉涅山，由禅灯山和马牙山组成。禅灯山长约3公里，宽约2公里，山头有3块顶天巨石，此处海拔2718米，为天池西侧群山中的第二高峰，是遥望博格达峰、俯瞰天池、“西山观松”和观看日落的绝佳位置。

夜观天灯

相传达摩祖师由印度而来在天池东岸一个山洞里面壁坐禅，此洞后称“达摩禅洞”。后人在“达摩禅洞”对面的山上立一松杆，上挂“天灯”，寓意为释迦牟尼的禅法是“黑暗中的一盏明灯”，该山因此得名禅灯山。禅灯山的灯光是旧时百姓憧憬的吉祥安宁之光。

会仙瑶台——大锅底坑

禅灯山下海拔2180米处有一处大洼地，比禅灯山山峰低538米，状如一个大锅底，故名“大锅底坑”。虽然名字不太美，但大锅底坑绿草如茵、云杉密布、水草丰茂，相传为蟠桃盛会的会场。

东岳庙址——山神庙址

禅灯山被称为“十万罗汉灵骨所在”，原建有博岳庙，亦称“山神庙”。1890年，博岳庙整修后，当时的博岳庙道长认为博格达山可称为新疆的泰山，故正式定名为“东岳庙”。

白石头山

白石头山因山上多白石而得名，临近天池，是俯瞰天池全景的好去处，由此向上攀登约2小时可达禅灯山。

顶天三石

禅灯山山头耸立着三块巨大的石笋，传说王母娘娘到天池收服妖孽后在禅灯山立巨石一块，然后用簪子一劈为三以撑住西天。

背包客收藏：昆仑山、天池与中国神话传说

昆仑山在中国神话传说中是一座非常著名的神山，《山海经》、《禹贡》、《水经注》都提到过它，其描述都带有极为神奇的色彩。它是“天帝的下都”，诸神的乐园，这里有西王母的瑶池，有结有珍珠和美玉的神树。昆仑山是中国的神话之山，中华民族神话传说的摇篮，古人尊昆仑山为“万山之宗”、“神圣之山”，它与蓬莱构成了中国两大神话体系。

可是，这座“神圣之山”却在数千年的历史进程中“遗失”了具体的地理方位，神话中的昆仑山处于天地中心，是大地的腹心，人类环绕在它的周围，众神居住于其上，还有宇宙树等众多神物。可现实中的昆仑山，我们的先民根本不可能在其周围生活。所以可以推断，中国古代神话中的昆仑山与我们地理概念的昆仑山不是一处。那么，神话中的昆仑山究竟在何处，这个问题还是留给历史学家去争论吧。

传说中，西王母瑶池有多处，因为“西王母虽以昆仑为宫，亦自有离宫别窟，游息之处，不专住一山也”(《山海经校注》)。西王母最大的瑶池——青海湖、最古老的瑶池——德令哈市褡裢湖、美丽神妙的瑶池——孟达天池、神秘而又海拔最高的瑶池——昆仑河源头的黑海。传说，每年农历三月初三、六月初六、八月初八，西王母会专门在此设蟠桃盛会，各路神仙便来向西王母祝寿。

每年 7、8 月，天山雪莲花盛开，是户外旅行爱好者亲近雪山的最好的时候

马牙石林

马牙山与禅灯山南部相连，长约 5 公里，峰顶海拔 3056 米，是天池西侧群山中的第一高峰。马牙山山顶尖石林立，远看好像一排排巨大的马齿，因此得名。

■ 博格达峰北坡游览区

自海拔 1910 米的天池南岸起，经过森林、草原、高山砾漠、雪线至海拔 5445 米的博格达主峰为博格达峰北坡。随着海拔逐步升高，自然环境发生急剧变化，时间充裕的游客可随向导至森林、高山草甸游玩，而再往上的空气稀薄地带，是专业登山者的乐园。

峡谷森林

从海拔 1910 米（天池南岸池边）沿三工河的支流峡谷向上至海拔 2800 米之间，是博格达峰北坡游览区中的中山峡谷森林自然景观区。林区内多溪流、峡谷，穿行在茂密的原始森林中，夏季天气凉爽，秋季色彩斑斓，美不胜收。

草甸草原

在海拔 2800 ~ 3500 米处，是博格达峰北坡游览区中的亚高山草甸草原自然景观区。这里夏季降水充沛，是良好的夏牧场。晚春初夏时节草原花开烂漫，是体会高山草甸的最佳时节。在草甸草原自然景观区的上段，即离博格达峰雪线不远的将军沟沟口的台地上有两

背包客推荐：博格达峰与登山运动

虽然峰顶终年积雪，气候恶劣。但对登山爱好者也形成了巨大的吸引力，博格达峰 1980 年对外开放，成为新疆对外开放的 15 座山峰之一。迄今为止吸引了大批中外登山探险队。早在 1980 年以前就有英国和苏联登山队尝试攀登，一直到 1989 年日本京都登山队首开登顶纪录。1998 年乌鲁木齐市登山探险协会登山队 8 名队员，首创了中国人登顶的纪录。而一些登山者则永远地把生命留在了这座山上，1989 年日本京都登山队登顶成功后，在下撤时队员白水满子小姐失足掉入冰缝，营救人员无法进入狭窄的冰缝，最终救援失败。多年后由于冰川的运动，白水小姐的遗体被带至冰面。如今在登山大本营附近，还建有日本登山队员白水小姐和 1998 年失踪的 3 位香港登山者的墓碑。

块硕大的扁圆形褐色砾石，上面有古人雕刻的狩猎、放牧情景及符号等图案40余幅，被称为“将军岩画”。

登山大营

草甸草原自然景观区和其上的高山砾漠自然景观区的交接地带，景色非常壮观。博格达峰的登山大本营就设在这里，海拔为3540米。从天池南岸到大本营，登山者一般走下面两条路：一是沿大冬沟向东折南翻过“三个岔达坂”，这条路较为平缓；二是向南折东沿将军沟翻过“以肯起达坂”，这条路则较为陡峭。两条路的全程分别为25公里和30公里。

高山砾漠

在海拔3500～3800米，是博格达峰北坡游览区中的高山砾漠自然景观区，仅有苔藓地衣类植物在这里顽强生存，珍贵的高山雪莲被称为“冰石插花”。

冰川雪海

雪线（海拔3800米左右）以上，是博格达峰北坡游览区中的冰川雪海自然景观区。在博格达峰北坡现有48条冰川，面积55平方公里，最长的冰川为7公里，是冰川考察的良好场所之一。冰川雪海自然景观区的顶部就是博格达峰的“雪海三峰”。

雪海三峰

博格达峰曾被古人认为是天下第一高峰。博格达峰的山顶，三峰并立，最东边为主峰即博格达峰，海拔5445米，号称“东部天山第一峰”；中间为“灵峰”，海拔5287米；最西边为“圣峰”，海拔5213米。博格达峰被称为准噶尔盆地的“守护之神”。

背包客推荐：翻越博格达峰线路

博格达峰海拔5445米，在天山的诸多主峰之中，并不是最高的，海拔仅能排名第三，然而它的名气却很大。过去这一带的人们对山非常崇拜，博格达更被称为“神山”，骑马的人从山下经过，无论贫民、官员都要下马叩拜，可见博格达峰在古代西域各民族人民心中的地位。

在博格达峰15公里范围内海拔超过5000米的山峰有7座，呈东西向排列，大部分为冰雪所覆盖，发育冰川十余条。在山坡海拔1600～2800米的地带分布着森林和草甸植被，天池即处于云杉林带之中。整个博格达峰地区现属联合国“人与生物圈”自然保护区范围。

博格达峰登顶线路主要有两条：一条是从天池到小冬沟口，再沿大冬沟至三个岔乡，从此可登顶；另一条是从四工河沿沟而上，至力行达坂（3700米），再登顶。峰区也是新疆及各地徒步爱好者的乐园。

交通：前往博格达峰可先到达天池景区，从天池租马骑行前往，也可以徒步从天池出发；另一种方式是从天池下面的白杨沟出发，去博格达峰登山大本营。

特别提醒：博格达峰位于昌吉州阜康市境内，与乌鲁木齐直线距离约60公里，因为从乌鲁木齐前往博格达峰与天池极其方便，所以绝大多数的旅行者更喜欢把它当作乌鲁木齐近郊的景点而列入自己的旅行计划中。

博格达峰

背包客推荐：徒步翻越博格达峰至天池

这是乌鲁木齐附近大名鼎鼎的经典徒步线路。从天山南坡的达坂城进山，翻越博格达峰的三个岔达坂，最后抵达天山北坡的天池风景区。徒步完成天山南北的翻越，既可领略天山两侧截然不同的风光，还能近距离观赏到博格达雪山和天池的秀丽风光。

徒步线路：达坂城—三个岔沟口—三个岔达坂—大冬沟（或以肯起达坂—将军沟）—天池

所需时间：3 天

必备装备：帐篷、高山炉具、燃料、炊具与餐具、登山绳、背包、睡袋、防潮垫、徒步鞋、防雨衣裤、水壶、餐具、小手电、火柴或打火机、食品。

最佳时节：6 ~ 10 月

具体行程：

D1：达坂城—天山牧场一队—三个岔沟口——一号羊圈—二号羊圈

D2：二号羊圈—高山牧场—三个岔山口—登山大本营

开始攀登三个岔山口后，要注意，在高海拔地区行进要尽量多喝水，降低血液的黏度。

D3：登山大本营—三个岔达坂（或以肯起达坂）—大冬沟（或将军沟）—天池

交通：可从乌鲁木齐市客运站乘坐发往达坂城的班车。从达坂城再包租吉普车到三个岔沟口。最好的选择是多人合租越野车从乌鲁木齐经柴窝堡湖进山到三个岔沟口，费用 300 元。完成穿越后从天池返回时可从天池海南坐船到海西，乘区间车（票价 5 元）到天池门票收费处，再乘班车到阜康市，再换车到乌鲁木齐。

特别提醒：户外穿越、登山探险有风险，需要有专业的向导、设备，有组织、有计划地进行，如有兴趣可寻求乌鲁木齐市的户外运动俱乐部的帮助。

昌　吉

五彩湾

【准噶尔盆地上最重要的景观之一、北疆旅行的必游地】

五彩湾西临沙漠，北边是卡拉麦里山，东去十几公里便是恐龙沟，向东南30多公里则是奇台魔鬼城。整个景观由五彩城、火烧山、化石沟、古尔班通古特沙漠、古海温泉景观组成，其中五彩城是最精华的部分，不可不游。

这里是一个你也许从未见过的光怪陆离、色彩斑斓的世界，犹如造物之神的杰作封存在戈壁荒漠中。壮美、奇幻、无可名状的景象令人震撼，过去人们把这种地方称为死亡之地。传说，凡是进去的人再也不会出来，这更给它增添了一丝神秘色彩。

五彩城完全是大自然的作品，亿万年前，这里沉积的很厚的煤层被地壳运动送上地面，在雷电和阳光的长期作用下，煤层开始大面积燃烧，我们只能想象当年人所未见的壮观景象，今天我们能看到的则是这一杰作的成品，通常老百姓称之为“火烧山”。

交通： 位于吉木萨尔县城北150公里处。从乌鲁木齐沿216国道大约需4小时。从吉木萨尔县城出发已经有公路可以直通，从吉木萨尔县城、昌吉包车前往600～800元。吉木萨尔县城也有直达五彩湾的班车。

门票： 100元

电话： 五彩湾古海温泉：0991-8887607、6928222。

特别提醒： 1. 如果只是走马观花，可以在前往喀纳斯的路上顺便游览一下，而对于摄影爱好者来说，最好带上帐篷、睡袋、水和食物，五彩湾的色彩在晨、昏的光线下最具表现力。
2. 这里最适宜旅行的季节为8～9月。
3. 由于路况不佳，建议最好租用越野吉普车。

■ 五彩城

由于侏罗纪时代逐渐沉积的煤层燃尽后烧结岩堆积，又由于各个地质时期矿物含量不同，风吹雨蚀，所以今天这里的岩层看上去色彩如画家的调色板一样丰富，进而得名“五彩城”。

方圆约3公里的范围内，可以看到一座座由红、黄、橙、绿、青灰、灰

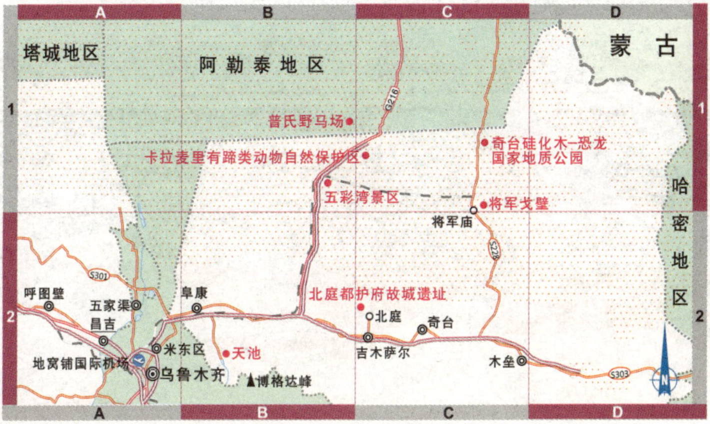

昌吉地区旅行交通示意图

绿、灰黑、灰白等多种色彩鲜艳的泥、页岩构成的小丘高低错落、形态各异，令人的想象力尽情驰骋。随着一天中光线和昼夜的变化，五彩城的色彩和影调也随之变化。

特别提醒： 在五彩城拍摄，最好在早、晚低角度光照时段拍摄，以黄昏到日落这个时段的光照最佳。

火烧山

火烧山因红色的山丘似烈火燃烧而得名。这里的山丘是一片一片的赭红色，并不像五彩城的五彩斑斓。火烧山在地理上同样属于风蚀地貌、由烧结岩构成。火烧山在朝阳或落日的映照下色彩更加强烈，红色的山丘与天边的红霞铺天盖地，让人印象深刻，游完了五彩城，火烧山也一定不要错过。拍摄火烧山建议利用日出后 1 小时和日落前 1 小时的低角度光，因为低色温光照拍出来的图片更有奇特的色彩表现力。

化石沟

化石沟是五彩湾的又一景观，又叫“石榴沟硅化木林”。距离火烧山采油厂西北方向 17 公里，距离吉木萨尔县约 120 公里。漫长的时光和地质的沧桑巨变，使这里的森林及动植物被深埋地下变成化石，后又被带出，分布在这条长 1.5 公里多、宽 30 多米的山沟里。这些有亿万年历史的宝贝已经被保护起来，

背包客推荐：五彩湾旅行攻略

1. 景区周边的自然景观有：野马养殖中心、古尔班通古特沙洲生态园、五彩城、玛瑙滩、天然梭梭林及盐湖……是徒步野营、公司拓展的理想之地。

2. 古海温泉是中国 7.7 亿年前古海的沉积水，含钙、锂、锶、铁、锌等 26 种活性元素，对动脉硬化、关节炎、痛风、肩周炎、各种皮肤病等症状的缓解非常有效。

3. 景区在卡拉麦里有蹄类自然保护区内。还可以近距离接触景区内的珍稀动物。

五彩城

不允许随便捡拾。

■ 古海温泉

1992 年地质队在五彩湾探测出古海温泉，古海温泉是在 1982 年由新疆石油管理局在勘测石油时发现的，井深 2100 米。经中科院新疆水质鉴定分析确定，此水为 7.7 亿年前古海的沉积水，出水温度高达 75℃。近年在附近修建了一些温泉度假村，是游人体会沙漠风光同时享受温泉乐趣的完美组合。

古尔班通古特沙漠

【中国第二大沙漠】

古尔班通古特沙漠是紧随塔克拉玛干之后的中国第二大沙漠，同时也是中国面积最大的固定、半固定沙漠。冬季的雪景、春季的鲜花、夏季的绿灌都各有特色。沙漠里冬季有较多积雪，春季融雪后，古尔班通古特沙漠特有的短命植物迅速萌发开花。这时，沙漠里一片草绿花鲜，繁花似锦，把沙漠装点得生机勃勃，景色充满诗情画意。沿途会看到荒无人烟的戈壁，运气好的话会遇到野驴和黄羊奔跑的场景。

交通：位于新疆准噶尔盆地中央，玛纳斯河以东及乌伦古河以南。

普氏野马场

【在这里可看到价值高达 25 万美元的普氏野马】

蒙古种系野马曾生活在新疆吉木萨尔、奇台以北和甘肃的一些戈壁草滩。1876 年，沙俄探险家普尔热瓦斯基在这里“发现”了早已在欧洲消失的野马群，之后欧洲探险家纷纷来到中国新疆和蒙古西部捕捉活的普氏野马，分别收养在欧洲和美洲的若干个动物园、饲养场里。其后这一带的野马因大肆捕杀而濒于绝迹。1985 年，中国从英、德、美等国引回当年被带走的“普氏野马”第八、第九代后裔，送到现在的这座野马场放养。今天，野马已经开始繁育后代，总数已近百匹。

特别提醒：准噶尔盆地火烧山以北，乌伦古河的恰库尔图以南一带的戈壁上偶尔可以看到放养的普氏野马，这里就是普氏野马的放养区。看野马已成为到喀纳斯旅游的一个项目，不过看到的机会可遇不可求。

将军戈壁

【一处常出现海市蜃楼幻象的戈壁】

据传，唐朝时，北庭都护府都护、节度使杨袭古率军与回鹘人在这片戈壁上展开了惨烈的厮杀，最后迷失了方向。戈壁滩上不断出现的幻象引得士兵们四处狂奔，最终全部渴死在这片面积近 1000 平方公里的戈壁滩上。后人在这里修了一座庙以纪念这位将军，取名“将军庙”，但现在仅剩的遗址几不可寻。

奇台硅化木—恐龙国家地质公园

地质公园南距奇台县城 150 公里，西南距乌鲁木齐市 350 公里，总面积约 492 平方公里。地质公园所处戈壁即为前文介绍的“将军戈壁”，2008 年在这一地区正式成立国家级地质公园，公园内有硅化木景区、恐龙沟景区、石钱滩景区和魔鬼城景区。

交通：自驾游可先到奇台县城，然后沿 303 省道至三个庄子乡，再向北走 40 公里至岌岌湖检查站，过检查站后沿 228 省道再向北走 70 公里就到地质公园了。

门票：60 元 / 人。

■ 硅化木景区

约 11.65 平方公里，有硅化木近千株，是世界上最壮观的硅化木群产地之一。游客在这里可以领略到距今约 1.5 亿年前侏罗纪时代的硅化木，直径最大的硅化木可达 2.8 米，长 26 米，且树木的原生构造保存清晰。

■ 恐龙沟景区

建有游人中心、地质博物馆、恐龙保护展馆、地质公园主碑以及一个面积 3000 平方米的广场。地质博物馆内陈列着数十种古生物化石和矿石，以及巨大的恐龙肋骨和恐龙尾骨化石，通过图文并茂的形式展示了地质公园地质变迁、古生物化石形成过程及相关科普知识；恐龙展馆则以实物的形式展出多具在恐龙沟出土的恐龙化石，特别是 2007 年发掘出的一具巨大的恐龙化石，其个体巨大而完整，骨骼粗壮，十分罕见。

■ 石钱滩景区

位于将军戈壁双井子东南 5 公里处，是一处具有 3 亿年地质演化史的古生物化石宝库。经地质专家鉴定，石钱滩出土的古生物化石多达 200 多种，包括各类珊瑚、腕足类、腹足类、头足类、三叶虫类、苔藓虫类等。

■ 魔鬼城景区（诺敏风城）

【比乌尔禾的“魔鬼城”大 7 倍】

这里以雅丹地貌著称，周围面积约 100 平方公里，布满了密集而又错落有致的砂岩奇异形体，比克拉玛依乌尔禾的“魔鬼城”大出 7 倍。风沙就像艺术家手中的刻刀，将石头与土丘塑造成形态各异的雕塑，整个地貌像一个充满了离奇故事的城堡。这里属于多风地带，夜晚大风刮过一道道土丘，发出凄厉的声音，像魔鬼的吼叫，让人生畏。

交通：位于奇台县城北部将军戈壁西北边缘卡拉麦里山地诺敏地带。

卡拉麦里有蹄类动物自然保护区

【珍稀野生动物的乐园，是新疆境内蒙古野驴活动最多的地区】

地图上的保护区是准噶尔盆地东部被划出的一个矩形。从地理上来说，保护区位于新疆准噶尔盆地东北方的一片戈壁滩上，地跨吉木萨尔、奇台、富蕴、精河 4 个县。保护区也包括前面提到的五彩湾和将军戈壁。

卡拉麦里山是一条东西走向的山脉，这里植被丰富，水源充足，自然条件非常适宜野生动物繁衍生息。保护区内最主要的珍稀动物是蒙古野驴，别名“亚洲野驴”，据专家估计目前世上仅存 2000 多头，属于国家一级保

背包客收藏：雅丹地貌

雅丹地貌是指断断续续延伸的长条形土墩与凹地沟槽间隔分布的地貌组合。20 世纪初，人们在罗布泊西北部的古楼兰附近考察时，发现了这种奇特的地貌。“雅丹”是维吾尔语“雅尔当”的变音，意思是“陡峻的小丘”，学者们正是根据维吾尔族人的称呼对此命名的。

雅丹的形成有两个关键因素：一是发育这种地貌的地质基础；二是外力侵蚀，即荒漠中强大的定向风的吹蚀和流水的侵蚀。

新疆的雅丹地形最多，除了罗布泊和古楼兰一带的雅丹外，克拉玛依的“魔鬼城”、奇台的“风城”等也都是典型的雅丹地貌。

昌吉魔鬼城

卡拉麦里野驴群

护动物。卡拉麦里的蒙古野驴分为3大支，其中最大的一支有将近800头。在野驴群落中，最优秀的一头公驴会成为首领。除此之外，保护区还有普氏野马、盘羊、黄羊、野骆驼、兔狲等各种“有蹄”的珍稀野生动物，还栖息着红隼、金雕、大鸨、沙鸡等鸟类及沙蜥等爬行动物。

交通：216国道纵向穿越整个保护区，所以从吉木萨尔乘坐去阿勒泰的班车就可以到达。

特别提醒：1. 由于保护区核心区域严禁车辆进入，普通游客也只有在路边转转了。
2. 想看到成百上千头野驴嬉戏奔跑的场面，最好进入保护区中心地带，然而这里的地形复杂，没有专业人员的带领和备有车辆及其他必需的装备，请不要贸然尝试。

北庭都护府故城遗址

【一座历经数千年风风雨雨的古城】

位于吉木萨尔县城以北10多公里处的北庭乡。遗址在汉代时叫“金满城”，为车师后国王庭所在地，著名汉将耿恭曾屯垦于此城。明代初年，北庭毁于战火。现在的残垣断壁依稀可辨内外二重城墙，故城护城河的河道还历历在目。城中还有街巷、佛塔、寺院，宫室院落等遗址。如果非要用一个词来形容北庭都护府故城遗址，那就是“空旷”。

交通：从吉木萨尔县城乘坐开往红旗农场的班车。

■ 西大寺

【北疆地区首次发现的回鹘寺庙遗址】

寺庙是北庭故城附属建筑之一，因其位于故城之西500米左右，故当地人称为“西大寺”。

北庭故城是唐宋时回鹘王室的避暑行宫，西大寺也是当时回鹘王室的家庙。佛寺建于唐宋，毁于13～14世纪。遗址有正殿和东西配殿，正殿东侧洞窟分上下两层，共15个，顶呈拱形。每个窟中各有菩萨塑像一尊。东配殿内有一尊残长13米的睡佛，头北脚南，姿态安详，还残存着《分舍利图》、《王子出行图》等大型壁画。

这些壁画残存的部分色泽艳丽，画工精细，人物肖像逼真，可见当时佛教的兴盛。

为保护这一寺庙遗址，这里建立了西大寺博物馆，用一座巨大的建筑把整个遗址罩了起来，并将故城附近的民居逐步迁出，以利于文物保护。

实用资讯

交通

作为新疆的首府，乌鲁木齐无疑是大多数旅行者进出新疆的第一站。乌鲁木齐的交通四通八达，航空、铁路、公路线组成了立体网络，因此在新疆的旅行极为方便。新疆范围内旅行的常规线路几乎全部都是以乌鲁木齐为中心，然后呈放射状通向北疆、南疆、东疆，而昌吉也以乌鲁木齐为中转站。

航空

乌鲁木齐地窝堡国际机场是国家民用一级机场，始建于1939年。1950年至今，历经数次扩建、续建，目前已成为我国西部重要的枢纽之一，承担着新疆范围内13个机场的中转任务，与国内53个城市通航，航线113条，其中国内航线99条，国际航线14条。乌鲁木齐国际机场位于市中心西北方向17公里处，有高速公路直达，从市区乘出租车的价格一般在20元以内，乘坐机场大巴票价10元。通往乌鲁木齐国际机场的公交车有51路和27路。

地址：位于迎宾路46号

问询电话：0991-3801453

乌鲁木齐长途客运站旁的清真寺

铁路

乌鲁木齐火车站是全疆铁路的总枢纽，目前国内的北京、上海、郑州、西安、兰州、成都等8个城市开通直接往返乌鲁木齐的火车，还有开往哈萨克斯坦阿拉木图的国际列车途经玛纳斯、石河子、沙湾、奎屯、乌苏、精河、博乐等地。兰新铁路和南疆铁路在这里交会，由乌鲁木齐开往喀什的火车途经和静、焉耆、库尔勒、轮台、库车、新和、阿克苏、巴楚、阿图什。兰新铁路进疆经过哈密、鄯善、吐鲁番沿线到达乌鲁木齐，向东通往内地中枢北京、上海等城市，每天都有旅游列车对开。内地游客如果选择乘坐火车进入新疆，可以在哈密下车，一路乘坐长途车旅行，依次游玩哈密、吐鲁番、乌鲁木齐等地。

交通：乌鲁木齐火车站交通便利，在市内乘2路、8路、10路、16路、20路、36路、39路、44路、50路、52路、58路、62路、902路、905路、906路公交车都可以到达。

电话：0991-3445112

特别提醒：1. 在乌鲁木齐火车站前购物要慎重，这里的价格偏贵，此外要提防扒手。
2. 乌鲁木齐市内交通总体比较顺畅，偶尔也有塞车现象，因此前往火车站要注意提前一些时间以免延误。

公路

新疆有完整的公路网络覆盖，以乌鲁木齐为中心向四面八方辐射，几乎每天都有班车开往全疆各地。总体来说，新疆的公路网要好于西藏、青海等地，但与内地还存在一些差距。

主干线路大多路况平坦、通畅，个别路段情况比较复杂，如216、217、218国道天山段的独库公路、乌库公路等要翻越达坂，春夏时节会遇有泥石流，而10月至次年5月则积雪封路，不能通行；218国道尉犁至若羌段，沙漠会掩埋部分路段，路况较差；最热门的布尔津至喀纳斯湖的公路路况较好，但由于山路转弯较多，驾驶要特别注意安全。综合时间及经费的考虑，在新疆旅行，首选的应该是公路交通，几乎没有不能到达的景区。

特别提醒： 前往乌鲁木齐周围的旅游点，市内大多有旅游客运专线到达，具体情况请参见各景点的交通信息部分。乌鲁木齐北郊客运站和南郊客运站则有发往全疆各地的长途巴士。

北郊客运站

主要为发往哈密、新源、昭苏、特克斯、塔城、青河、富蕴、布尔津、哈巴河、博乐、温泉、精河、乌苏、独山子、克拉玛依等北疆各地的长途客运班车。

地址： 位于南湖北路959号

电话： 0991-4875555

南郊客运站

主要发往阿克苏、喀什、疏勒、莎车、阿图什、英吉沙、吐鲁番、托克逊、鲁克沁、和硕、博湖、库尔勒、轮台、库车、新和、沙雅等地，这里也有开往哈密的班车。

地址： 位于三屯碑燕尔窝路21号

电话： 0991-2866635

乌鲁木齐旅游客运站

这里有从乌鲁木齐到天池、南山牧场、吐鲁番的旅游班车，还将开通至那拉提草原、巴音布鲁克草原、喀纳斯等新疆著名景点的班车。

地址： 位于南昌路2号

交通： 市内乘17路、907路南昌路下车；乘7路、51路、52路、66路、109路、906路、910路、912路、917路、928路公交车在哈密路下车，向西行大约200米即到。

电话： 0991-4548332

市内交通

乌鲁木齐市内及周边交通非常方便，公交线路密布全市，较远的景点大多有专线旅游巴士通达；出租车相对于内地的大城市来说也比较便宜；此外，计划从乌鲁木齐包车的旅行者也能很方便地找到合适的车辆，专门的旅行社、车队、个体运输人员都提供车辆服务。

乌鲁木齐市公交营运线路往返于市内各商业区、居民区、乡村集镇、旅游景点，旅行者出行极为方便而且费用低廉：大多数公交车全程都是1元。乌鲁木齐市内出租车起价10元/3公里。

市公交总公司服务监督电话：0991-8739395

包车

乌鲁木齐地区旅游包车的大体情况随季节的不同而略有变化。一般来说，4～6月游客较少，7～10月为旺季。具体包车的价格有半包和全包之分，所谓半包就是租车；全包是包括油费、过路费、司机工资和住宿。具体价格是桑塔纳、捷达半包500元/天，全包1200元/天；丰田4500半包800元/天，1800元/天左右。客车的大体情况为12座金杯全包1300元/天；17座依维柯全包1300元/天。根据租车时间长短，价格还可以上下浮动。

特别提醒： 跟司机就包租车价格进行讨价还价的时候，除了车型外，别忘了说明价格是否包含雇司机的费用、油费、过路费、司机的吃住费用等，必要时还应签署一份合同，写明具体细则，以便能有效地保障双方的权益。

住宿

乌鲁木齐及周边地区各种档次的宾馆和旅社非常多，价格属于全国中等水平。市内从五星级的海德酒店、银都酒店、鸿福大饭店，四星级的新疆环球大酒店、新疆大酒店（原假日大酒店），三星级的伊斯兰大饭店、新疆城市大酒店、博格达宾馆等，到适合旅行者的亚欧宾馆、白桦林国际青年旅舍等，档次齐全，能满足不同游客的需求。

乌鲁木齐八音和酒店

属于顶级的精品时尚酒店。酒店在细节方面做得很好，全景玻璃幕墙、五星级睡眠系统、覆盖全酒店无线网络，以及专为iPhone达人准备的iHome数码播放设备。提前24小时预订，还可以获得免费的接机服务。标准间价格是788元/间。

地址： 位于天山区文化路71号（中泉广场旁巷内50米）。

电话： 0991-2219999

新疆尊茂鸿福酒店

交通便利，距离机场约30公里，距离火车站仅5公里。标准间价格为888元/间。

地址： 位于黄河路五一路口

电话： 0991-5881588

伊犁大酒店

地理位置好，交通方便。房间隔音好，对于睡眠环境颇有要求的朋友，建议可以选择在这里入住。早餐很是丰富，除了常见的食物外，还有颇具当地风味的小吃。标准间的价格是288元/间。

地址： 位于沙依巴克区长江路339号

电话： 0991-5815668/4008811516转10220

伊力特酒店

位于长江路上，距火车站很近，交通便利，附近还有招商银行及农业银行，旅馆设施较好。标准间价格为580元/间。

电话： 0991-5193001

孔雀大厦

周边服务设施近便，楼下有航空售票处，附近有肯德基等快餐店、百盛商场及邮局。双人间188元/间；三人间230元/间。

地址： 位于乌鲁木齐红山

电话： 0991-4522988

博格达宾馆

周边环境较好，交通便利。附近有超市、交通银行、工商银行等服务设施。标准间388元/间。

地址： 位于光明路253号

电话： 0991-8863910

徕远宾馆

处于闹市区，交通便利，附近超市、银行等服务设施齐全。标准间428元/间。

地址：位于建设路225号

电话：0991-2933827

百时快捷(乌鲁木齐南湖东路店)

酒店设在一个很大的院子里，因此既安静，周边绿化也很好。酒店内的设施也比较齐全，很干净，服务也很热情。这里最大的特色是酒店还为一家三口设置了高低铺，很温馨。酒店紧邻南湖夜市，可以在那里吃到新疆地道的美食小吃。标准间有179元和189元两种。

地址：位于南湖东路318号(阳光绿岛对面)

电话：0991-4157399

新疆人大干部培训中心

位于友好路，乌鲁木齐著名的八楼车站对面，新疆人民会堂院内。周边有商场、超市、北山羊户外用品店、乌鲁木齐户外运动爱好者经常光顾的四号羊圈酒吧等。房间设备比较普通，但价格低廉，各种房间的价格为80元、150元不等。

交通：市内1路、2路、7路、52路、101路公交车可以到达。

餐饮

乌鲁木齐市的美食多种多样，除了新疆饮食文化中的特色菜与小吃外，其他各地菜系如川菜、粤菜、东北菜等各色饭馆也都随处可见。

本地具有浓厚民族特色的菜肴和风味小吃当然是远道而来的旅行者最值得品尝一番的。最常见的要数新疆烤羊肉串，比起内地来，这里的羊肉串个儿大价钱便宜，味道浓郁。而新疆的佳品烤全羊、馕坑烤肉、馕、手抓饭等也不能错过。其中一杆旗抓饭曾经一度开了数十家加盟店，但后来逐渐店铺减少，而五月花、17号、海尔巴格、牧羊人、

馕

丰惠源、田园等大小餐厅的抓饭均有特色，有自己的拥趸，在乌鲁木齐看到这些字号均值得品尝一番。此外，新疆瓜果更是声名远扬，深受旅游者青睐。来乌鲁木齐还一定要尝尝本地产的酸奶子，这种发酵的乳制品也很受欢迎，在很多风味餐厅都能买到。

乌鲁木齐几处餐馆集中的地带：

五一路夜市（星光夜市）

这里是乌鲁木齐市开市最早、规模最大的夜市，由于挂满彩灯，又有“星光夜市”之称。“不到五一星光夜市，你就不能感受到乌鲁木齐市夜生活的魅力”，越来越多的乌鲁木齐人已把夜市小吃称为自己一天当中的“第四餐”。夜市的东西走向是五一东路美食一条街，南北走向的经二路则是购物一条街，两条街构成了一个“T”字形，每晚这里人头攒动，很是热闹。

每当夜幕降临，街道两侧摆满了全国各地的名小吃，有水果、烤羊肉串、烤全羊、胡辣羊蹄子、凉粉凉面……对内地游客来讲最有特色的要数色泽金黄的烤全羊、胡辣羊蹄、大盘鸡、现烤的馕、香喷喷的手抓饭、米肠子面肺子、羊杂、椒麻鸡等美食。真味羊杂（五一路142号）、杨帆烧烤（五一路59号）、清真风味（五一路112-3号）、胡子王扁豆面旗子（五一路97号）、尕陈子椒麻鸡（经二路21号）、安博烤羊排（经二路21号）、奇台乡村拌面馆（经二路21号）、新疆味道（经二路30号）、17号抓饭（和田街）、金山奶茶馆（五一路154号）、绿洲情手抓肉（五一路136号）。

交通：市内乘2路、3路、8路、10路、16路、36路、44路、50路、51路、52路、58路、109路、902路、903路、905路、906路、909路、915路公交车，分别在冷库、中医院、七一酱园、经二路和黄河站下车。

特别提醒：1. 新疆的烤肉不可不尝，也就是内地人说的“羊肉串”。

2. 当地人往往在0:00以后才开始消夜，因此这里的夜晚热闹非凡。

乌鲁木齐五一路夜市

其他的美食地带

人民电影院美食圈以电影院为中心，包括周边的民主路、文艺路、红旗路、建设路，条条马路都是美食街；二道桥美食圈以山西巷解放南路和龙泉街交叉的十字街为中心，向外分别连接人民路、新华南路、和平南路、团结西路，在这个圈里还有领馆路、步行街、天池路也是美食街。这个范围内有乌鲁木齐3家最大的美食城：大巴扎宴艺厅、二道桥美食大剧院、民街美食府，以民族餐饮为主，其中宴会厅最多、最集中；红山美食圈以红山为中心，是扬子江路、友好南路、西北路的交会处；幸福路美食圈是乌鲁木齐老牌的美食圈了，体育馆路与幸福路平行，由两条平行的小街道把它们连接起来，这四条街道，美食云集。

特色餐馆

五月花抓饭专卖

爱吃抓饭的人一定要去“五月花”。这是一家维吾尔风格的餐厅，内部的装修具有浓郁的西域风格，彩绘、雕刻使整个五月花餐厅显得华美而又不失古朴。每天20:00 ~ 21:00有1小时的表演。

地址：位于水磨沟区南湖南路133号成建大厦2楼

交通：乘公交车3路、109路、525路、902路区中医院下车。

电话：0991-4881699

博盾快餐厅

维吾尔风格连锁餐厅，在乌鲁木齐现有3家，饮食以清真为主。博盾餐厅免费供应立顿红茶和高档餐巾纸。该类型快餐厅内部装饰为伊斯兰教的风格。博盾主打菜要数维吾尔族风味“手抓饭”，除此之外比较有特色的还有：维吾尔式炒圆菇、烤羊排、维吾尔式土豆炒肉、羊肉汤。

延安路店

地址：位于“丝绸之路宾馆”斜对面

电话：0991-2557353

宁夏湾店

地址：位于天山区交通大队东

电话：0991-8556338

和平北路店

地址：位于和平北路14号

电话：0991-2307648

特别提醒：餐厅内严禁饮酒、吸烟。

苹果之父音乐风情餐厅

这是一家哈萨克风味餐厅，除了地道的哈萨克特色菜外，这里颇具特色的经营风格，在乌鲁木齐独树一帜，店内每张餐桌的玻璃板下面，放置从各类报刊中剪下来的新闻与奇闻逸事，并且经常更新，让客人阅读消遣。特色菜有爆炒马肚、青椒马肠、干煸熏马肉、青椒风干羊肉、火爆马杂、爆炒马口条、夫妻马肉、马肉大杂烩。快餐有马肉纳仁饭、熏马肠纳仁饭、羊肉纳仁饭、哈萨洋芋、纳仁饭。此外，还有马奶和骆驼奶也独具特色。

地址：位于新华北路1号附1号，地处乌鲁木齐繁华商业中心，紧邻美丽华大酒店南侧。

交通：乘公交车8路、17路、58路、902路在小西门下车。

电话：0991-2334189、8934189

老哈萨克酥油奶茶王

这里的奶茶很大的一碗，1.5元/碗，咸香的味道，上面飘着奶皮子。纳仁8元/盘，跟大盘鸡用的盘子差不多，分羊肉、马肉两种，上面放着洋葱。还有熏马肠（8元/份）和手抓肉。进门先是制作冷菜和放切菜板的操作间，穿过去以后才是餐厅，有几张桌子，擦得很干净，地面磨损得厉害，说明人来得很多。最里面还有两个小包间，可以坐五六个人。

电话： 0991-5850133

一杆旗抓饭

位于乌鲁木齐长江路棉花街，店内整洁卫生，餐桌椅子都是西式快餐店的样式。

电话： 0991-5834188

八楼猪蹄老店

位于新疆国际博览中心对面昆仑宾馆北侧100米，十字路口东南角。招牌菜猪蹄味道十分鲜美，值得一试。

交通： 乘公交车1路、2路、52路、101路、575路、917路等在八楼站下车即可到达。

电话： 0991-4824466

老回民饭馆

比较有特色的清真饭馆。在乌鲁木齐有3家分店。特色菜有：迦沙丸子、珍珠丸子、阿里古炖土鸡。

友好路总店

电话： 0991-4834586

新华南路分店

电话： 0991-2826072

血站正味大盘鸡

血站是指乌鲁木齐市输血研究所一带，大盘鸡店就在该研究所的对面。这里的大盘鸡最为出名，久而久之，沿南湖南路步行过宏大广场至新民路，可以看到那一带分布着数家“大盘鸡”餐馆的招牌。

其中的血站正味大盘鸡是比较地道的百姓菜。这里的大盘鸡从选料、刀工、制作工艺到器皿都很讲究。大盘鸡口味香辣、鲜香，是在新疆旅行不可错过的菜式。此外该店还有大盘鹅、大盘干煸鸡、大盘鸡胗、大盘鸡杂、大盘鱼

二道桥的烤全羊与烧鸡

新疆塔城沙湾大盘鸡

柯尔克孜族民族传统乐器三弦琴

英吉沙小刀

炖豆腐、大盘牛肉大杂烩、大盘羊肉炖粉条、大盘风味羊排等特色菜。

地址：位于西北路265号

电话：0991-4817170

老柴窝堡大盘鸡小张餐厅

电话：13009613505

柴窝堡顺发大盘鸡乌鲁木齐市总店

电话：0991-8851046

柴窝堡老榆树餐厅

交通：乘公交车7路、45路、51路、502路、905路、906路、916路、922路中心血站下车。

电话：0991-8810797

购物

在新疆，最能吸引旅行者的商品无疑是各种各样具有民族特色的手工艺品。你几乎可以在新疆的所有大中城市的巴扎、商场甚至街头巷尾的小作坊里买到这些纪念品。

比较有代表性的手工艺品有维吾尔族花帽、手工刺绣、金银首饰、玉雕制品、地毯、木雕、羊角鞭、锡伯族烟袋、皮靴、艾德莱斯绸、英吉沙小刀、和田地毯。在乌鲁木齐，最具民族特色的商业街还得数二道桥一带，这一带不仅是维吾尔族市民的居住区，还是各种小吃、特产会聚的地方，这里有维吾尔族商人开设的店铺、餐馆和清真寺，在街道的两侧还有各种民族特产出售。

乌鲁木齐主要的民族特色购物商场有：新疆准噶尔贸易大厦，位于环球大酒店对面，属于高档次购物商场，价格相对比较贵；乌鲁木齐中山大厦，位于商业一条街电信大楼对面；新疆百货大楼，位于中山路商业一条街中间。

特别提醒：乌鲁木齐著名的国际大巴扎是选购这些特产的较好去处，而二道桥巴扎附近的热比亚批发市场，价格较国际大巴扎上的摊点相对便宜，也可以去亲自比较一下，再决定是否购买。

民族乐器

当地主要的乐器有弹拨、沙巴依、库母孜、独塔尔、热瓦普、艾介克，而市面比较常见、旅行者购买最多的无疑是手鼓和冬不拉。工艺风格古老华美，很有装饰性。而维吾尔族的家庭几乎都有一把独塔尔，这是一种二弦乐器，琴体较大，琴柄细长，音色柔和悦耳。

英吉沙小刀

产于英吉沙县的工艺小刀已有400多年的历史。英吉沙小刀目前已发展到16个品种30多个花色。不仅在英吉沙县小刀作坊遍布、工艺世代相传，在新疆的其他地方，几乎所有的大中城市的工艺品商店或巴扎上都有大量品种不一的小刀出售，可见这种小刀的名气。因为它既可作日常生活用品，又有较高的观赏价值，几乎所有去新疆的游客都会购买。小刀的品种样式极其丰富，其价格也从几十元到上千元不等。

特别提醒： 外地旅行者购买了小刀后，最好通过邮局寄回家，民航对于刀具的管制比较严格。

艾德莱斯绸

一种维吾尔族妇女十分喜爱的丝绸料。这些美观华丽的绸缎具有鲜明的维吾尔民族文化特色。它采用古老的扎经染色法工艺，按照图案的要求进行染色，其工序是极其细致而烦琐。艾德莱斯绸目前有两大产区：一是喀什、莎车的绸，以色彩鲜艳著称；二是和田、洛浦的绸，讲究黑白效果，虚实变化，纹样粗犷奔放。这些丝绸在乌鲁木齐也能够买到。

新疆地毯

雪莲

是新疆的著名特产。新疆的天山、阿尔泰山、昆仑山和帕米尔高原都产雪莲，而以天山雪莲的分布最广。雪莲一般长在雪线以上，在海拔 2600 ~ 4000 米的高山坡地和岩缝里，属菊科草本植物，从发芽到开花需要 5 年时间。雪莲具有很高的药用价值。

新疆地毯

新疆民间编织毛毯的历史有两千余年了，新疆地毯的图案和花色具有鲜明而浓厚的地方色彩，其图案往往都是多层边框，几何图形内填入品类繁多的纹饰，结构既严整又不失韵律感。新疆地毯采用的染料，传统上的方法大多取自植物和矿物，经过提取而制成的天然染料，现在改用化学活性染料，色彩更为鲜艳，且不易褪色。在乌鲁木齐商场可买到各种式样花色的地毯，有铺毯、壁毯、褥毯、坐垫毯等。新疆最大的地毯铺展在北京人民大会堂新疆厅内。

花帽

维吾尔语里称之为“朵巴”的小花帽大概是新疆最多见的民族特色商品了，几乎随处可见。它做工采用民族传统的绣花、挑花、伴金、镶银、串珠等方法，用手工绣制而成。有巴旦杏花帽、绿底白花的奇曼花帽、塔什干花帽、红色镶珠的玛力江女花帽，色泽绚丽，图案精美。花帽呈四棱形，如手工折纸一样可以折叠成一个三角形，不怕挤压，很容易携带。花帽的价格不等，根据手工和花色定价，便宜的只需 20 元。

玉器

新疆是中国玉石的主要产地，其中和田白玉、玛纳斯碧石、哈密黄玉料是上品。而在新疆各地都可以买到各种各样的玉器手工艺品。

特别提醒： 这些玉器品质良莠不齐，真假难辨，旅行者除了购买一些价格便宜的小件作为纪念品外，最好慎重购买贵重的玉器，除非你是一个玉石行家。

维吾尔传统红铜器

红铜器是维吾尔重要的民间工艺品之一，在新疆几乎所有的巴扎上都能看到各种红铜器。它历史悠久，别具特色，而对于当地人来说，也是生活中不可或缺的用品。其主要种类有：盛水用的壶、盆，盛饭用的大盘子等。红铜器制作工艺讲究，造型美观质朴，具有显著的民族风格和地方特色，如今也有很多人买来作为装饰品。

娱乐

作为新疆最大的现代化城市，随着乌鲁木齐市的经济和旅游业的迅速发展，其休闲娱乐业也飞速发展，各种现代化娱乐项目和设施，诸如保龄球馆、高尔夫球场、台球厅、夜总会、歌舞厅、影剧院、酒吧、网吧等，在乌鲁木齐都随处可见。在一整天的车马劳顿之后，去酒吧喝上一杯，越来越成为很多人旅行中的一项重要内容。

迪克牛仔酒吧

位于乌鲁木齐市繁华的商业区。酒吧以浓郁的牛仔气息为特色，木质的地板、桌椅，墙壁上各式牛仔服装和饰品，打造出粗犷豪放的个性。

地址： 位于红旗路 105 号

电话： 0991-2883531

Northface 俱乐部

夜间这里比较热闹，人气非常旺，内部装修也很有特色，主体色调以红色为主，感觉前卫。最让人感觉兴奋的是这里的英国舞曲音乐，目前已成为乌鲁木齐时尚人士会聚的大本营。

地址： 位于解放北路北门 1 路车站旁

丑鸟酒吧

乌鲁木齐唯一的一家上海风情特色的酒吧与餐吧。地方不大，但具有浓厚的文化气息。

地址： 位于解放北路 16 号南门转盘处

电话： 0991-2813810

橙街酒吧

橙街酒吧为欧式装修风格，内部空间很大。酒的价格很实惠，偶尔还有优惠活动。

地址： 位于解放北路 30 号大十字糖酒大厦 2 层

电话： 0991-2837988

子恒咖啡

每晚有钢琴演奏。该店努力营造高档顶级咖啡厅的氛围与优雅的环境，店内声明谢绝吃口香糖、谢绝拍照和录像。咖啡 20 ~ 40 元。

地址： 位于中山路 52 号 A 座 805 室

电话： 0991-2321884

一阳咖啡（红旗路店）

咖啡店的布置偏欧式，很有情调，也比较干净，服务态度也很好。很适合朋友小聚、聊天。

地址： 位于天山区红旗路 22 号（和平都会对面）。

电话： 0991-2300399

THE EASTERN TIANSHAN
天山东线地区

阿勒泰
塔城
克拉玛依
博尔塔拉
昌吉
乌鲁木齐
哈密
伊宁
和静
(巴州)
吐鲁番
阿克苏
克孜勒苏
喀什
巴音郭楞
和田

走遍中国 · 新疆

THE EASTERN TIANSHAN
天山东线地区

天山东线包括丝路重镇——吐鲁番和进入新疆境内的第一块绿洲——哈密。

谚语说："东海的螃蟹西海的虾，比不上吐鲁番的葡萄哈密的瓜。"哈密瓜可能是内地人提到哈密后就会联想到的词汇。然而，这在吐鲁番人和哈密人之间有过一场持续了8年的争论：当年，康熙帝品尝了新疆哈密王觐见时带去的瓜，于是误以为是"哈密瓜"，其实哈密王进献的瓜出自与哈密相邻的吐鲁番鄯善县。现在，哈密与吐鲁番共同拥有了"哈密瓜"这个品牌。出产如此香甜可口的瓜果，当然与这里的地理位置有很大关系。吐鲁番有中国三最：最热、最旱、最低，所以，这里又被称为"火洲"。除了哈密瓜外，这里的无核白葡萄也堪称一绝。

干旱带给这里的另一个让世界瞩目的成就是保存完好的干尸。吐鲁番盆地、哈密绿洲地形封闭，距海洋远，因此气候环境干燥，这样的条件保存了大量的干尸。旅行者能在两地的博物馆和景点中，一睹这些穿过漫长时光的历史。

哈密的地理位置同样重要，远在两千年前，这里就是汉代张骞第一次通西域开通丝绸之路的要塞，素被称为"西域咽喉，东西孔道"，多种文明的交会与冲撞成就了这一地区在历史上的重要地位。

除吐鲁番和哈密作为丝路历史名城给后人留下的众多遗迹之外，以巴里坤湖和怪石山为代表的自然风光也能让游人过目难忘。

前世今生

“吐鲁番”一词最早见于明朝人陈诚所著的《西域番国志》。吐鲁番，在维吾尔语中是“富庶丰饶的地方。”自古以来，吐鲁番就是丝绸之路上的重镇。几千年来，吐鲁番一直是西域文化的繁荣中心。这里一度通行过 18 种以上的文字语言。历史上的吐鲁番还是亚洲印刷与传播中心，东西方各国、各民族的文化在这里交会融合，进而形成了独具魅力的吐鲁番绿洲文化。到了盛唐时期，吐鲁番已经发展成为一个国际化大都市了。车师人、匈奴人、柔然人、敕勒人、突厥人、粟特人、焉耆人、龟兹人、回鹘人和汉人，在漫漫的历史长河中，在这里共同缔造了灿然的文化。

哈密作为地名初见于西辽的哈密力。哈密古称“昆莫”，是乌孙王昆莫游牧之地。明永乐二年（1404），安克帖木儿被封为忠顺王。自此哈密成为明王朝统治下的一个地方王国。两年后，置哈密卫。从受封到被吐鲁番攻占，哈密王国共历经 11 世（135 年）。哈密地处中原与西域文化交会之地，人文自然景观星罗棋布。以历史文化为主题的旅游也颇具特色。

旅行与季节

吐鲁番是中国海拔最低、气温最高的地方。据古代文献记载，飞鸟飞过这里时都会烧折了翅膀。吐鲁番属于独特的暖温带干旱荒漠气候。干燥、高温、多风。盆地内，年日照时数长；蒸发量大；降水量少但局地性强。火焰山以南夏天漫长而酷热，冬少严寒，风小雪少。而火焰山以北四季分明，冬多严寒，夏少酷热，降水量偏多。

哈密属典型的温带大陆性干旱气候，天山山脉自东向西横亘其中。天山以北草原广阔，夏天凉爽宜人，自然风光秀丽；天山以南属于哈密盆地，干燥少雨，昼夜温差大，日照时间长，闻名中外的哈密瓜和哈密大枣即产于此。

焦点

吃葡萄

吐鲁番是一座葡萄之城。所谓“城

天山东线地区旅行交通示意图

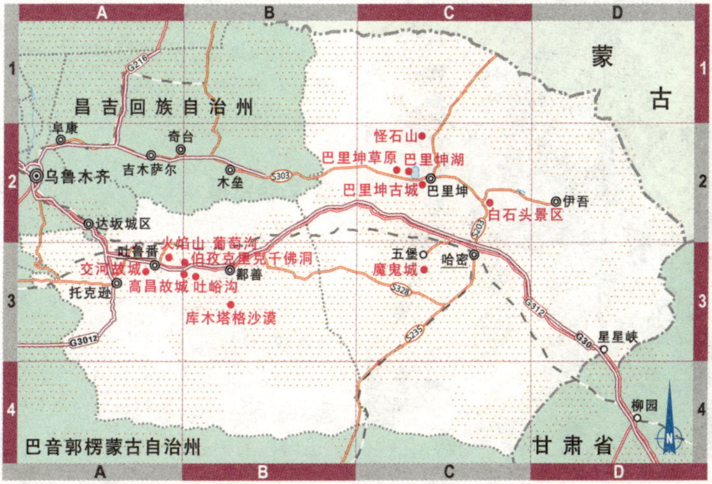

在葡萄中，人在葡萄中”说的就是吐鲁番。自张骞出使西域第一次发现葡萄，至今已有两千多年。由于吐鲁番日照时间长、早晚温差大，加之这里独特的地理位置让吐鲁番地下水贮量丰富，使得在这里生长的葡萄含糖量很高。到吐鲁番吃葡萄已经成为游人到此的一个必游项目。葡萄沟是吐鲁番葡萄的著名产地。漫山遍野的葡萄，枝叶繁茂，苍翠欲滴。这里可以品尝到不同品种的葡萄。

■ 做沙疗

沙疗是吐鲁番人利用当地独特气候与地理条件治疗疾病、保健养生的一种方法。沙疗的最佳时间是 6 月初到 8 月中旬。因为在这段时间，吐鲁番盆地气温干燥、炎热，白天温度有时候可以达到 50℃，而表面沙温可以高达 82℃。将身体埋入沙中进行沙疗，利用阳光、干热、压力与磁力等综合作用，可以治疗风湿性关节炎等慢性疾病，也可以保健身体，排出身体中湿气。吐鲁番沙疗所成立于 1972 年，如今已经成为吐鲁番集治疗、疗养于一体的专业机构。

吐鲁番的葡萄

■ 搭毛驴的士

毛驴的士就是用毛驴拉的平板车载客。赶车大叔会在车板上铺上极具维吾尔族少数民族特色的毯子，用色泽鲜艳的毯子将车的顶棚装饰起来。走在路上十分拉风。有时候，赶车大叔还会用不标准的普通话给游人讲一些关于吐鲁番的典故，或是随口唱上几句维吾尔族的民歌。坐在毛驴的士上，穿梭于充满民族风情的街市中，空气中弥漫着葡萄的清香，让人不禁陶醉其间。

■ 钻坎儿井

坎儿井是古代设计的适用于荒漠地区的一种特殊的灌溉系统。人们利用吐鲁番独特的地理条件，在这片荒漠上建造出 5000 多公里的坎儿井。时至今日，依然滋润着吐鲁番的绿洲。吐鲁番的五道林坎儿井是当地政府专门辟出供游人参观的。在这里不仅可以研究一下坎儿井的构造原理，感受古人的智慧，还可以品尝被井水冰镇过的哈密瓜和葡萄。在酷日炎炎的吐鲁番，享受着清凉一下的冰爽，还是非常值得期待的。

■ 品哈密瓜

纪晓岚在他的《阅微草堂笔记》中曾说：“西域之果，蒲桃莫盛于吐鲁番，瓜莫盛于哈密。”相传，哈密回王将新疆甜瓜进贡给康熙大帝。康熙帝尝后觉得此瓜不仅入口即融，且甜如蜂蜜，遂赐名为哈密瓜。因此哈密又有“瓜城”的美誉。而每逢冬天，新疆人穿皮袄围炉吃瓜，也成了旅行者眼中的一景。

行程推荐

■ 吐鲁番 1 日游

必游景点：火焰山、千佛洞、高昌故城、阿斯塔那古墓群、交河故城、坎儿井、苏公塔、葡萄沟

可以尝试：坎儿井一探千年古代工程奇观。葡萄沟摄影、采摘、吃葡萄一个都不耽误。

上午参观东线：火焰山—千佛洞—高昌故城—阿斯塔那古墓群

下午参观西线：交河故城—坎儿井—苏公塔—葡萄沟

特别提醒：1. 如果吐鲁番是新疆之旅的第一站，那么第二天建议从市区前往天山，可夜宿天山牧民家中；第三天可翻越天山；第四天到达北疆的吉木萨尔，开始北疆之旅。或从吐鲁番出发，沿途游览柏孜克里克千佛洞、高昌故城，往乌鲁木齐方向行进。

2. 千佛洞：千年文化瑰宝，建议不要拍照。

3. 阿斯塔那古墓群：如果你看过《穆斯林的葬礼》，一定对这个地方充满期待。但是这里不能拍照。

■ 哈密精华 2 日游

必游景点：回王陵、巴里坤、魔鬼城

可以尝试：去回王陵感受历史，去魔鬼城拍摄最炫目的日落景色。

D1 上午主要在市区游览，回王陵—盖斯墓—哈密博物馆，下午包车去松树塘，晚上返回哈密住宿。

D2 从哈密城区出发，包车前往白杨沟佛教遗址、拉甫乔克故城、魔鬼城一带，晚上返回哈密。

高昌故城的毛驴的士

特别提醒：如果你的行程只安排了游新疆东线，那么哈密的自然风光已经很美了。如果还要去新疆西线或南北疆，那里还有更美丽的草原、湖泊等着你。

预算

与其他地区一样，吐鲁番旅行花费的大部分是交通费用。不过吐鲁番的大多数景点都不远，吐鲁番一日游性价比最高。一天之内可游览火焰山、千佛洞、高昌故城、阿斯塔那古墓群、交河故城、坎儿井、苏公塔、葡萄沟。平均交通花费 60 元 / 人，以上门票费用大约 260 元。加上吃住的费用，总体大约 500 元足够了。如果想去往更多的地方则费用会相应增加。

哈密的景点大多数都有班车，需要包车的只有魔鬼城。这样在交通上的花费相对于新疆其他地区要少得多，加上各景点的门票也都比较便宜，因此游览大多数景点的总支出在 500 ~ 700 元。

吐鲁番

苏公塔

【新疆境内最大，也是最美的伊斯兰风格古塔】

这座简洁的土黄色建筑又叫“额敏塔”，全称是“额敏和卓报恩塔”。额敏和卓曾是清代吐鲁番地区的统治者和宗教首领，额敏和卓历经康熙、雍正、乾隆三朝，曾协助清兵平定准噶尔及大小和卓的叛乱，屡建奇功，先后被封为“札萨克”、辅国公、镇国公、郡王，他死后，他的儿子吐鲁番二世郡王苏来满于1778年为纪念他而修建砖塔，故当地人又称之为“苏公塔”。

塔的高度有37米左右，塔不分层，塔的中心是一根砖砌的支柱，顺着围绕着支柱的72级螺旋形梯道，可以一直走上塔顶。但目前并不对游人开放。

苏公塔

“苏公塔”景观由苏公塔和毗邻的一座能容纳1000人的清真寺组成。整个建筑以黄砖砌成，在夕阳的映照下通体金黄，和周边自然环境浑然一体，是摄影爱好者不可错过的地点之一。

时 间： 旺季（4月21日~10月20日）8:00~21:00，淡季（10月21日~4月20日）10:00~18:30

交通： 102团有直达苏公塔的车。在吐鲁番火车站下车步行到园艺场，就到了102团。也可以乘出租车或是搭驴车前往。

门票： 40元（在苏公塔可以买到套票。4M套票包含：葡萄沟、坎儿井、高昌故城、苏公塔郡王府、火焰山等景点；6H套票包含：交河故城、高昌故城、苏公塔郡王府、古墓、千佛洞、坎儿井。其中不超过6个景点的套票，单个景点门票48小时有效，6个以上景点单个景点门票72小时有效。）

电话： 0995-8567047

特别提醒： 1. 这里严禁将摄像机带入，需寄存在售票处。

2. 由于苏公塔清真寺仍在使用，请务必在游览时尊重当地穆斯林风俗习惯。

吐鲁番博物馆

【自治区内仅次于新疆维吾尔自治区博物馆的第二大博物馆】

博物馆分为吐鲁番地区出土文物陈列厅、吐鲁番地区出土古尸陈列厅和巨犀化石陈列厅3个部分，藏品5000件。其中，吐鲁番地区出土古尸陈列厅是最具吸引力的展厅，因为这里展出的11具干尸是从春秋战国时期至清代时期的古尸，主要出自阿斯塔那—哈拉和卓古墓群和苏巴什古墓群、洋海古墓群等。巨犀化石陈列厅是博物馆中最具现代化水准的展厅，这里的巨犀化石是博物馆的镇馆之宝。据考证，这是目前世界上出土最完整的

吐鲁番地区旅行交通示意图

一具巨犀骨架化石。天山巨犀化石是陆地上曾经生存过的最大的哺乳动物，在距今 2400 万年前，这种庞然大物体重竟达到 30 吨！

由于吐鲁番地区气候干燥、水汽很难侵入等地理环境因素，在此出土了大量的干尸，而且，这些干尸与古埃及以人工方式处理过的木乃伊有着根本的不同，可谓弥足珍贵。展厅里的高昌王国侍卫军首脑人物张宁夫妇的干尸，及由北京自然博物馆复原的张宁夫妇的塑像栩栩如生，让人印象深刻。吐鲁番出土文物陈列厅所展出的主要为丝绸之路的出土文物，其中十六国时期的共命鸟纹刺绣、唐代的花鸟纹锦等都是稀世之宝；还有粟特文、回鹘文、梵文等古代少数民族文书，举世闻名。

时间： 5 ~ 9 月每天 9:00 ~ 20:00 连续开放 11 个小时，4 月和 10 月正常开放，每天 8 小时工作，星期天休息。

交通： 吐鲁番市木纳尔路与沙河子路交会处东北角，苏公塔与吐鲁番博物馆距离不远，可在后门乘坐 6 路公交车到博物馆，或者在前门乘坐 102 路公交车在大十字或者民贸换乘 5 路公交车到达博物馆。

门票： 免费。散客凭有效证件每证领取 1 张门票，门票当日有效。团队参观需要预约。

葡萄沟

【在葡萄沟享受阴凉，去坎儿井用清冽的天山雪水解渴】

火焰山西端有一条长 8 公里左右的沟谷，这里水渠纵横交错，清凉的天山雪水被引进谷内。沟的两侧黄土山坡寸草不生，但沟里因为有小溪流过，绿树成荫，葡萄架一望无际，山坡高处无数的专门晾晒葡萄干的“晾房”点缀其间。

到了收获的季节，每年的 8 月前后一串串沉甸甸的晶莹的葡萄在木架子上反射着阳光，覆盖了整个山谷。人们用歌舞来庆祝收获，这里就是几乎成为吐鲁番的代名词的旅游胜地——葡萄沟。其实，吐鲁番人这样种植葡萄及其他瓜果已有千年以上的历史。这里的葡萄甘甜清香且品种很多，马奶子、红黑葡萄、燕早晶、无核葡萄、玫瑰香都是上好的葡萄品种。尤其是无核白葡萄、含糖量在 20% ~ 24%，居世界之冠。这里还是避暑胜地。那数不尽的葡萄藤爬在水泥砌成的架子上，构成的长廊，遮蔽了烈日，身处在葡萄藤的庇护之下，感觉清凉舒适。

交通：市内高昌路广场有4路中巴车直达葡萄沟。坐3路、102路公交车也可到达景区。

门票：60元（包括品尝瓜果、欣赏歌舞表演、参观王洛宾音乐艺术馆和大馕坑等旅游景点）

餐饮：景区内有民族风味食堂。

住宿：葡萄山庄是葡萄沟里设备齐全、级别较高的度假村。小学生、残疾人、军人、记者均可免票，在校大学生来葡萄沟旅游也可享半票。另外，对一日游停留在沟内5小时以上的旅行团，以减免人数的方式给予优惠。

特别提醒：1. 葡萄沟门票价格略贵，但进入之后，可在园内随便采摘葡萄进行品尝。此外，还有新疆歌舞表演等，更有工艺品店可以买特产。

2. 由于葡萄沟的旅游开发十分成熟，许多新的葡萄沟依照以上模式出现在吐鲁番，价格相对便宜，一般为20元/人，基本内容就是在农家葡萄园内坐坐、品尝葡萄瓜果，个别的也有新疆歌舞表演，如果出于预算上的考虑，这些新葡萄沟也算是提供了另外的选择。

■ 王洛宾音乐艺术馆

王洛宾音乐艺术馆修建在新疆吐鲁番市葡萄沟中心游乐园，2000年6月建成。艺术馆真实全面展示王洛宾的艺术生涯，馆内陈列着百余幅历史图片和大量珍贵的文物资料，翔实地向游客介绍王洛宾先生六十余年音乐成就和鲜为人知的故事。

■ 大馕坑

葡萄沟达瓦孜民俗风情园有世界第一大馕坑，这个馕坑使用火焰山的泥土制成，泥土中含有盐和麦草，整个馕坑高8米、直径10米，可同时烤1匹骆驼、2头牛和10只羊。含盐的火焰山土壤使这里烤出的各类肉制品别有一番风味。

坎儿井

【与万里长城、京杭大运河并称中国古代三大工程】

坎儿井是劳动人民创造出来的一种地下水道工程。新疆大约有坎儿井1600多条，分布在吐鲁番盆地、哈密盆地，南疆的皮山、库车和北疆的奇台、阜康等地。其中吐鲁番盆地最多最集中，达1200多条，总长超过5000公里。

吐鲁番葡萄沟

坎儿井由竖井、地下渠道、地面渠道和蓄水池（也叫“涝坝”）四部分组成。吐鲁番盆地北部的高山在春夏时节有大量雪水和雨水流下山谷，但都潜入了戈壁滩下。于是人们利用山的坡度，巧妙地创造了坎儿井，引地下潜流灌溉农田与饮用。井水清凉无比，在干旱而炎热的吐鲁番，这成了上佳的饮料。

坎儿井历史可以追溯到2000余年前。早在《史记》中便有提及，称为“井渠”。吐鲁番现存的坎儿井，多为清代以来陆续修建的，至今仍在使用。

时间： 旺季（4月21日～10月20日）8:00～21:00；淡季（10月21日～4月20日）10:00～18:30

门票： 40元

特别提醒： 可多人合包车，与火焰山、交河故城、高昌故城、阿斯塔那—哈拉和卓古墓群、葡萄沟一并游览。买套票价钱更合适。在距吐鲁番市区9公里的地方建有专门为旅行者参观的坎儿井游乐园，可进入参观，其他还有如展览馆、葡萄园、民族歌舞、纪念品商铺等设施。

坎儿井

火焰山

【吐鲁番的标志性景观】

维吾尔语称之为“克孜勒塔格”，意思是“红色的山”。它东起鄯善县兰干流沙河，西止吐鲁番桃儿沟，长98公里，宽9公里，主峰海拔831.7米。

坎儿井示意图

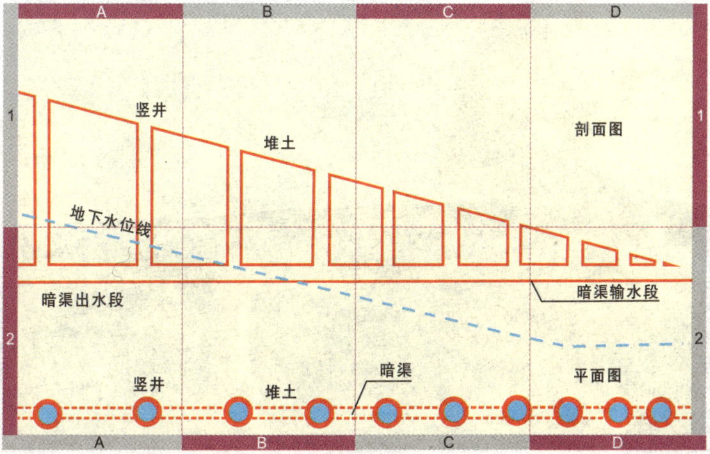

整个山体呈褐色和深红色，布满褶皱，如跳动的火焰。如果你认为仅仅是因外形而被命名为“火焰山”那就错了，因为身处山中，就真有被投入火焰中的感觉，夏季最热的时候山区气温有 47℃，而太阳直射到的地方更高达 80℃！

日出或者日落时分，被映照成红色的山体和蒸腾的热气让其更像《西游记》里的那座火焰山。目前火焰山前设立了以西游记为主题的人造景观，建有一根号称世界最大的电子温度计。

虽然火焰山寸草不生，但山间众多的沟谷中却绿荫蔽日，瓜果飘香，清流潺潺，风光旖旎，成为离世清修的好地方，高昌大部分石窟遗址都分布在火焰山中，几乎每条沟谷中都有古刹、石窟和保持着维吾尔族古老传统的小村庄，著名的葡萄沟就是火焰山西段的一条狭长山谷。

时间： 10:00 ~ 19:00

交通： 在市中心广场可以坐到火焰山的专线中巴。另外，由于去往高昌故城、阿斯塔那—哈拉和卓古墓群、柏孜克里克千佛洞、鄯善等地都经过火焰山，最好的前往方式为多人租车一起游览上述景点。

门票： 60 元

特别提醒： 火焰山地形复杂，很容易迷路，加之夏季酷热，非常危险，切勿盲目入内。夏天吐鲁番气温较高，要注意相机的保护，也要带上相关的药品和抗紫外线的墨镜、防晒霜等。由于气候干燥，尽量不要戴隐形眼镜。

柏孜克里克千佛洞

【新疆境内不可不看的佛教石窟寺遗址】

柏孜克里克在维吾尔语与突厥语中的两个意思，基本上概括了这是个什么样的地方：维吾尔语是“山腰”，而突

火焰山

背包客收藏：原地重现原物

1903年和1904年，德国考古学家曾两次到达新疆伊犁和吐鲁番一带，发掘出土了许多文物，尤其是对柏孜克里克千佛洞的大幅壁画的盗取，更是千古震惊。他们用工具把壁画从岩壁上锯下后分割，到1905年为止一共装了128箱运回柏林。这种现象的出现，一方面是因为清政府的无能和腐化；另一方面是因为德国人与当地的吐鲁番回王往来密切，因而他们的行为才如此肆无忌惮。这也造成了柏孜克里克千佛洞成为空有岩窟的千佛洞。

第二次世界大战中，收藏于柏林文化人类学博物馆的文物与壁画毁于战火，让人感到相当遗憾。2004年，台湾的黄永松先生因曾见到过德国在1913年印制的一本大型珂罗版的古壁画图册，于是拜托爱普生（EPSON）公司用高科技的方式重现原尺寸大的壁画，大型佛画高达3.2米，2米多宽。2006年8月24日，还原后的壁画重现在千佛洞的原址上，我国古文化艺术的瑰宝重现辉煌。

厥语为“装饰绘画”。没错，柏孜克里克是开凿在火焰山中段木头沟河谷西岸的悬崖上的佛寺，寺内洞窟里的壁画曾让整个世界为之疯狂。

唐朝时，它又叫“宁戎窟寺”，南北朝后期初建，历经长达7个世纪的漫长岁月，这里一直是高昌地区的佛教中心。13世纪末，伊斯兰教传入吐鲁番后，佛教的地位受到冲击。后高昌王室东迁甘肃永昌，柏孜克里克千佛洞随之开始衰败，在激烈的宗教冲突中遭到毁坏，壁画人物的眼睛全部被凿掉。20世纪初，壁画又屡遭俄、德、英、日等列强的盗窃破坏，千佛洞面目全非。如今，余存的壁画与残存的佛座依然精美华丽，这里精美的壁画、古代文书等出土文物见证了吐鲁番作为丝绸之路佛教中心的一度辉煌。

柏孜克里克千佛洞壁画

这里共有洞窟83个，现存57个，其中有壁画的40多个，但供参观而开放的只有9个。

交通：从吐鲁番乘出租车往返（停留一小时）约为80元，单程送至千佛洞约50元；从吐鲁番客运站乘吐鲁番至鄯善或三堡乡的班车，在胜金口下车，换乘当地客运三轮摩托或搭乘去千佛洞的便车即可（吐鲁番—胜金口5元，胜金口—千佛洞6元）；每天北京时间8:30从吐鲁番宾馆搭乘吐鲁番一日游旅车，可参观绝大多数旅游景点，其缺点是在每个景点停留的时间过短。价格45元，四人以上即发车；一日游出租车：可游览八个旅游景点，价格由游客与车主协商，参考价为：桑塔纳、富康200～300元；

夏利、斯科达 160 ~ 220 元；面的（六座）120 ~ 180 元。可参观：交河故城、高昌故城、苏公塔、葡萄沟、千佛洞、阿斯塔那—哈拉和卓古墓群、坎儿井、吐鲁番博物馆、火焰山。

门票：20 元

■ 第 16 号窟

【此窟因中国佛窟中首见小忽雷，即龙首琵琶而著名】

此窟开凿于中唐，窟中有一幅依乐图。图中小忽雷（龙首琵琶）这种古代乐器的出现为中国佛窟所首见，是研究古代西域音乐、乐器的珍贵资料。

■ 第 17、18 号窟

【为柏孜克里克千佛洞中最早的洞窟】

为 6 ~ 7 世纪南北朝后期开凿而成的。第 17 窟的“地狱变”，酷似摩尼教冥府图，极为罕见。

背包客收藏：摩尼教

摩尼教兴起于 3 世纪的古波斯（今伊朗），因创始人摩尼而得名。中国古代将它译成明教、牟尼教等，其吸收了琐罗亚斯德教、基督教、佛教等教义思想而形成自己的信仰。3 ~ 15 世纪，一直在亚、非、欧一些地区传播，在 6 ~ 7 世纪时开始传入中国。

摩尼教崇尚光明与善，把世界分成光明与黑暗两部分。唐朝时它曾被游牧于蒙古高原的回鹘人（维吾尔族祖先）接受，奉为国教。摩尼教的全盛时代是从 7 ~ 8 世纪开始，中心在中亚和我国新疆地区。10 世纪前后，在我国的甘州、高昌、于阗等地，建了很多摩尼教寺院，其中东方摩尼教教区的教主就住在吐鲁番的高昌城，高昌城成了摩尼教后期的活动中心。柏孜克里克千佛洞出土过摩尼教文书。

■ 第 20 号窟壁画

【为国王、王后画像窟，有极高的观赏价值】

窟中的回鹘高昌国王和王后的图像艺术性极高，是整个千佛洞壁画的代表作之一。然而，这些精美的壁画原件如今陈列在柏林博物馆，窟内的为复制品。

■ 第 33 号窟

【此窟最值得一看的是举哀图】

窟内后壁，有一幅表现佛陀涅槃后众弟子举哀的场面。这幅图上的诸弟子，肤色不同、发式服装各异，艺术价值极高。

■ 第 38 号窟

【可观赏到摩尼教中常见的羽人形象】

壁画中有若干穿白衣的僧尼和带翅的羽人形象，表现了对摩尼教的尊崇。它是摩尼教在高昌盛行的证据之一。

■ 第 51 号窟

【此为经变（描绘佛经内容或佛教故事的图画）壁画窟】

该窟建于回鹘高昌时期，壁画中绘制的经变故事，是高昌回鹘时最有代表性也是保存最完整的壁画。

■ 第 69 号窟

【这是一处有趣的窟中窟】

位于第 20 号窟中心柱后的后墙壁下，有一小洞，这就是第 69 号窟。壁画中的僧徒姿势如在练功，引发人们许多猜想，甚至有人推断是在练瑜伽。

■ 第 82、83 号窟

【回鹘王国时期为高僧们修建的纪念窟】

位于崖壁下的木头沟畔，是高昌回

交河故城

鹘王国强大时期，专为佛寺高僧修建的小型纪念窟。此外，1978年，考古工作者在废墟中发现了一件佛教徒使用的金箔包装纸，研究后发现这是宋代的商品广告。

交河故城

【目前世界上最大、最古老、保存最好的土建筑城市】

这是一座没有城墙的古城。在吐鲁番市区西13公里雅尔乃孜沟中，在一个梭形的20余米高的孤岛上，人们发现了一座残存的城市遗址。远高出河流平面的巨大黄土高台是天然的屏障，所以根本无须再建城墙。因为河水在台地首尾相交，“交河”之名因此而得，如今河道已经干涸。又因所处的河流而被称为雅尔湖故城。

故城大约建于秦汉之前，即距今2000多年前。这里最早是“车师前国王庭”的所在地，信奉佛教的车师人居住在这里，至今仍保存有52处佛教建筑遗迹，印证佛教在这里的昌盛。《汉书·西域传》记载：“车师前国，王治交河城，河水分流绕城下，故号交河。去长安八千一百五十里。”约13世纪，交河城毁于一场旷日持久的战争，杀戮和毁坏的痕迹今天依然可寻，但导致古城消失的原因究竟是异族的入侵、贵族争权夺利引发的内乱还是水源的断绝，至今仍难有确定的回答。

今天，城内的官府、民宅、佛塔、寺院等建筑依稀可辨，最奇特而明显的特征是古城的修建者并不是在平整后的土地上用土砖修建房屋，而是在土中掏挖出洞窟、房屋、佛寺甚至街道。其中窑洞是直接掏出，而平房则多是挖土留出四壁，然后用木头建顶。城区由贯穿南北的一条大街把居住区分为城东、城西，大街北端则是一座规模宏大的寺院，以它为中心构成了北部寺院区。东区南部有一所很大的宅院，为双层建筑，有宽大的阶梯通道可以上下。如今身处其中，走街串巷，穿堂入室，依然如在游览一座完好的活的城市，像这样历史悠久、保存如此完整的古城遗址，极为罕见。

时间： 9:00 ~ 18:00

交通： 市内新城路乘 1 路、101 路公交车到亚尔乡，换乘面的（2 元 / 人）、三轮（3 元 / 人）、出租车（15 元）或马车（20 元），均可到。市区出租车往返（停留一小时）约 50 元；单程送至交河约 20 元 / 车。最好的办法是参加一日游或包车前往。

门票： 40 元

电话： 0995-8667028

特别提醒： 1. 遗址内可拍照，但严禁摄像。2. 景区入口处有市场出售旅游纪念品及食物，但价格较贵。

高昌故城

【古代新疆三大佛教中心之一】

如果你读过一点西域史就会知道，高昌故城是沿天山而行的丝绸之路北道和沿昆仑山而行的丝绸之路南道的交会处。这片吐鲁番绿洲曾经是新疆古代三大佛教中心之一，佛教的光辉正是从这里辐射并传递到东边的敦煌、长安和沿海各地的。同时，这里还是车师人过生活的地方，这里曾生活过各种肤色的人群，有说粟特语、吐蕃语、婆罗语、汉语、突厥语、波斯语等不同的族群，在相当漫长的一段岁月里，高昌都是丝绸之路上一流的国际都会，是欧亚货物、商品、旅客的集散地。

高昌故城

高昌故城周长 5.4 公里，占地面积 220 万平方米。故城范围较大，大约建于公元前 1 世纪，是西汉王朝在车师前国境内的屯田部队所建，最早称“高昌壁”。460 年，建立高昌王国。9 世纪中叶后，回鹘人，也就是维吾尔族人，在这里建立了回鹘高昌王国。13 世纪中叶以后，天山以北蒙古游牧贵族发动叛乱，围攻高昌达半年之久，惨烈的战争以高昌王战死疆场、高昌故城的陷落为结局，故城也在这场战火中被毁。

佛教在高昌极盛时，有僧侣 3000 人之众。当年唐玄奘西游路过高昌国时，曾被国王文泰挽留一月讲经。这里的寺院与佛像历经浩劫，在宗教冲突中大量佛像被毁。1902 年，“德国吐鲁番考察队”的成员勒柯克利用一种狐狸尾巴状的锯子盗割了高昌故城、柏孜克里克、胜金口等故城和千佛洞中的 15 幅大型壁画和佛像。

■ 城墙与城门

【已成遗址的故城里依然保存着城墙和城门】

故城的建筑格局效仿了长安，分外城、内城、宫城三部分，如今依然能感受到它恢宏的气势。外城墙基厚 12 米，高约 11 米；外围有保存完好的凸出的马面。南面有3个城门，其余三面各有两个城门。其中西面北边的城门保存最好。

■ 唐僧讲经的佛寺

【故城中最大的佛寺遗址，因传说唐僧在此讲经而闻名】

外城内西南角有一座全城最大的佛寺遗址，佛寺的佛龛内还有菩萨像和壁画。据考证，这里就是当年唐僧讲经之处。讲经台旁还残存着一座高15米的佛塔，正面的一座佛像现在只留有两只脚。侧面有许多佛龛，称“万佛塔”，原来应该是有许多小佛像雕塑的。

■ 可汗堡

【一处疑似唐朝宫殿的遗址】

内城北部正中有一小堡垒，当地人称之为“可汗堡”。堡内北面的高台上有一高约15米的塔状建筑物；西边还有一座建筑物，分为地上、地下两层，现仅存地下部分，南、西、北三面有阶梯式门道供出入，其与交河故城现存的唐代官署衙门建筑形式相同，可能是一座宫殿遗址。

■ 城北墓葬群

【高昌故城居民们的墓地】

高昌城北原是一片戈壁，城内居民死后大都葬在这里。整个墓群占地10平方公里左右。这里曾出土文书、织物、墓志、钱币、泥塑木雕俑、陶木器皿、绘画、农作物、瓜果食品等各种历史文物。

时间：8:00 ~ 17:00

交通：位于吐鲁番市东约40公里处，可考虑包车前往。

门票：40元

阿斯塔那—哈拉和卓古墓群

【一座珍藏着干尸的“地下博物馆”】

“阿斯塔那”与“哈拉和卓”是当地两个相邻村庄之名。这里是高昌国的公墓，埋葬的是西晋到唐代的贵族、官员和平民百姓。该墓群所葬多为汉族人，也有车师、匈奴、氐、鲜卑、高车、昭武九姓等少数民族居民。

古墓中的尸体为自然风干，保存完好，500多号墓穴中，几乎所有的尸体都没有腐烂。干尸完整无损的程度令人吃惊，有的连眼睫毛和眼缝中显露的黑白眼珠都可辨别。此外，墓群中还出土了很多绘画、泥俑等文物，大多色彩鲜丽如新，保存完好。其中还有许多食物，如唐代的水饺，里面的馅居然完好如初！

目前开放供参观的有3座墓地，其中两座内有精美壁画，另一座为合葬墓——高昌王国名将张雄夫妇及他们的儿子张怀寂。

阿斯塔那古墓出土的伏羲女娲绢像

交通： 位于吐鲁番市区东偏南约 40 公里处，距高昌故城大约 6 公里。在吐鲁番市内可以参加一日游，景点中大多包含古墓，也可单独包车前往。出租车往返（停留 1 小时）80 元；或者从吐鲁番客运站乘吐鲁番至鄯善班车在胜金口下车，换乘当地客运三轮摩托车至阿斯塔那古墓群（吐鲁番—胜金口 5 元，胜金口—阿斯塔那 2 元）。也可以从客运站乘至三堡乡政府的班车，在阿斯塔那古墓群口下车即可（吐鲁番—三堡 5 元 / 人）。

门票： 40 元

特别提醒： 这些开放的墓室有台阶深入地下，大多无人值守，如需导游请在购票时说明。

吐峪沟

【伊斯兰教的圣地、有“中国的麦加”之称】

在炎热的火焰山中，千百年来一直隐藏着一个鲜为人知的伊斯兰教圣地，这里被称为“中国的麦加”。在整个中亚的穆斯林中，能去这里朝圣也是一种荣耀，甚至有人说，去麦加朝圣之前，应先到吐峪沟。据记载，直到 20 世纪初，还有来自印度、土耳其等地的穆斯林到这里朝圣。

吐鲁番吐峪沟

峡谷属于新疆鄯善县，东临鄯善县城，西距吐鲁番市不足 50 公里，西南则是高昌故城。它悠长的历史伴随着宗教的信仰；神秘的传说与自然的雄奇壮美一道吸引着全世界的冒险家们，如今的旅行者会因为错过这里而懊恼，摄影爱好者更是将这里列为必游之地。峡谷中，吐峪沟麻扎村是最值得停留参观的地方，这里完整地保留了古老的维吾尔族传统和民俗风情，是新疆最古老的维吾尔族村落。百十户人家围绕着一座大清真寺周围，伴随着安拉的声音几百年来生活在这里，人们使用维吾尔语交际，信仰伊斯兰教，穿着最具民族特色的服饰。从这里的人们长相来看，有着明显的混血特征，这是历史上文明冲突带来的多人种混合的现象。

村旁火焰山山坡上，坐落着一座大麻扎。它被称为“吐峪沟艾斯哈布凯海夫”，波斯语的意思是“圣人住的洞穴”。据说，这里安葬着伊斯兰历史上 7 位重要的宗教人物，其中有伊斯兰创教者穆罕默德的 5 名亲传弟子。

除了伊斯兰教的遗迹与风俗外，这里还留有佛教的痕迹。吐峪沟麻扎村西边不远处，有一个千佛洞，也叫“丁谷寺”，是高昌时期的一座大型佛教石窟，大约开凿于 3 世纪，比敦煌莫高窟还要早。现存石窟 94 个，大多数比较残破，走上去的路也非常不好。但到了吐峪沟，千佛洞还是可以顺便参观一下的。

时间： 旺季（4 月 21 日 ~ 10 月 20 日）8:00~21:00，淡季（10 月 21 日 ~ 次年 4 月 20 日）10:00~ 18:30。吐峪沟的最佳摄影季节是在秋天。

艾丁湖

交通：吐峪沟景区距市区38公里，从吐鲁番市包车当天可以往返，车费大约200元；或乘坐吐鲁番和鄯善之间的长途车在吐峪沟下车即可，票价10元。此外，吐鲁番客运站也有面包车，车费8元，司机一般会等客满，中午前发车。

门票：30元。现在吐鲁番的各个景点流行卖套票。价格比单个景点买票合适得多，时效也宽裕得多。

特别提醒：1. 七圣人麻扎不允许异教徒进入，请尊重当地的伊斯兰相关风俗。

2. 当地人对摄影者大多回避，拍摄之前应征得别人的同意。

3. 当天往返显得太过匆忙，这里绝对值得停留一晚。

艾丁湖

【中国最低的地方、世界陆上低地位居第二】

艾丁湖在维吾尔语里被称为“觉洛浣”，意为月光湖。艾丁湖海拔低于海平面154米，是中国最低的地方，低度仅次于西南亚的死海！湖水深不足1米，是一个内陆咸水湖，已接近干涸，只剩下大片的盐沼。即使在白天的阳光下，盐沼闪闪的光芒也好像夜晚的月光，这也是维吾尔语里将它叫作“觉洛浣”的原因。

艾丁湖位于恰特卡勒乡境内，这个寸草不生的地方，一派苍凉的景象。现在艾丁湖畔的芒硝厂可供游客摄影留念，可顺便参观。

时间：8:00 ~ 16:00

交通：位于吐鲁番市南50公里恰特卡勒乡境内，包车往返约100元，包车建议最好是越野车，因为去艾丁湖的路非常难走。近年艾丁湖水位下降，大有干涸的趋势。去之前最好提前了解一下。

门票：5元

中国内陆海拔零点标志

【让中国内陆回归零是它的地理意义】

中国内陆海拔零点标志置于一圆形顶、多角形建筑之中。这个位于吐鲁番亚尔乡巴村境内的标志性的地理属性成就了它的特殊价值，也许最应该记住的是这里的地理坐标：东经89° 11′，北纬42° 56′。

交通：这是一个纪念价值大于观赏价值的景点。如果顺路倒可以去看看，“零点”西距交河故城13公里，距苏公塔仅2公里。专程包车前往，大可不必。

鲁克沁小镇

【《十二木卡姆》就是从这里传遍全疆，甚至全世界的】

在火焰山南麓，有一个历史悠久的维吾尔族聚居地——鲁克沁。这里因曾是丝绸之路上的古镇而有着传奇般的过去，同样也因维吾尔族民间艺术瑰宝——《十二木卡姆》艺术而令世人瞩目。

据史学家称，鲁克沁人与消失的楼兰人有着莫大的干系。

早在汉武帝时候，这里就是一个人口密集、热闹喧哗的重镇，来自欧、亚、非的商队来来往往、瓜果丰盛、艺术繁盛，已经是丝绸之路北道、大海道上的咽喉重地，随之也是汉、突厥、匈奴、蒙古、回鹘、羌人征战经营的重要目标。据《史记》、《汉书》记载，这里最早的原住居民是姑师人，而中原汉人、匈奴、鲜卑人、大月氏人、印度人、波斯人、粟特人等众多人种都曾融入这个丝道重镇，因此鲁克沁甚至被称为“人种博物馆”。

鲁克沁现有人口绝大多数是维吾尔族，最值得一提的是，鲁克沁镇是新疆“十二木卡姆”的古老发源地之一，自公元前2世纪就已经流行于西域东部的楼兰、姑师一带。“吐鲁番木卡姆”在鲁克沁镇的艺术传人依玛木·尼牙孜等还曾前往英国演出，并受到了伊丽莎白女王的接见。

在鲁克沁镇西还有一座王爷台，可顺便游览。王爷台始建于1580年，额敏和卓取得王位后，曾于1775年进行扩建。土木砖石结构，台上曾经建有中国古式楼阁，规模宏大，现已被毁。

特别提醒：这里的村民大多不会讲普通话，是旅行者向往却不宜妄动的地方。

迪坎尔村

【濒临罗布泊的最后一片绿洲】

大海道是古代敦煌通往吐鲁番之间的一条重要道路，早在汉代就开始使用，随着历史的变迁，这条通道逐渐被废弃。人类文明交流史上，大海道起到了重要的沟通作用，因此，学术界对此一直很关注。而这几年，民间对大海道的探索也有所升温，迪坎尔村成为“大海道”通往敦煌的第一个起点，是濒临罗布泊的最后一个绿洲。进入大海道，就有如进入大海一般无尽的沙漠，因此，人们也把迪坎尔村称为“最后的村庄”。

迪坎尔村东部临近库木塔格沙漠，东南临近吐鲁番与敦煌之间的噶顺戈壁，距鄯善县城约80公里，村子人口不多，大多是维吾尔族，村民非常纯朴，村外是成片的葡萄架。村里的一条土路尽头就是通往罗布泊的起点，当年的探险家们就是从这里义无反顾地进入沙漠的。据说，村中的先辈当年曾给瑞典探险家斯文·赫定穿越罗布荒漠当过向导。

交通：从吐鲁番有班车开至迪坎尔乡，车票 10 元。由迪坎尔乡继续乘车至迪坎尔村，票价 4 元。

库木塔格沙漠

【新疆的第三大沙漠，旅行者最容易到达并观赏的沙漠景观】

位于吐鲁番盆地内，鄯善县城南部的库木塔格沙漠，在维吾尔语里就是“沙山”之意，东西长 62 公里、南北最宽处 40 公里，总面积达 1880 平方公里。

这片沙漠的独特之处是沙漠的边界线异常清晰，一边是黄色的大漠，一边却是碧绿的江南风光。库木塔格沙漠面积虽不很大，但是起伏的沙浪很漂亮，且风沙地貌类型齐全，要在塔克拉玛干沙漠看到这样的景色往往需深入腹地，而在库木塔格沙漠仅需行数十公里便可。目前在鄯善县城南 2 公里处库木塔格沙漠的边缘，投资建设了一座沙山公园，可一览沙漠景观的浩瀚与自然美。公园内有骆驼队供游人骑乘。

库木塔格沙漠

交通：位于鄯善县城西南侧，交通很方便，可先到达县城后包车。交通工具最好选择越野车辆，同时由有经验的向导带领进入，并根据行程准备药品等物资。

门票：30 元

车师古道

【新疆最热门的徒步线路之一，也是全国最著名的徒步探险线路】

车师古道是吐鲁番地区乃至全疆历史最为悠久的交通要道之一，是跨越天山南北，连通吐鲁番和北庭都护府故城的古代重要交通线。它至今已有 2000 多年历史，至少可追溯至汉代。汉代时，居住于吐鲁番的车师前国和居住在吉木萨尔的车师后国之间就是靠的这条路进行军事、文化与商贸的沟通，而目前，在新疆的户外爱好者的带动下，它已经成为一条国内著名的旅游探险线路。全程需骑马兼徒步 42 公里左右，沿途可见古代堡垒遗址、烽燧、草原石人、墓冢等历史遗址，更有壮美的自然景观。

如今，车师古道穿越被新疆户外爱好者评选为“新疆十大经典徒步线路”之一。2007 年完工的车师古道除险清障工程总长 24 公里，宽 1.5 米，主要清除了古道乱石和险障，沿途每公里设置

车师古道

永久性导示标志，形成明显的人畜通道；并维修加固了古道间六座桥梁，修建了两栋宿营房，在头道桥东侧石壁上和六道桥南侧石壁上分别凿筑“车师古道”、“车师古道石笋”等摩崖石刻。

背包客推荐：车师古道徒步攻略

最佳穿越时间：5～10月

线路：乌鲁木齐—吐鲁番—大河沿—五星牧场—琼达坂—六至一道桥—水文站—泉子街—吉木萨尔—乌鲁木齐，所需时间：3～4天。

徒步级别：难度适中，但对体力和徒步经验有一定要求。

徒步装备：帐篷、背包、睡袋、防潮垫等露营装备，以及冲锋衣、冲锋裤、徒步鞋、保暖衣物、雨衣。食物及药品、适量的水（沿途有水源）也是必需品。

交通： 乘坐乌鲁木齐至大河沿的火车，然后租用越野车或卡车到五星牧场。返回时，在水文站附近的村庄租车到泉子街，泉子街有班车通往吉木萨尔县城。从吉木萨尔可继续参观游览北庭都护府故城、西大寺、古尔班通古特沙漠、硅化木森林等旅游景点，也可再乘长途车返回乌鲁木齐。

电话： 吐鲁番急救中心：0995-8533246；吐鲁番公安局电话：0995-8522311、8520110；吐鲁番市区交通肇事报警：0995-8522236；吉木萨尔县人民医院：0994-6912221；吉木萨尔县公安局：0994-6912180

特别提醒： 车师古道徒步线路虽然道路有所改进，但途中须翻越海拔高达3400米的“琼达坂”，山中天气变化无常，故必须跟随有经验的向导徒步，不能盲目穿越。

哈密

哈密博物馆

【一座揭示哈密远古、中古文化的灿烂历史的博物馆】

这是一座2008年开放的博物馆，坐落在颇具哈密文化特色的回城，与新落成的哈密木卡姆研究中心、哈密回王府、回王陵共同构成了哈密回王文化圈。哈密历史悠久，地上、地下有极为丰富的文化遗存，新落成的博物馆里颇具代表性的古代文物就有1000多件。其中有新石器时代的石质工具，青铜器时代的金属器具，另外还有不少彩陶罐、彩陶盘、木质用品等，展示了哈密远古、中古文化，以及古代丝绸之路上作为一个重要驿站的遗存。五堡干尸则是青铜器时代的哈密人，是人类学研究的重要资料。

交通： 广东路360号。搭乘10路、14路公交车在博物馆下，即到。

门票： 免费

电话： 0902-2233778

回王府

【曾被付之一炬，夷为平地】

1699年，几位京城汉族工匠跟随进京觐见康熙的第一世回王额贝都拉返回哈密，历时7年，于1706年建成回王府，后经历代回王扩建到末代九世回王沙木胡索特时期，回王府占地面积已是整个回城的1/4，占地数百亩，有房800间，共有大小门楼9道，煞是壮观。1931年，这个历经200多年风雨沧桑的王府，在兵乱的焰火中化为灰烬。2003年回王府在哈密回王陵的隔壁重建。建成的王爷台分为两部分，台上为仿古建筑（单体建筑13个，建筑面积1400平方米），台下为二层框架结构（建筑面积约14000平方米），主要项目有台吉议事处、回王宫大殿、回王寝宫、配殿、清真寺、角亭等。

时间： 10:00 ～ 19:00

交通： 位于哈密市郊回城沙枣井，回城乡西1公里左右。乘坐出租车5元即可到达。乘公交车7路、10路、13路可达，票价1元。

门票： 40元

回王陵

【阿拉伯建筑风格、新疆建筑风格和清朝建筑风格浑然一体的王室陵墓】

回王陵被维吾尔族人民称为“阿勒同勒克”，意为“黄金之地”。从1709年第一代哈密王，被清政府封为“一等

背包客收藏：哈密回城

哈密回城是历代回王居住、生活的城镇，坐落在哈密老城的西南面。回城始建于隋，清朝初年曾被称作“镇远城”，是西域各地呈送朝廷文书的集中翻译地。

回城最大规模修建始于第一代哈密回王时，回城与回王府的修建历时7年，清雍正五年（1727），又增建了哈密新城（老城），清同治七年（1868），哈密办事大臣文麟又在老城西北角修建新城。这样，哈密就形成了回城、老城、新城三城鼎立的城市格局。十年动乱期间，回城城墙被挖，只留下被民宅包围着的一些断壁残垣，但回城有着深厚的文化底蕴，维吾尔族大娘、大嫂的剪纸、农民画等吸引着大家的目光，回城被国家文化部命名为“中国现代民间绘画之乡”、“民间艺术之乡”，与陕西户县、新疆麦盖提县并称为“中国农民画的三大故乡”。

哈密回王陵

扎萨克”的额贝都拉死后葬于此开始，这里便成为历代哈密王室的墓地。

主要的建筑物之一是大拱拜，即回王坟，下方上圆，建筑面积达 1500 平方米，非常雄伟庄重。南边是五座亭式木结构小拱拜，为历代回王陵墓，现完整保存的只有两座。第三部分为艾提卡大礼拜寺，可容纳 5000 人做礼拜。大寺顶棚内由 108 根雕花木柱承重，四壁饰花卉图案及阿拉伯文《古兰经》，是哈密地区最大的清真寺。

时间：10:00 ~ 19:00

交通：与回王府相连

门票：40 元

电话：0902-2250037

特别提醒：陵墓建筑群四周有围墙，入口就在马路边上，买票进入后，内有导游为游客讲解。

哈密地区旅行交通示意图

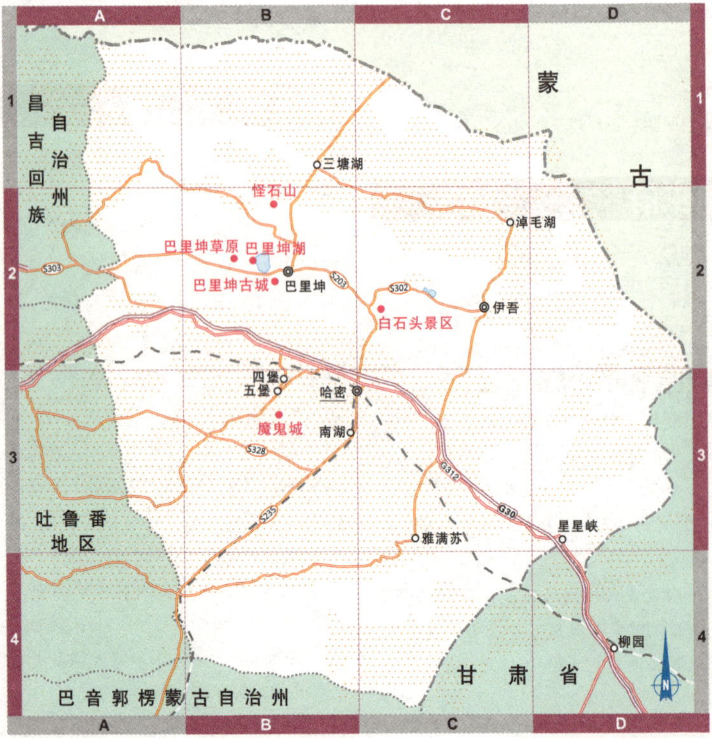

盖斯墓

【俗称“圣人墓”，为穆罕默德弟子的陵墓】

盖斯墓墓体高约15米，下部呈方形，拱顶为绿色琉璃瓦铺砌，由24根圆木支撑，结构堪称精致。

穆罕默德创建伊斯兰教之后，派遣盖斯、吾外斯、万嘎斯来华传教。3位阿拉伯传教士于唐朝贞观年间沿海上丝绸之路登陆中国，不久，万嘎斯病逝于广州。在数年的西行传教途中，吾外斯也因病死于河西走廊。盖斯则继续沿丝绸之路传播伊斯兰教，后也因重病在星星峡去世。1945年，哈密的伊斯兰教徒为盖斯遗骨迁葬。当年，整个迁葬仪式非常隆重，虔诚的穆斯林们用白马驮着《古兰经》引路，将盖斯的棺木带回哈密下葬。至今，全国各地的穆斯林信徒都经常来此朝拜。

交通：位于哈密市城郊乡大营门村西边的一块高地上，距离哈密王陵很近，大约步行15分钟即到。

门票：20元

哈密魔鬼城

【天山东部最富传奇色彩的雅丹地貌】

哈密魔鬼城，也称为“五堡魔鬼城”，为新疆三大魔鬼城之一，是一大片风蚀雅丹地貌，东起烟墩外的骆驼峰，一直绵延到五堡沙尔湖十三间房，长400多公里，宽5～10公里。从五堡乡出发向南不远，就可进入这片典型的风蚀雅丹地貌，继续南行就可看到离地面约6米的风蚀台地上的长方形的土夯建筑古城遗址，这就是艾斯克霞尔古堡，维吾尔语是“破旧的城”之意。

魔鬼城位于一处陡峭的崖壁上，为上下两层。由土坯垒成的城墙高约10米，长约30米，其残破的城墙与雅丹地貌融为一体，难分彼此、气势非凡。城内碎瓦遍地，地面上撒满了大量陶片，陶质有粗细沙红陶，彩陶纹饰有横、竖及三角纹等，残留的陶片与白骨的残渣增添了这里的神秘气息，

盖斯墓

哈密魔鬼城

而关于古堡的来历至今也没有确切的说法。

据考证，古堡自青铜时代至汉唐明清都在使用，距今已经有3000多年的历史，有人推测它是古丝路的驿站或是哈密王朝的西南前哨。但是，是谁修建了古堡？这里发生过什么？这一切至今仍是个谜。而关于它的历史与传说，更让人觉得神秘莫测。据说，幽灵时常走出古堡，在荒原上吃掉羊群，也会劫持漂亮的姑娘带回古堡。甚至还流传这里有黄金宝藏的传说，由此也引来了许多盗墓者，1998年、1999年都曾有人在盗墓后将干尸弃之地面的事情发生。

距离艾斯克霞尔古堡东北约200米处的沙梁上，有一处总面积约1400平方米的古墓群。墓葬形制大部为竖穴土坑墓，多为单人侧身葬，文化特征属于距今3000～2000年前的焉不拉克文化。

交通：位于哈密市五堡乡以南20公里，距哈密市大约100公里。去魔鬼城没有班车，可从哈密包出租车前往，价钱在330元左右。

门票：40元，陈列馆门票10元。

特别提醒：1. 哈密魔鬼城的面积大，最好租乘景区吉普车进入参观，费用为50元/小时。

2. 夏季魔鬼城内较热，应带上去火的药品和足够的饮用水。

3. 如没有向导，容易迷路，切勿贸然深入。五堡的游览线路分为“旅游线路（走正常的路道）”和“探险线路A和B（越野车才能深入）”。魔鬼城占地极大，进入景区一定要先向工作人员了解路况和行程建议。比如在允许进入的景区，旅游公司都有用石头做的路标：一堆石头就代表探险的线路，两堆石头代表探险线路前面有岔路，两堆石头周围摆一圈小石头代表前面有危险，要注意安全。

4. 魔鬼城相距不远处是出土过“金发女郎”干尸（现展于哈密博物馆）的大型古墓群——五堡古墓群，这里的墓葬形制为竖穴土坑单人葬，尸体侧身屈肢。这里出土过完整干尸3具，一男二女，距今2900～3200年，比马王堆一号汉墓女尸早900～1000年。因干尸出土时其衣饰、肤肉基本完好无损，一时轰动海内外。

巴里坤草原

【巴里坤的凉与安西的风、吐鲁番的热并称为“西域三绝”】

巴里坤一望无际的大草原以凉爽出名，哈密市民在炎热的夏季把这里作为避暑胜地，即使在炎热的7、8月，夜晚在户外依然需要穿保暖的衣物。哈萨克、汉、维吾尔、蒙古等十几个民族生活在这里，游牧生活特征至今依然明显。

去巴里坤草原的最佳旅行时间是7～8月。这个季节绿草无边无际，野花开满草原，牧民赶着羊群如朵朵白云飘动着，毡房里炊烟袅袅，奶茶飘香。这里的牧民保留有纯正的哈萨克族传统，如若到哈萨克族毡房做客，好客的主人一定会捧出烫手的酥油茶。

时间：8:00~18:00

交通：坐落在哈密市北部的巴里坤县，可从哈密汽车站乘班车前往巴里坤县城。

门票：30元

巴里坤湖

【新疆东部第一湖，天山东线旅游自然风光最美的地方之一】

巴里坤湖为咸水湖，湖面呈椭圆形，东西宽约9公里，南北长13公里，面积113平方公里，湖面海拔1582米，湖北部有一条沙石坝，将巴里坤湖隔成南、北两处水域。湖水周围可看到连绵的雪山，湖边为草原牧场，每到盛夏时节，哈萨克牧民在这里扎起帐篷放牧，举行赛马会和“阿肯弹唱会”等活动，热闹非凡。

交通：位于巴里坤县城西北面18公里处，距哈密市150公里。可从巴里坤县城乘坐出租车前往。

怪石山

【一处被无形的风雕刻而成的自然杰作】

怪石山地处一座名叫“小夹山”的山脉东端，当地人称之为“西山”。山体主要是花岗岩，整座大山由于长期受到风和水的侵蚀，山体布满了大大小小的孔洞，造型各不相同，非常奇特。这些石洞有圆，有方，有的像蜂窝，有的像佛龛，造型多样，大多非常圆滑，如人工打磨过一样。小洞直径1米左右，大洞可容纳十几个人。每当下雨时，水从山顶流下，山上便好像有无数个水帘洞，景象非凡。所谓怪石山“八怪”指的是：石洞蜂窝崖、佛祖观海山、岩缝神泉水、月映镜儿泉、古道新绥路、圆形古营盘、石棺王爷坟、山顶高平原。怪石山处于巴里坤盆地中最大的风口处，这里的蜂窝式石洞便是风力的“杰作”。

交通：巴里坤湖西北7公里处就是怪石山，到达巴里坤湖后徒步即可到达怪石山。

门票：10元

特别提醒：站在怪石山顶峰，往东南方向可以眺望到巴里坤湖的全景。此外，小夹山的山顶还有一座蒙古王爷的墓地，不过山路难行，想爬上去不太容易。

巴里坤古城

【这里保存有建筑风格不同的汉、满两城】

巴里坤古城由两个城垣毗连而成，西边的是汉城，对面的是满城，两城之间相隔只有半里地。汉城建于清朝雍正年间，最初为军事要塞，为岳飞后人所建，由于士兵多为汉人，因此叫“汉城”。汉城的西城墙保存比较完整，现已被列为巴里坤哈萨克自治县文物保护单位。满城修建于清朝乾隆三十七年（1772），因驻扎满族旗兵而得名。

巴里坤草原

交通：位于巴里坤县的巴里坤镇西，可从巴里坤县城乘出租车前往。

特别提醒：站在山坡上向下望，巴里坤汉、满两城首尾衔接，气势非凡。

庙儿沟与八大石

【哈密王的两处避暑行宫】

庙儿沟原为哈密王的避暑行宫，1931年毁于战乱。现存有佛寺和行宫残址，佛洞内残存的壁画已经无法辨清全貌。庙儿沟行宫遗址后有路通向后山，山上有5座佛教洞窟，里面有残存的佛教壁画，行宫西面半山腰上还有一座佛寺遗址。

庙儿沟的自然景色也非常值得一看，森林片片、野花遍地，山谷中还分布着高山草甸。这里夏季空气凉爽，是避暑的好去处。庙儿沟北面喀尔里克山主峰木尔提峰南坡下的山谷中有8块怪异的大石头，被称为“八大石风景区”，维吾尔语里叫“巴克塔什”。这里也有哈密王修建的避暑行宫和果木园。

交通：位于哈密市区东约30公里处的黄田农场附近，从哈密乘出租车至庙儿沟风景区价格在50元左右，游览两处景区加上往返需要一天时间。

白石头景区

【一处囊括多样性自然景观、历史遗迹、民族风情、户外运动的景区】

白石头景区由寒气沟、松树塘、鸣沙山、白石头、天山庙5个游览区组成。

交通：位于哈密西北70公里的天山脚下，哈密客运站有开往白石头景区及周边景点的班车，全程大约需要2小时。

门票：免费

特别提醒：白石头景区气温较低，每年7、8月是白石头最美丽的季节。沟内各景区距离较远，冬季较远的景点关门歇业。

■ 白石头

【这是一片海拔约2300米的高山草原】

景区得名于草原上的一块巨大的白色石头。这里南面是大片茂密的原始森

哈密庙儿沟佛窟遗址

林，北面是辽阔的草原，西南5公里处是松树塘，西北面8公里处是哈密鸣沙山。由于白石头位于天山北坡，因此，即使是盛夏气温也很凉爽，是一个避暑的好地方。这里有白石头度假村等旅游设施可提供住宿餐饮，也可以选择住宿哈萨克族牧民的毡房。

■ 寒气沟

【森林、冰川、草原、溪流多样化景观并存】

山沟由西向东斜插入喀尔里克山地，因此，即使炎热的季节，这里依然寒气逼人，故而得名。这里有森林、冰川、草原和溪流等多样化的景观。前往寒气沟只能选择走小道，路况较差。

交通：位于白石头景区以东14公里处。

■ 天山庙

【白石头景区内古寺庙和古文化遗址的代表】

天山庙，又称“关帝庙”，是白石头景区内保存较好的古寺庙遗址，天山庙东还立有唐碑一块。

交通：驾车可以直接开到天山庙前，路很好走。

■ 松树塘

【这里有哈密地区最美的林海和峡谷】

这里地处天山脚下，年平均温度较低，经常出现6月飞雪、9月降霜的反常天气。此外，这里有许多古代驿站、烽火台遗迹，汉司马任尚、唐代姜行本曾在这里征战并立下战功；清代宁远大将军岳钟琪曾在这里设立过军马场。

从哈密进入巴里坤途中需越过天山达坂，路上有一块天然巨石，有汉、唐、清三代所刻碑文。从大石碑继续深入，登上山顶，能看到大片松林，这就是松树塘。据说，因为巨石看上去很像一口棺材，当地人称这条沟为“棺材沟”，宁远大将军岳钟琪认为这个名称不吉祥而以谐音改为“焕彩沟”。

交通：距离哈密市区约75公里。可以在工人市场对面的客运站搭乘到巴里坤的大巴，可以直接到达景区和滑雪场，票价在40元左右。

门票：免费

特别提醒：松树塘滑雪场是一个天然大缓坡，长度、坡度都很好。雪的厚度比较厚，雪质也不错。因为没有划分雪道，很适合滑雪初学者。滑雪费用在150元左右，不限时间。

■ 鸣沙山

【与敦煌鸣沙山等并称为中国四大鸣沙山】

松树塘里有个小村子叫“柳条河”，在柳条河东面就是哈密鸣沙山，其奇特之处在于：每当雨后和起风时，就听到巨大的沙山轰鸣的声音，其原因是沙砾振动，相互摩擦而产生的声音被放大。

鸣沙山的相对高度为35～115米，南北长约5公里，面积约25平方公里。沙丘大都呈西北—东南走向，鸣沙山两侧分别有塔水河和柳条河缓缓流过。

交通：位于距离白石头10余公里的柳条河畔。

门票：20元

特别提醒：想要拍摄鸣沙山的全貌，可登到天山庙所在的山坡上。沙丘一片金黄，首尾相接，河水缠绕，是摄影的好地点。

实用资讯

交通

天山东线的交通网络主要由铁路与公路组成。内地进入新疆的兰新铁路与312国道依次经过哈密与吐鲁番并通达自治区首府乌鲁木齐，因此往来乌鲁木齐、哈密与吐鲁番三地之间十分便利。所以，许多内地旅行者如果乘火车进入新疆，会选择哈密作为新疆之旅的第一站，乘坐飞机进疆，则需在参观完乌鲁木齐之后，转乘长途车开始天山东线之旅。

吐鲁番

吐鲁番的旅游开发非常早，交通非常便利。旅游者可以通过铁路、公路、航空等方式进出吐鲁番。乌鲁木齐机场距离吐鲁番不远，公路网与兰新铁路连接着吐鲁番这个南北疆的交通枢纽，旅行者选择交通工具的范围就大得多。吐鲁番市的旅游点大部分都分布在距市中心约40公里的公路里程之内，交通十分便利。

航空

吐鲁番没有机场，乘飞机只能到230公里外的乌鲁木齐机场，然后走高速公路3小时左右到吐鲁番。鉴于这样的交通情况，大多数旅行者会选择先飞乌鲁木齐，完成乌鲁木齐的旅行计划后，再乘坐汽车去吐鲁番旅行。乌鲁木齐机场的具体信息可参考乌鲁木齐一章的交通信息部分。

吐鲁番民航售票处

电话：0995-8521352

特别提醒：吐鲁番的鄯善有军用机场，距离吐鲁番大约90公里，在旺季会开通吐鲁番至敦煌的航线，并且该机场正逐步转为民用，去吐鲁番旅行将会变得更为方便。

铁路

吐鲁番火车站是兰新铁路和南疆铁路的会合点，兰州至乌鲁木齐的兰新铁路经过吐鲁番，南疆铁路也从吐鲁番经过库尔勒开往喀什，两条铁路线构成了吐鲁番便利的铁路交通格局。北接乌鲁木齐，南通库尔勒、阿克苏，东面则连接甘肃的柳园、兰州与内地的大城市西安、郑州、北京、上海、济南、连云港。

从内地来的旅行者如果选择铁路的话可以直接在吐鲁番站下车。吐鲁番火车站位于市区北面46公里的大河沿镇。下火车后可乘出租车大约需要40元、乘公交车需7.5元到市区，也可选择快速客运巴士进入市区，票价10元，车程约40分钟，运营时间为5:00～18:00。从市区前往火车站可去吐鲁番客运中心乘坐发往大河沿镇的班车，票价7.5元，每30分钟发一班。

吐鲁番火车票售票处

地址：位于大河沿镇

电话：0995-7656222

公路

312国道兰新公路和314国道南疆公路交会于吐鲁番，形成了吐鲁番便利的公路交通。而大多数重要旅游景点都有公路开通。从吐鲁番到乌鲁木齐走高速公路也非常方便，全程187公里，每天都有长途班车往来。

吐鲁番地区客运中心

主要发往乌鲁木齐、哈密、奇台、

交河故城

库尔勒、喀什、和田、鄯善、鲁克沁、洋海、胜金乡、托克逊、依拉湖、大河沿、七泉湖。其中前往乌鲁木齐的班车每隔 15 分钟一趟，非常方便。去往鄯善、鲁克沁、托克逊的班车每天都有多班，而去往哈密的仅在上午有一班。

地址：位于老城西路 264 号

电话：0995-8521020

大河沿客运站

主要是发往和硕、焉耆、库尔勒、轮台、库车、新和、九场、阿克苏、沙井子、三叉井、巴楚、阿图什、喀什、莎车、叶城、泽普、皮山、和田等地，一般都为长途客车，以卧铺车为主。

电话：0995-8642229、8642292

区内交通

吐鲁番的旅游点大多都有专线车，还有很多提供包车服务的公司和个人。总之，区内的旅游交通情况非常便利，市内的 8 条公交线路与出租车为吐鲁番市民及旅行者提供了非常便利的服务。

公交车

吐鲁番市有公交线路 8 条，基本上覆盖了市内主要地点，车票 1 元。

出租车

吐鲁番市区内出租车起价 5 元。不出城车费大概就 10 元。出城的话，需与司机事先谈妥价钱。如果在市内包车费用为 300 ~ 400 元 / 天。

吐鲁番市的旅游点，除博物馆、苏公塔、坎儿井景点在市郊外，其余都分布在距市中心约 40 公里范围内，都有公路相通，十分方便旅游。从吐鲁番市区到各景区景点都有中巴快速客运和出租车，价格 10 ~ 100 元不等。

吐鲁番市公共出租汽车公司

地址：位于绿洲中路 599 号

电话：0995-8110000

吐鲁番旅游出租汽车有限责任公司

地址：位于新站永安旅馆二楼

电话：0995-8552568

吐鲁番瑞丰出租车队

电话：0995–8527967

吐鲁番市红星出租车队

电话：0995–8526620

吐鲁番市华润出租车队

电话：0995–8552935

包车

吐鲁番的旅游景点比较多，而且距离吐鲁番市不远，因此最有效率的旅行方式为多人包一辆车，一天之内去参观吐鲁番最著名的几处景点。很多旅行社和私人车辆都提供这种一日游旅行服务，如果你是单独出游或者人数不足，司机大多数都会替你联系游伴，共同租车。

具体的顺序是，早上从吐鲁番出发，依次游览火焰山、千佛洞、高昌故城、阿斯塔那—哈拉和卓古墓群，午餐后参观西线的交河故城、坎儿井、苏公塔，最后再去葡萄沟。

包车的参考价格为：桑塔纳、富康 200 ~ 300 元；夏利、斯科达 160 ~ 220 元；面包车（六座）120 ~ 180 元；金杯 600 元左右，具体价格双方协商。

在吐鲁番包车非常方便，可以在市内随意招呼出租车，双方商议好价格即可。也可以去吐鲁番客运中心，那里有各种型号的大小车辆。市旅游汽车公司也提供车辆出租。

地址：位于青年路 41 号

电话：0995–8523217

特别提醒：吐鲁番天气炎热，出租车的空调质量很重要。

哈密

航空

哈密地区虽然没有民航航班到达，但是可在哈密预订从乌鲁木齐起飞的航班机票。可以拨打当地 114 直接订票。

铁路

从铁路进入新疆的第一个大站就是哈密，从这里乘坐火车到吐鲁番、乌鲁木齐、库尔勒以及内地的很多大城市都很方便。从哈密前往乌鲁木齐可首选从

火焰山

敦煌发车的K9781、T38/T35次旅游特快，夕发朝至，可以节省时间和住宿费用。目前，从哈密坐火车可达北京、上海、西安、郑州、重庆、成都、济南、兰州等内地主要大中城市。

哈密火车站服务台

地址：位于天山北路

交通：从市区可乘坐1路、3路、4路、5路、6路、12路等公交车前往火车站。

电话：0902-7122222

公路

312国道横穿哈密，其他等级公路相辅相成，使哈密东连甘肃，西接乌鲁木齐，北通蒙古，辐射城乡，哈密长途车站有发往新疆各地及周边省份的长途车，还有定期开往蒙古国的客车。哈密的各个景点都有班车发出，哈密至松树塘的班车沿途会经过塔水村、寒气沟、天山峡谷等景点。车站对面有各种车辆停着等游客包车。

哈密汽车站

地址：位于广场北路与建国路交叉口处

交通：乘坐3路、5路、7路、8路、11路、12路公交车可到达。

电话：0902-2233532

长途客运站

地址：位于广场北路和建国路交会处

区内交通

哈密市区不大，出租车起价5元，5元即可走遍全城。短途客运站在青年电影院对面，有到巴里坤、伊吾、大南湖等地的班车。车站还有一些个体面包车、夏利车提供包车服务，可以砍价。

公交

市内有14条公交线路，招手也会停，票价1元，运营时间为8:00～22:00。

住宿

哈密与吐鲁番作为天山东线上两个中心大城市、各种档次的住宿地点非常多，从三星级的宾馆到10元/张床位的招待所都有。

吐鲁番

由于吐鲁番及周边地区各种宾馆、招待所、私营旅馆很多，即使是在6～9月的旅行旺季，也不会出现无处投宿的情况，但是个别热门的宾馆，则常常客满，最好的办法当然是预订，有备无患。

吐鲁番市的二星级以上的宾馆几乎都有自己的葡萄园或葡萄架，住在这样的宾馆里能够在葡萄架下散步、休息并品尝葡萄，是与内地宾馆最大的不同。另外，还会有新疆歌舞表演。

当然，经济实惠的招待所在吐鲁番市随处可见，价位为25～50元。

吐鲁番宾馆

是一家葡萄园园林式、伊斯兰建筑风格的三星级涉外宾馆。宾馆的内部装修非常精美，其中公主堡曾获全国及国际优秀设计奖。此外，这里交通便利，距乌鲁木齐飞机场200公里，距吐鲁番火车站48公里，距市中心仅1公里，距市文化旅游广场仅300米。标准间200元/间，包含中式自助早餐；三人间260元/间；此外还有套房，价格为480元/间。

地址：位于青年南路2号

电话：0995-8569688

吐鲁番风光

吐鲁番大饭店

客房内有中央空调冷暖风系统、电子保险柜、冰柜酒吧。豪华标间240元/间，普通标间180元/间。豪华套房880元/间，套房内还设冲浪温蒸房。

地址：位于高昌路20号

电话：0995-8553668

吐鲁番丝绸之路公寓

这家别墅式家庭公寓满足了游人对于吐鲁番所有的想象。公寓位于葡萄园旁，环境舒适、安静，又极富民族特色。酒店屋顶有一个非常大的阳台，让人可以在那里欣赏美景。标准间的价位是480元/间。

地址：位于新疆维吾尔自治区吐鲁番市木纳尔

电话：0995-8568333

交通宾馆

位于地区客运站旁，交通便利。门前是包车旅游的集散中心。后身有个集市，吃东西很方便。标准间：180元/间；普通三人间：300元/间。

地址：位于老城西路230号

电话：0995-6258008

哈密

哈密市区各种宾馆旅社很多，住宿非常方便，平均价格低于内地城市。而旅游景点大多设有度假村，价格也不算高，在草原上还可以住宿在牧民的毡房里，价格大多为15～30元/间。

禾禾商务酒店

哈密到到网排名前三的酒店。房间干净、整洁，隔音不错。酒店位置很好，距离火车站很近。最好提前预订。标准间价格是308元/间。

地址：位于新疆维吾尔自治区哈密市天山北路2号

电话：0902-2315566

哈密电力宾馆

位于哈密市中心繁华地段，标准间

哈密街头卖瓜的维吾尔族老汉

308元/间。

地址：位于爱国北路18号加格达宾馆对面

电话：0902-2259555

哈密宾馆

宾馆内设施齐全，服务周到，标准间有三种，分别是558元/间、360元/间、200元/间。

地址：位于迎宾路4号

电话：0902-2233140

餐饮

吐鲁番

美食

吐鲁番最佳旅游时间是7～9月，因为此时正是各种瓜果成熟的时候。

这里是典型的维吾尔族饮食风格，汇集了新疆地区全部标志性食品，如抓饭、烤馕以及烤全羊、烤羊肉串等。其中，帕尔木丁是一种维吾尔族人民传统的风味食品。把肥羊肉丁、少许炼羊油、洋葱、鸡蛋、盐、孜然粉、胡椒粉等拌好做成馅，再把面粉加鸡蛋和油做成皮，然后放馅包成马鞍形。将包好的帕尔木丁放入馕坑烤制，大约需20分钟。除可单独食用外，还常和抓饭一起食用，被称为“抓饭包子”。

木赛来斯是南疆维吾尔族人普遍喜欢的一种饮料，其实就是用鲜葡萄酿成的果汁，当地维吾尔族人把这种饮料称为“多拉”。木赛来斯含有微量的酒精，具有舒经活血的功能。大约15元/瓶。这些饮食在吐鲁番很常见，大多数街头的清真小吃摊都可以品尝到。

餐馆

丝路绿洲宾馆

宾馆内的清真餐厅菜肴味道也很不错，具有当地特色，价格适中。推荐炒烤肉、炒牙签肉、拔丝哈密瓜。

地址：位于青年路815号

电话：0995-8553388

广汇街

是吐鲁番有名的小吃一条街，几乎汇集了所有的著名小吃，还有许多叫不上名字的小吃，可以前去品尝一番。

哈密

哈密的餐饮以新疆风味和川味为主。哈密南郊回城乡有几处维吾尔族农家餐厅的维吾尔餐饮非常地道。哈密的夜市在大十字附近，可以在此吃到四川小吃、新疆的特色风味小吃。

美食

哈密瓜宴

哈密瓜有“瓜中之王”的美称，味甘如蜜、奇香袭人。哈密瓜不但好吃，而且药用价值较高，哈密人将其与海鲜、肉类一同烹饪，不仅营养丰富。还增加了清凉消暑、生津止渴的作用，是夏季解暑的佳品。哈密瓜宴中，瓜脯牛柳、瓜加鲈鱼、加格达大烤排、双味瓜排、虾仁瓜球最有特色。

羊肉焖饼

作为新疆名小吃之一，羊肉焖饼应该是中原文化与西域文化相互浸润在饮食方面的体现，将肥美的羊排与鲜姜、野葱红烧，然后用薄饼加盖到羊排上，借红烧羊排的蒸汽焖熟，最后将薄饼切条与羊排一起装盘。羊排酥烂，薄饼鲜香，真可谓相得益彰。

餐馆

风城拌面王

哈密小十字有一条美食街，风城拌面王就离小十字不远，在哈密公安局马路对面。这家拌面王全称是“巴里坤风城拌面王”，巴里坤以凉爽、大风和拌面闻名全疆，在新疆旅行的一路上每逢市镇，都免不了有个“风城拌面王”分号的店伴随着你。这里的拌面多达二十种，有荤有素。拌面是好大一盘，面免费加，一个人吃到肚儿歪也就十几块钱。

苏来曼众意馕房（哈密分店）

主要经营维吾尔族的各种馕，非常地道。

地址：位于哈密铁路水电段对面一分店

电话：0902-8695996

买买提烧烤店

以烤肉、抓饭为主。

地址：位于中山北路 12 号

电话：0902-7285350

购物

吐鲁番

吐鲁番百货大楼位于市区繁华地段——高昌路与老城路十字路口处，这里是吐鲁番著名的商业购物中心，然而旅行者大多喜欢去具有地方特色的市场，在老城路南还有一座吐鲁番地区最大的商贸及农副产品交易市场，各种各

葡萄阴房

样的土特产品和手工艺品都汇集在这里，值得去看看。具有民族地方特色的各种纪念品如新疆小花帽、乐器、服装、英吉沙小刀在一些集市上随处可见，在一些高档的旅游专卖商场则有一些高档的工艺品出售。

特别提醒： 无核白葡萄、当地所晾的葡萄干、葡萄酒、维吾尔族小花帽、用彩色毛纺织编织而成的“帕拉孜”是最受青睐的纪念品。

吐鲁番故城民族商场

位于亚尔乡交河故城院内的这家商店，以经营民族工艺品为主要业务。

时间： 9:00 ~ 21:00

交通： 前往交河故城可在此购物，可从新城大十字附近乘面的前往。

电话： 0995-8558978

哈密

在哈密最出名的水果无疑是哈密瓜。此外，哈密南湖的硅化木、风砾石也是哈密的特产。另外，哈密的民间刺绣有着悠久的历史与精巧的工艺，非常出名。维吾尔族、哈萨克族姑娘出嫁时，都习惯亲手刺绣一套嫁妆。哈密的维吾尔族、哈萨克族妇女几乎都是刺绣的高手，在她们的衣服、花帽、枕头上能够看到各种精美的刺绣，最大的特点是不仅具有本民族传统特色，还融入了其他民族艺术的元素，堪称艺术精品。在哈密的许多集市上都可以买到这种刺绣。

娱乐

吐鲁番

吐鲁番的当地少数民族在节日时有许多娱乐活动，如叼羊、姑娘追、赛马、摔跤、射箭、高空走绳、对唱、麦西来甫、阿肯弹唱、赶巴扎等，但是大多数旅行者可能并没有充分的时间去参与众多的少数民族节庆，一个能作为替代品的旅游开发项目也许就是每年 8 月 26 ~ 30 日前后举办的葡萄节了。节日期间会有如民族歌舞表演、消夏晚会、品尝葡萄酒会、风味小吃一条街、葡萄瓜果一条街等活动。

作为新疆的重要城市，吐鲁番的其他城市娱乐场所这几年也越来越多。

哈密

哈密市区比较发达，许多内地城市有的娱乐设施，这里基本上也一应俱全。而哈密是一个由维吾尔族、哈萨克族、汉族、回族、蒙古族等 28 个民族组成的地区，民俗风情多彩多姿，有许多独具特色的活动。哈密作为一个新疆的中等城市，有影院、歌舞厅、电子游戏厅、网吧、台球厅、酒吧、咖啡馆等各种娱乐场所。

背包客收藏：姑娘追

“姑娘追”在哈萨克语里叫“克孜库瓦尔”，是哈萨克族人喜爱的一种马上游戏，男女青年也用它来表白爱情。

“姑娘追”多在夏秋季节的草原上举行，届时，周围牧民都骑马前来参观，热闹非凡。活动的方式为未婚男女青年向指定地点骑马慢行。去时，小伙子可大胆地向姑娘求爱，姑娘不能生气，而返程的时候，小伙子必须策马飞奔，姑娘要在后追赶。姑娘若追上可随便鞭打小伙子，如果姑娘对小伙子有情，都会舍不得鞭打，只会在头顶上虚晃，或用鞭子抽打小伙子坐骑的屁股。场面非常有趣。

走遍中国·新疆

THE CIRCLE OF NORTH-XINJIANG
北疆环线地区

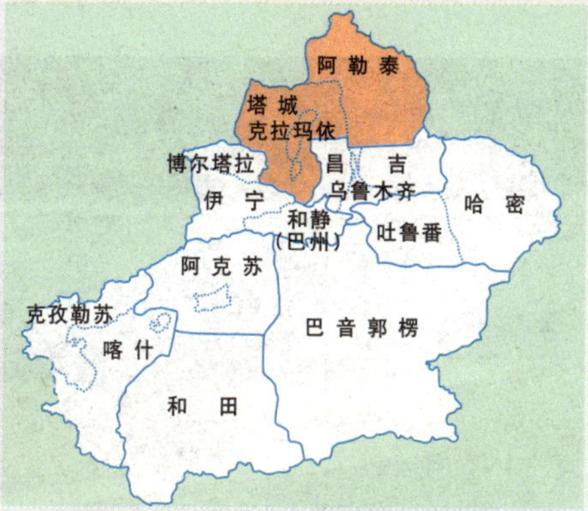
阿 勒 泰
塔 城
克拉玛依
博尔塔拉
昌 吉
乌鲁木齐
哈 密
伊 宁
和静
(巴州)
吐鲁番
阿 克 苏
克孜勒苏
喀 什
巴 音 郭 楞
和 田

走遍中国 · 新疆

THE CIRCLE OF NORTH-XINJIANG
北疆环线地区

北疆环线是囊括北疆精华的经典旅行线路，具体说来，整个线路以乌鲁木齐为起点，沿216国道向北至阿勒泰，再从喀纳斯返回，由217国道南行至克拉玛依，从奎屯沿312国道向东经石河子、玛纳斯、昌吉返回乌鲁木齐。如果时间充裕，北疆准噶尔盆地环线也常常与伊犁组成更大的北疆环线：乌鲁木齐—阜康—东准噶尔—阿勒泰—喀纳斯—乌尔禾—克拉玛依—奎屯—精河—伊宁—新源—那拉提—巩乃斯—巴音布鲁克—乌鲁木齐。本章主要介绍准噶尔环线的景点与相关旅行资讯。

同南疆比起来，准噶尔盆地及周边地区以多彩多姿的自然风光见长，雪山、草原、戈壁荒漠、高原湖泊、原始森林、众多的河流与溪水，让人目不暇接。这里还被称为“史前动植物化石博物馆”。

准噶尔盆地北部的阿勒泰是新疆最北端的地区，阿尔泰山脉的友谊峰西南就是喀纳斯，这个地方所具有的惊世骇俗的美、与世隔绝的神秘征服了所有到过这里的旅行者。

喀纳斯、禾木、白哈巴、岩画石刻、古墓群、魔鬼城都是这一线不能错过的看点。看过了自然风光与历史遗迹之后，有兴趣的人还可以去油城克拉玛依看看。

特别提醒：阿勒泰是新疆最北部的城市，纬度与漠河相近，是中国温度较低的城市之一，年平均气温仅4℃，且昼夜温差大。阿勒泰最佳旅游时间是7、8、9月，10月喀纳斯就封山了。

前世今生

“阿勒泰”在突厥语和蒙古语里都是“金子”的意思。而作为阿勒泰所依托的阿尔泰山，更被史书记载为“金山”。自公元前3世纪，塞种人驰骋于此。之后，匈奴人、鲜卑人、突厥人等先后统治过这里。隋唐时期以阿尔泰山为界，阿勒泰成为东西突厥的交界处。宋辽金时期，阿尔泰山一直隶属于中原王朝。多年来，阿勒泰地区一直是一个以哈萨克民族为主的多民族地区，由于地处偏远，较少受到外来文化的冲击。阿勒泰几乎完整地保存了原始的游牧文化和生产方式。

跟阿勒泰相比，克拉玛依是一个非常年轻的城市。1955年，在克拉玛依，新中国的第一口油井出油。三年后，中国第一个以石油命名的城市——克拉玛依出现在共和国的版图上。经过半个世纪的建设，如今的克拉玛依已经成为拥有30多万人口的城市和中国西部地区最大的石油和石油化工基地。

塔城是塔尔巴合台城的简称，因塔尔巴哈台山而得名。“塔尔巴哈台”是蒙古语，意为“旱獭多的地方”。由此可知，塔城地界定盛产旱獭。秦朝时，塔城地区是呼揭、塞人游牧之地。唐朝统一西域后，塔城先后隶属安西大都护府下的毗陵都护府和北庭都护府。清乾隆二十九年（1764）置塔尔巴哈台，设参赞大臣。清光绪十四年（1888）设置塔城直隶厅。今天，塔城已成为我国连接俄罗斯和中亚各国最便捷、最平坦的陆路口岸。

北疆环线地区旅行交通示意图

旅行与季节

除了萨吾尔山区属山地性寒冷气候外，阿勒泰大部分地区都属于典型的大陆性寒冷气候，气候差异明显，春旱、多风；夏季短，少炎热；秋凉、气爽；冬季漫长、积雪厚。但在浅山丘陵以上至冰川积雪带以下地区则无明显四季之分，只有冷暖两季之别。

克拉玛依属典型大陆性气候，干旱少雨、春秋多风。克拉玛依是全中国有名的风口之一，风大且活动频繁，历年平均风速3.30米/秒，瞬时最大风速达42.2米/秒以上。克拉玛依年平均大风日数71.3天，年平均气温8.1℃。由于克拉玛依的无人活动区降水更为稀少、蒸发能力更大，所以整个克拉玛依市都属干旱区。

塔城属于中温带干旱和半干旱气候区，平原地区气温年变化和日变化大，春季升温不稳定，秋季气温下降迅速，夏季炎热，冬季寒冷。山区与平原地区相比，冬暖夏凉，热量不足，迎风坡降水丰沛，背风坡降水较少。塔城的老风口位于地区西北部是塔城盆地，与外界连通的“咽喉要道”，平均每年有150多天的风力达8级，世界罕见。

喀纳斯月亮湾

焦点

■ 喀纳斯游湖

有“东方瑞士”之称的喀纳斯风景秀美如画。喀纳斯湖的湖水大多来自周边山峰的冰川融水，湖周环布森林。登船游湖，是畅游喀纳斯的最佳方式。只有这样才可以全方位地一览喀纳斯的真容。当然，使喀纳斯名噪一时的还有喀纳斯湖水怪。这就让游湖览景带上了点儿探秘的意味了。

■ 魔鬼城

魔鬼城是新疆又一个在时间与空间作用力共同合作下造就的景观。广袤的戈壁上矗立着形态各异的土丘。人们根据自己的想象，为这些土丘赋予了不同的意义。无论是“飞禽走兽”，还是“碉堡孤城”，都让魔鬼城充满了生趣。坐上景区的观光小火车，穿梭于各个雅丹景观之中，找一找《卧虎藏龙》等各种大片的取景地。也是游览魔鬼城的一大乐趣。

■ 白桦林

秋天的白桦林，一片金黄，不知从什么时候起，已经成为摄影师眼中的绝色。行走在白桦林中，耳边不自觉地就会响起那首脍炙人口的歌曲——《白桦林》，使人不禁想起那些温暖的过往。不知道这是白桦林的力量，还是怀旧情结的引导。

禾木清晨

克拉玛依油田

这纯粹是一处人造景观，也更是一个人造的奇迹。在戈壁深处的一个地方因为石油，在短短的几十年间发展成为拥有30多万人口的城市。到克拉玛依一定要看两样东西。一个是那些如磕头虫般不停工作的钻探机，这是中国人走上现代化发展的基石；另一个便是黑油山，在那里，可以近距离了解一下原油是怎么回事。

行程推荐

北疆环线3日游

必游景点：喀纳斯自然风景区

可以尝试：去图瓦村落，体验少数民族风情；到额尔齐斯河漂流，感受人在画中游的乐趣。

D1 可由乌鲁木齐市乘早班机抵阿勒泰，然后乘车前往喀纳斯自然风景区，依次游览海流滩草原、卧龙湾、月亮湾，午后抵达喀纳斯湖，领略图瓦人特有的民族风情。晚住景区。

D2 早起登观鱼亭远眺喀纳斯湖全景，早餐后还可体验额尔齐斯河漂流，或者乘船游湖。午后乘车前往白哈巴，夜宿白哈巴。

D3 参观界河，午后返回阿勒泰。

北疆环线4日游

必游景点：古尔班通古特沙漠、喀纳斯河谷草原风光、白桦林、喀纳斯湖、观鱼亭、乌尔禾魔鬼城、克拉玛依油田

可以尝试：古尔班通古特沙漠、喀纳斯河谷草原风光、喀纳斯湖、观鱼亭、白桦林、乌尔禾魔鬼城、克拉玛依油田，每一个都是出片子的好地方，且每一个地方拍出来的景色也绝不雷同。值得注意的是，要控制好时间。不要

错过住宿点。

D1 从乌鲁木齐市出发，经古尔班通古特沙漠、火焰山、卡拉麦里有蹄类动物自然保护区、额尔齐斯河河谷风光等景点，住布尔津。

D2 从布尔津出发，游喀纳斯河谷草原风光、白桦林、喀纳斯湖，住在喀纳斯湖。

D3 游览喀纳斯湖区观鱼亭，下午返回布尔津，住布尔津。

D4 前往乌尔禾魔鬼城、克拉玛依油田，最后返回乌鲁木齐市。

■ 北疆环线 6 日游

必游景点：五彩河岸、禾木村、喀纳斯河谷、桦树沟、喀纳斯湖、乌尔禾魔鬼城雅丹风蚀地貌。

可以尝试：禾木骑马、喀纳斯游湖都是这一行不可错过的体验。

D1 从乌鲁木齐出发，途经克拉玛依，晚抵达布尔津，前往五彩河岸拍摄日落景观，住布尔津。

D2 早餐后出发赴禾木村，游览喀纳斯河谷，观赏高山草原、山间野花、布尔津河谷、禾木河木桥，访牧人家、图瓦人家。夜晚住禾木村图瓦人家。

D3 由禾木骑马前往桦树沟，观禾木河图瓦人村落、木屋民居，一路观赏高山花卉、湖泊、草原风光。扎营住宿。

D4 早起继续骑马 15 公里，大约需 7 小时抵达喀纳斯湖。沿途经黑湖、索米因达坂、养鹿场。住喀纳斯湖。

D5 早餐后登观鱼亭观喀纳斯湖全貌、游览湖区，原始桦林午餐后返回布尔津。住布尔津。

D6 早起观额尔齐斯河日出，返回时，顺路游览乌尔禾魔鬼城雅丹风蚀地貌，返乌鲁木齐市。行程结束。

预算

在北疆环线旅行的支出主要是交通费，许多景点都交通不便，比如喀纳斯、禾木、白哈巴、乌尔禾风城等。因此，最好的旅行方式是包车，多人平摊费用。此外，喀纳斯景区门票与食宿费用也不低，平均算下来，一般 5 ~ 7 天自助游的全程花费为 1000 ~ 1500 元。

阿勒泰

桦林公园

【有一片秋天适宜摄影、夏天适宜避暑的桦树林】

桦林公园又名“都统岛”，是一处河滩地带，克兰河将其分割为6个小岛，河水缠绕着桦林，景色十分优美。

20世纪40年代，这一带的桦树林毁于战火，重新种植的树木现已十分繁茂，树龄一般不超过50年。秋天的桦树林一片金黄，适宜摄影。而在夏天，园内的温度要比外界低2℃～3℃，十分适宜避暑。据说“都统岛”这个名字就是因为当年一位都统在这里避暑而得来的。

交通：新疆维吾尔自治区阿勒泰北郊。桦林公园位于阿勒泰市北郊，距离市区只有2.5公里，交通状况良好，从市内乘出租车10元即可到达。

门票：15元

电话：0906-2120093

青河三道海子与石堆墓

【石堆规模在中国乃至世界上都是绝无仅有的】

三道海子由3个湖泊组成，从北至南依次为边海子、中海子、花海子，湖泊周围是草原。三道海子之间坐落着50多个用巨石拼接成的各种图案的石圈。这里距县城公路140公里，海拔2700米，地理位置险要。

石堆墓规模庞大，其组成的图案令人费解。有研究人员把它同神秘的麦田圈联系起来，当地牧民传说，蒙古汗国第三代皇帝贵由汗死于此地，三道海子石堆墓是贵由汗之墓，可谓众说纷纭，但考古人员判断它应该是2500年前塞种人的杰作。

墓体大多由石块堆积而成，石堆高

阿勒泰地区旅行交通示意图

20米，底座直径92米，由石片组成，石片大多长70厘米，宽40厘米，厚度10～20厘米，据计算整个石堆使用的石块超过10万立方米！在巨石堆外围还分布着许多古老的鹿石碑，高约2米，上面刻有各类奇特的动物图案，许多鹿石碑上的鹿头呈鸟喙状。这些鹿石碑有3000～4000年的历史！

交通：位于青河县查干郭勒乡北部，青河县距离乌鲁木齐530公里，从乌鲁木齐北郊长途汽车站乘客车每天18:00发车，次日早上到达，车费68元。再从县城当地租车去石堆墓。

电话：0906-8821679（青河县旅游局）

住宿：青河县城有普通招待所，也有二星级宾馆。爱家酒店：青河县友好南路3号，电话：0906-8830333；青林酒店：团结西路36号附近；电话：0906-8833222

特别提醒：1. 春季一片碧绿，夏季哈萨克牧民成群的牛羊散布其间，这里的日出很美，是摄影的好题材。

2. 6～10月是最佳旅游季节，其余时间都是大雪封山，很难进入。

3. 山上天气变化无常，注意防雨。

富蕴大东沟

【一个蕴藏了76种矿产的“聚宝盆”，有“地质矿产博物馆”之誉】

大东沟是一个高山峡谷，额尔齐斯河在山谷里奔流，河流两岸是茂密的原始森林，这里聚居着哈萨克族牧民。额尔齐斯河是我国唯一一条流入北冰洋的河流。

进入景区最先看到的是“地质三号坑”，这是世界上最大的矿坑，坑内竟有多达76种矿产，可谓“聚宝盆”。

从“地质三号坑”沿额尔齐斯河逆水上行18公里，可看见一块巨型花岗岩石，像一口大钟扣在“额河”南岸。这是大东沟的标志性景观。再往东行约8公里，在方圆几百米内有4个温泉，当地人称其为“季兰德温泉”和“三神泉”，据说4个温泉分别有不同的医疗作用。在温泉的东部还有一个高十多米的瀑布。

交通：从富蕴到可可托海镇有一条新修的柏油马路，全长52公里。可以在富蕴搭乘面的或是桑塔纳直接到景区。车费每人20元。

特别提醒：9～10月大东沟秋色逐渐浓郁，是摄影爱好者最出作品的季节。

可可托海

【世所罕见的“天然矿物陈列馆”】

“可可托海”在蒙古语里意为“蓝色的河湾”，这里是从乌鲁木齐市乘长途车来的旅行者在路上能看到的一处景观。

这里不仅有美丽的湖泊，还是世间罕见的天然矿物陈列馆，举国少有的宝石之乡。可可托海矿已有数十年的开采历史，废弃的矿渣沿喀依尔特河左岸堆放成一座长达数千米的平顶山，幸运的游人也许能在矿渣中捡到宝石。

交通：位于富蕴县城东北48公里的阿尔泰山间，有公路相通。

切木尔切克古墓、石刻、陨石群

【阿尔泰最典型的古代草原文化遗迹】

切木尔切克古墓葬的历史上可追溯到战国时期，下可延伸至突厥时期和唐代，前后延续近千年。因此墓葬的主人可能是北方草原的匈奴、柔然、突厥等

可可托海

民族的人。墓葬有几十座，分单棺葬、双棺葬、石堆墓葬 3 种形式，出土文物有石镞、骨镞、石罐、陶罐、铜罐、铁刀等，并有以人殉葬的现象。

在墓葬附近，去布尔津公路的右侧立着一堆巨石，黑色的岩石已被风化成众多石块。其中有些石块中空，用石头敲击能发出钟声，有专家认为这是陨石。古墓群的建造者将黑色陨石块搬置在墓葬上，并在很多陨石块上进行雕刻。

交通： 位于阿勒泰东北 12 公里的石克尔木齐乡境内，市区有班车途经切木尔切克古墓；如租车来回需要 30 ~ 50 元。

门票： 15 元

特别提醒： 最值得一看的是阳刻男人和阴刻女子头石像，线条古朴生动，表现了古代草原文化的粗犷与古朴。

乌伦古湖

【北疆最大的内陆湖泊，全疆最大的渔业养殖基地】

福海县史上称之为“乞则泐巴什海”，而当地汉族叫它“福海”。乌伦古湖由 4 个相通的湖泊组成，大海子“布伦托海”为咸水湖，东南部为小海子吉力湖，是个淡水湖。

乌伦古湖中鱼类繁多，名贵鱼类多达 20 余种，据说以前曾有人一网打上成吨的鱼。北岸长 10 公里的沙滩修建了浴场。湖边水鸟众多，在银白色沙滩上栖息觅食，傍晚夕阳西下，美不胜收，因此乌伦古湖有“准噶尔明珠”之称。

交通： 位于福海县城西 14 公里处，可从县城乘坐出租车前往。

住宿： 福海县旅游宾馆，福海县人民路 2 号，标间价格是 168 元 / 间。

特别提醒： 到福海县或者在湖边吃鱼一般也是来这里旅行的重要内容。

阿拉善温泉与蝴蝶沟

【17 个各具特色的温泉和数百种色彩缤纷的蝴蝶】

■ 阿拉善温泉

阿拉善，蒙古语就是“温泉”之意，阿拉善温泉位于福海县城北部的阿尔泰山上。这里的温泉海拔在 1400 米左右，有 17 个各具特色的泉眼。比如“血泉”的水殷红如血水；“蛇泉”内常有几条黑色小蛇盘在水中；“银珠泉”则不停地从水底冒出一串串银珠似的水泡；“蛙泉”中有大拇指般大小的青蛙；“心泉”则似心脏跳动，间歇性地有水流出。此外，还有“白泉”、“冷泉”、“乳泉”、“虫泉”、“奶子泉”等。

这里泉水温度在 34℃ ~ 60℃，水

中含丰富的微量元素，对人体健康很有益。含有氡气的氡泉，可治疗风湿性关节炎、神经痛、胃病、皮肤病及外伤引起的腰腿疼。目前，“血泉”和热泉已建成“双泉浴室”，接待旅游者。此外，这一带的自然景色也堪称上佳，红松、云杉、白桦、青杨繁盛茂密。而夏天，草莓与野芍药布满山坡。

蝴蝶沟

【数百种蝴蝶翻飞的沟谷，可见到珍贵的凤蝶】

蝴蝶沟在哈萨克语为“库别里克布拉克”，沟长约60公里，6～9月，常有数百种蝴蝶飞满整个山谷。蝴蝶沟中最多的是山楂粉蝶，最美最珍贵的是凤蝶。此外，常见的蝶种还有珠绢蝶、线蛱蝶、豹纹蛱蝶、云斑粉蝶、白钩蛱蝶、小灰蝶等。

交通： 温泉距离福海县城直线距离140公里，往南约60公里是阿勒泰市。可先前往温泉所在地喀拉玛盖的乡，从乡里租马走一条简易的山路上山到温泉。蝴蝶沟距阿拉善温泉20公里左右。

特别提醒： 山路路况一般，普通轿车可抵达温泉疗养基地。

五彩滩

阿克吐别克五彩滩

【大自然的鬼斧神工造就了这里的奇特景观，是典型的雅丹地貌】

阿克吐别克五彩滩位于窝依莫克乡境内，地处额尔齐斯河北岸的阶地上。高低错落的河岸面积达3平方公里左右。五彩滩由流水侵蚀与风蚀作用共同形成。这里属多风地带，起大风时，会发出很怪异的声音。

河岸边生长着白杨、银白杨、河柳，也有稠李和鞑靼忍冬，森林从远处顺着斜坡向下伸展，风景很美。岸边岩石色泽各异，红色、土红色、浅黄色和浅绿色，五彩斑斓。还有很多花岗石山岩，夹杂着银白色云母，在阳光的照耀下闪闪发光。

交通： 五彩滩东南距布尔津县城24公里，从县城出发有柏油公路直达。可在布尔津县城包车前往。

门票： 72元

特别提醒： 河边有流沙，要小心避开，一般来说沿左岸走比较安全。

喀纳斯

【一个被称为“东方瑞士”的隐秘仙境】

如果你只第一次到新疆，那一定要去喀纳斯。

喀纳斯是我国唯一的古北界欧洲西伯利亚动植物分布区，有色彩纷呈的草甸、无边的原始泰加林、神秘的高山湖

喀纳斯

泊和磅礴的冰川。喀纳斯的美是大自然赋予的，除了多种自然景观之外，这里还有众多珍奇野生动植物：喀纳斯的高等植物有 798 种，属于 83 个科，298 个属；有哺乳类动物 39 种，鸟类 117 种，两栖爬行类 4 种，昆虫 224 种。其中有 5 种国家一级保护动物和 22 种国家二级保护动物。

“喀纳斯”在蒙古语里的意思是“峡谷中的湖”。喀纳斯河在这里蜿蜒流动，水的侵蚀作用形成了一连串曲折的河湾，河两侧郁郁葱葱的森林密布，山峰连绵，秀丽多姿。而组成这天堂之美的重要元素是水，这里的水有多种颜色：淡蓝、深绿、藏青、普蓝、殷红，变幻莫测。水，征服了旅行者挑剔的眼光，也征服了众多的摄影师。

这里生活着古老纯朴、绝无仅有的图瓦人，而哈萨克族牧民们则在草坡上搭建毡房，骑着马穿行在草场上与五彩缤纷的河谷中，带给这自然的奇迹以生气和灵动。喀纳斯真正的诱人之处还在于它有太多的谜。其中最广为人知的是神秘的“湖怪”，它会是一条大鱼吗？还是一种人们从未见过的史前巨兽？至今仍没有答案。

交通： 1. 喀纳斯机场位于喀纳斯景区南缘，距喀纳斯湖约 50 公里，位于布尔津县城西北 74 公里处。川航和南航有乌鲁木齐直飞喀纳斯的航班。

2. 乌鲁木齐至布尔津 620 公里，行程 12 小时，乌鲁木齐碾子沟客运站有发往布尔津的大巴。豪华快客：早 11:15 发车，车票 147 元。卧铺夜班车：晚 20:10 发车，车票 169 元下铺，179 元上铺。

3. 从布尔津到喀纳斯的汽车早上 10 点和下午 3 点各有一班，票价 30 元。如果想坐小车拼车去喀纳斯，票价 80 元。坐小车的好处是在途中风景好的地方可以和司机师傅商量停车拍照。

4. 区内交通：

喀纳斯景区贾登峪售票口至喀纳斯村换乘中心往返车票（全程 72 公里）价格 80 元，游客需二次进入的加收 10 元。乘车地点及时间：贾登峪门票站。旺季 8:00~21:00，其间 5 分钟一趟。夜间有 5 辆值班区间车。途经贾登峪—驼颈湾—花楸谷—白桦林—卧龙

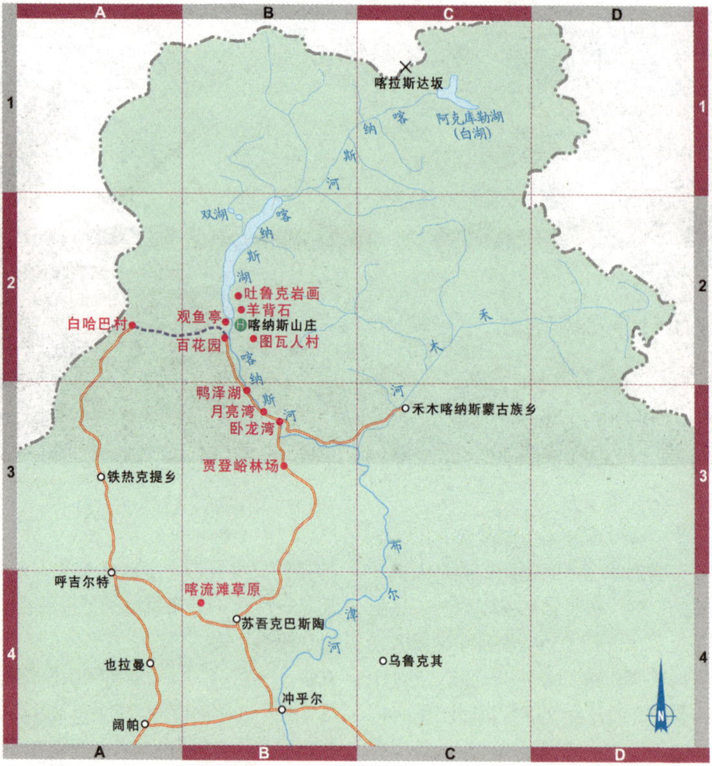

喀纳斯湖地区景区示意图

背包客推荐：自驾车有两条线路

A. 东线：自布尔津县城出发，经连接布尔津—喀纳斯的柏油公路，前一段路毁坏严重，路面净是坑；后一段路新修，平整，便于行车。在出县城 5 公里左右，遇到一个岔路口向右转，行进 100 公里左右，在盘山路上，有一个岔路口（有路牌"距喀纳斯 46 公里"，再走 14 公里就到了贾登屿，这儿有许多小饭店、旅店。从此处再走 4 公里就到了喀纳斯检查站，在喀纳斯检查站查验边防证、买门票（150 元），此时注意：若司机没有月票，你也必须承担司机的门票，10 人以上按团队享受七折优惠。接着经过卧龙湾、月亮湾、鸭泽湖、哈那斯乡。

B. 西线：自布尔津县城出发，经连接布尔津—喀纳斯的柏油、土石公路，在出县城 5 公里左右，遇到一个岔路口直行向西走，去哈巴河县。行进 70 公里左右，不到县城，有一个岔路口向右转，向北进山。行车 1 个多小时到达铁热克边防检查站，再走 1 ~ 2 个小时，到达白哈巴村。从白哈巴村去喀纳斯，9:00 之前过西边的检查站，可省去门票，直接从后山上观鱼亭，可省去租马钱，吉普可上到距观鱼亭一两百米的位置。过西边的检查站向东走 3~5 公里，就到哈那斯乡了；自打东线公路修好了，西线人走得就少了。

湾—月亮湾—圣泉—神仙湾—鸭泽湖—喀纳斯村—喀纳斯湖。景区内共有148辆观光区间车，实行循环发车。观鱼台区间车：单程30元/人。喀纳斯景区至白哈巴单程票：62元/人（周一至周五9:00～14:00、16:00～19:00；周六、日10:00～15:00）

门票：150元，区间车80元，冬季免费。民族风情园篝火晚会40元。马工（包吃住）马匹250元/天，游船200元/人。

特别提醒：1. 喀纳斯的夏季短暂，气温低，平均气温14.2℃。从9月底至次年4、5月封山，7月是气候条件最好的季节，也是游客最多的季节。

2. 晴天的日子较少，降雨多在下午或晚间；空气清新，非常适合夏季避暑。

3. 喀纳斯昼夜温差大，白天要注意防晒，晚上要注意防寒。蚊子较多，需准备花露水等驱蚊药。此外最好带上手电筒或专业灯具，以备晚上去公共厕所时使用。

4. 喀纳斯的食物、蔬菜都要由村民从布尔津县城运来，所以饮食价格非常贵，可在上山之前自备面包、火腿肠、方便面、矿泉水等。

5. 景区内手机信号不稳定，经常无法接通。布尔津和哈巴河通信状况则较好。在喀纳斯湖边的服务区有一公用的卫星电话，收费较贵。

6. 布尔津到喀纳斯的距离有160多公里，5月～10月下雪前有班车，3.5小时可到。此外，还可以在县客运站前租车前往。

7. 到喀纳斯须办理边防证，记住随身带免冠证件照片，每证2元，可由包车司机办理，很方便。

8. 喀纳斯初雪时间在9月20日左右。

喀纳斯湖

【我国最深的高山湖泊，喀纳斯的核心景区】

湖南北长约24公里，东西宽2公里左右，最深处达188米。亿万年前的中亚是一片汪洋大海，古地质板块的剧烈运动，在新疆的最北端隆起了阿尔泰山脉，第四纪冰川之后，经过漫长的冰川刨蚀作用，在阿尔泰山西北部的峡谷形成了一弯月牙形的湖泊，这就是喀纳斯湖。

千米木长堤

喀纳斯湖北端的入水口处，大量倒入水中的枯树由于风力逆流而上聚集到了上游，垒成一条宽100米、长近2000米的堤坝，这是喀纳斯一景—“千米木长堤”，实属罕见。

观鱼亭

在喀纳斯湖边码头乘船到对岸需要5分钟，从西岸到哈拉开特山主峰顶上的观鱼亭的路程有2公里多，这

背包客推荐：喀纳斯住宿

喀纳斯景区的主要旅店集中在喀纳斯村里，费用大多在10～20元/床，基本都没有专门洗漱的地方，通常要到林子里的小溪边去，只有简陋的公共厕所。湖边则价格比较贵。

湖边木屋环湖山庄，标准间358元/间。电话：0906-6326666。蒙古包毡房350元/间，可住10人。远离村子的图瓦人的寨子也可以住宿。喀纳斯山庄，标准双人间和三人间均为280元/间，普通三人间和四人间均为240元/间，是喀纳斯接待条件最好的宾馆，有餐厅、酒吧、舞厅、商场等，电话：0906-6326777。

在布尔津住宿，可选择的有布尔津县旅游宾馆，客房120元/间。此外，布尔津宾馆、电力宾馆和农机宾馆，大多为180元/间。还有一家小白鹿旅馆，是小别墅类型的家庭旅舍，住宿25元/人左右。

里海拔 2050 米，可鸟瞰喀纳斯湖。观鱼亭上只能看到湖区六道湾中的三道湾：半景和下游的鸭泽湖、神仙湾。

■ 卧龙湾

【湖四周森林茂密，繁花似锦，湖中小岛景色秀丽】

当地称卧龙湾为“卡赞湖”，意思是“锅底湖”，因其形状像锅底而得名。卧龙湾位于喀纳斯村南面 10 公里处，从布尔津县城到喀纳斯湖途经这里，在公路上有平台，可以俯视“n”形河曲全景。

背包客推荐：喀纳斯四季水色

喀纳斯湖水在不同的季节会呈现出不同的色彩。5 月，当冰雪消融之后，湖水会呈青灰色，比较幽暗。6 月，湖水随四周山色的变化，呈现或浅绿或碧蓝的色彩。7 月以后是喀纳斯的洪水期，上游白湖的湖水大量补给，湖水会从碧绿色变成微带蓝绿的乳白色。8 月份，受降雨的影响，湖水又会呈现出墨绿色。进入 9、10 月，上游补给减少，周围的山色变得色彩斑斓，一池翡翠色的湖水光彩夺目。

■ 月亮湾

【嵌在喀纳斯河上的一颗明珠】

从卧龙湾沿喀纳斯河北上约 1 公里，峡谷有一个蓝色月牙形湾，那就是月亮湾。它得名于河段形如一弯明月，从高处俯瞰，蓝绿色的河水将连绵不断的白桦林一分为二，非常美丽。更特殊的是，随着光线的变化，河湾的水会出现不同的色彩。月亮湾是喀纳斯的标志景点。

特别提醒：湖区有乘船游湖项目，从码头开始，依次游览六道湾，最后到达千米木长堤，大约需要2小时。

■ 羊背石岩画石刻

【一处由大自然和人类共同创造的景观】

喀纳斯湖东岸的陡崖旁，至今还有长几十米的羊背石，石上布满了“丁”

金秋喀纳斯

字形冰川刮擦的痕迹，是冰川运动造成喀纳斯湖的证据，石上还留有古代游牧民族的岩画、石刻。

双湖

【一处有着原始风貌的景色】

双湖位于喀纳斯湖西岸，从喀纳斯村乘船约 14 公里即可到达。两个狭长的小湖连在一起组成喀纳斯的另一景观：双湖。

双湖长 1200 米，宽度在 300 米左右，呈不规则状，面积 1.4 平方公里。湖四周是阿尔泰山南坡特有的森林带，湖水来自恰其阿依特冰川消融的冰川水和当地降水，汇集而成并最终流入喀纳斯湖。湖中有很多小红鱼，四周原始森林极为茂盛，有野生动物出没其间，景色幽静而原始。

千湖

【由千个湖泊组成的景观】

千湖是一个湖泊群。千湖在哈萨克语里称为“门琼库尔”，意思是一千个坑。湖泊群是由古冰斗、冰窖和粒雪盆等洼地发育而成。其中最大的为阿克库勒湖，呈马头状，面积 1.2 平方公里，平均水深 5 米，海拔 2166 米。其他小湖面积很小，其形状为圆状或长条状，分布高度大多相差无几。千湖西距喀纳斯村 13 公里，有柏油和沙石路面公路相通，从喀纳斯村徒步或骑马也可到达。

背包客推荐：
喀纳斯湖最佳摄影时间

喀纳斯湖一定要上午去，观鱼亭要下午，三湾则下午最适合。看晨雾需日出之前到。早晨适合拍摄神仙湾晨雾和鸭泽湖倒影。神仙湾的晨雾，只要不下雨，每天早上都有。

友谊峰冰川

【我国海拔最低的山谷冰川，阿尔泰山最大的冰川】

友谊峰冰川位于禾木喀纳斯蒙古族乡境内，南距布尔津县城 210 公里，有柏油路面和沙石公路相通至喀纳斯湖畔，另有 66 公里便道可骑马到达冰川。

位于喀纳斯河源区、友谊峰西南坡。友谊峰冰川是我国海拔最低的山谷冰川，也是阿尔泰山最大的冰川。它全长近 10.8 公里，面积 30.13 平方公里，保存完好。冰川末端海拔 2416 米。

阿克库勒湖

【白色的湖水和碧绿的西伯利亚泰加林构成了一道美景】

阿克库勒湖位于喀纳斯湖东北部的友谊峰下，湖呈英文字母“Y”形，长约 6600 米，最宽处 1900 米，面积 8.5 平方公里。海拔 1954 米。

湖水呈乳白色半透明状，其成因是上游冰川中的岩块，经冰川运动的挤压、研磨作用，变成白色粉末混入冰层，冰川融水又把岩石的白色粉末带入河流，进入湖泊，使湖水呈白色。所以“阿克库勒湖”在哈萨克语里意思是“白湖”。登上湖北岸的果戈习盖达坂，能俯瞰阿克库勒湖的全貌。山岭群峰连绵，西伯利亚泰加林一片碧绿，景色难得一见。

交通：从喀纳斯湖至阿克库勒湖约 38 公里，喀纳斯村后有一条便道可通该湖，距离大约 50 公里，游客要去一定要找好向导，道路很难行。

图瓦村

【我国图瓦人的唯一聚居地】

村子位于喀纳斯湖南岸几公里处的河谷地带，是从布尔津县前往喀纳斯湖必经之地。

喀纳斯图瓦村居民自称属于蒙古族。图瓦亦称“土瓦”或“德瓦”、“库库门恰克”，早在隋唐历史上记载为“都播”，元称“图巴”、“秃巴思”、“乌梁海种人”等。目前比较权威的说法是，图瓦人是成吉思汗西征时遗留的部分士卒。而喀纳斯村中年长者则坚持认为，他们的祖先是500年前从西伯利亚迁移而来，属俄罗斯的图瓦族。图瓦人有着独特的生活习惯和语言，图瓦语与哈萨克语很相似，属于阿尔泰语系突厥语族，因此图瓦人都能与哈萨克族人沟通。

图瓦人的传统节日有：蒙古族传统的敖包节，当地的邹鲁节（入冬节），汉族人的春节与正月十五元宵节。“敖包节”是一年当中最大的节庆。他们还保留着古老的部落氏族观念，比如每年举行祭天、祭山、祭湖、祭火等宗教活动，信仰佛教，但萨满教对他们也有较大的影响。图瓦人用原木建造房屋，屋顶为尖顶，游牧时则住在蒙古包里。

晨曦中的禾木分明就是童话故事里的仙境

门票： 30元；禾木村、白哈巴村村落维护费20元。

特别提醒： 1. 图瓦人村5～10月中旬对游人开放。

2. 大多数图瓦村民都不懂汉语。

禾木乡

【喀纳斯村、白哈巴村、禾木乡为仅存的3个图瓦人村落】

禾木乡周围群山绵延，大片的白桦林布满山坡。是我国西部最北端的乡，也是图瓦人集中生活居住地中最大的村庄。禾木乡以蒙古族图瓦人和哈萨克族人为主，现有1800余人，其中蒙古族图瓦人有1400多人，在这里的山地草原上，到处都是木屋和用桦树搭建的牲口圈，这里也是一个著名的摄影胜地。

村边禾木河上一座古朴的木桥，桥面很宽，几乎成为禾木乡的标志性建筑。村边的牛羊经常成群地在河边喝水，村民也同样饮用这里的河水，因为没有任何工业的污染，河水非常清澈。7月，野草莓遍地都是，雨后河边的树林里蘑菇也很多，夹杂其间的是各种盛开的野花。这里的特产有蜂蜜、黄油和各种草药。

禾木乡是摄影的天堂，这里没有喀纳斯熙熙攘攘的人群，禾木河、木屋、吉克普林草原，还有这里的图瓦人、哈萨克族人为摄影爱好者提供了无尽的素材。

交通： 距布尔津170公里，距喀纳斯湖大约70公里。所有外来车辆不得进入禾木乡，必须换乘区间车，区间车票价 180 元（包含门票）。除了乘车进入禾木外，还可以从贾登峪徒步到禾木，徒步距离约 32 公里。这也是一条汽车路，但只有类似 2020 越野车才有可能通行。租马的价格约为 250 元 / 天，马夫兼向导 50 ~ 100 元 / 天。乘车地点及时间：贾登峪停车场。旺季 10:00 ~ 18:00，客满发车。

从布尔津有班车进入禾木，票价 50 ~ 60 元，大车（30 座）10:00 从布尔津开车，16:30 从禾木返回；小车（20 座）10:00 从禾木开车，16:30 从布尔津返回；旺季这个车上背包客多，可以让布尔津小白羊驿站帮助预订座位。包车价格为 800 ~ 1000 元 / 天，司机食宿自理。

门票：60 元。另有村落维护费 20 元。

餐饮：禾木餐饮较贵，基本吃住一体，价格基本是山下的 2 倍。

特别提醒：禾木乡最美的季节是9月中旬到10月中旬。10月就会开始下雪，大雪封山时车辆不通。

■ 徒步禾木

【徒步旅行可以更亲近自然和当地的民族风情】

禾木是贾登峪—喀纳斯徒步的中点，绝大多数徒步者从贾登峪花费 1 天（骑马）或者 2 天（徒步）的时间到达禾木，途中可以投宿在喀纳斯河—禾木河三角洲，那里有营业的毡房。在禾木或者住一晚上，或者住两天，然后从这里到达喀纳斯。骑马或者徒步需要两天，一匹马 250 元 / 天，马夫劳务费 50~100 元 / 天，同时马夫使用的马也需要付钱，每 4 ~ 5 匹马得配备一名马夫。也可以找马夫租马。禾木有一个官方的马队，可以骑马在村里转转，或者去美丽峰——禾木旁边的一座山峰。

以禾木为中心，还可以向东进入吉克普林草原，向北溯禾木河而上，实施禾木附近的环形穿越。

白哈巴村

【因地处我国版图的最西北端而得名“西北第一村”】

这里也是一处图瓦人聚居地，在这里不仅可以充分感受图瓦人的独特民风民俗，也可以拍一些非常漂亮的照片，尤其是这里的秋色，是摄影爱好者们公认的经典题材。

白哈巴村地处距哈巴河县城 117 公里的铁热克提乡境内，距离喀纳斯湖

背包客推荐：禾木住宿

禾木的小旅店多是外地人开的，标间价格淡季旺季不等，100 ~ 300 元 / 间。

小羊军团禾合驿

在卫生院旁边，附带一个小酒吧，老板是来自乌鲁木齐的驴友，是驴友们比较喜欢的一家客栈，这里还可以转录民歌和刻盘，也是信息集散地。

电话：13699944375

桦林之家

是禾木唯一的临近河边的木屋，这里还有禾木唯一的一处木屋桑拿房。

电话：13565176790

禾木阿哈国际青年旅舍

旅舍依山傍水，白桦林环绕，交通便利，与禾木最佳观景平台仅一河之隔。标准间 360 元 / 间。

地址：位于禾木喀纳斯蒙古族自治乡

电话：13918754317

31公里，北面33公里处是那仁草原，南距铁热克提乡38公里。地处边境地带，西距哈萨克斯坦仅1500米，在边界立有界碑，可以租马过去。

白哈巴国家级森林公园的森林覆盖率为70％，新疆针叶松、山杨、云杉、冷杉、白桦茂密而繁盛，是我国寒温带草原区植物种类最多的地区。真菌种类也很丰富，据初步调查有真菌99种，其中食用菌50种，有冬虫夏草、平盖灵芝、花杉灵芝等经济价值很高的种类。这里还是野生动物的天堂，有兽类39种，两栖爬行类4种，鸟类177种，其中27种为国家级保护动物。

白哈巴村的居民是图瓦人和哈萨克族人，他们世代生活在这里，山林间穿着蒙古长袍、腰系彩色缎带的图瓦人骑在马背上，看着绿色原野与自己的牛羊，无忧无虑地生活，这也许是田园生活最经典的画面吧。

交通：白哈巴村与哈巴河县城相距115公里，班车价格约20元。白哈巴村距离喀纳斯大约2个小时的路程。租当地的越野车前往，视车型、季节不同，价钱也不等。

门票：60元

住宿：住宿的地方很多，条件较好的有白哈巴国家级森林公园别墅，价格150～200元/间。此外哈巴河县有家山区林场碧树春宾馆，电话：0906-6394027。

餐饮：这里的餐饮价格也比较贵。

特别提醒：1. 在从喀纳斯去白哈巴的路上设有“东西列克管护站”，通过需办理边境通行证（在哈巴和喀纳斯都能办理），需要登记身份证。

2. 白哈巴即使夏季早晚也比较凉，因此需要带厚一些的保暖衣物。

白哈巴

克拉玛依

乌尔禾魔鬼城

【间歇洪流冲刷和强劲风力吹蚀共同创造的雅丹地貌，有“魔鬼城”之称】

雅丹，维吾尔语的意思是“险峻的土丘”。沙漠戈壁中因风的剥蚀作用而形成如海市蜃楼一般但现实存在的奇异景观。

乌尔禾魔鬼城方圆有十几公里，魔鬼城的整个区域都是典型的雅丹地貌，是间歇洪流冲刷和强劲风力吹蚀共同作用形成的。在广袤的荒原戈壁上有形态迥异的土丘，远看宛若一座古城，近看这些土丘有的像野兽、有的像飞禽，形态万千，令人目不暇接。这里不仅是摄影家经常光顾的地方，很多剧组也选择这里作为外景地，比如获奥斯卡大奖的影片《卧虎藏龙》中的戈壁镜头。

时间： 8:00 ～ 17:00

交通： 位于准噶尔盆地西部边缘，217 国道从近旁通过，西南距克拉玛依市约 100 公里。在乌鲁木齐北郊客运站坐车，3 个小时左右即可到达克拉玛依，票价为 30 ～ 54 元。克拉玛依市有长途车到达乌尔禾乡，继续乘坐出租车大约需要 10 元。

门票： 30 元

特别提醒： 如果露营注意防寒保暖，以及携带足够的燃料、水、食品，营地一定要安排在车辆附近。

乌尔禾魔鬼城

黑油山

【新疆克拉玛依油田的摇篮】

在克拉玛依东北部不远处有个地下油苗露头的地方，地下石油从岩石裂隙不断向地表渗出，石油中轻质部分挥发，剩下稠液同沙石凝结堆成此山。最大的一个竟有 13 米，面积达 0.2 平方公里。“克拉玛依”维吾尔语意为“黑油”，由此，这个天然石油沥青丘得名黑油山。

最早的炼油工人是解放前一位叫塞里木巴依的维吾尔族老人，他在这里捞取原油，骑着毛驴把这些油带到乌苏来换取生活用品。

现在黑油山竖立了石雕纪念碑和一尊维吾尔族老人骑着毛驴弹奏热瓦普的塑像，这位维吾尔族老人就是塞里木巴依——最早发现这里的原油，并提炼后出售的人。

时间： 8:00 ～ 17:00

交通： 克拉玛依没有通往黑油山的班车，从市内乘出租车前往，车费为 10 ～ 15 元。黑油山交通：市区有到达黑油山景区的旅游专线。

门票： 40 元

特别提醒： 盛夏的黑油山容易粘住人的鞋子，所以参观黑油山不宜穿高跟鞋。

塔城

塔城伟人山

【因酷似伟人卧像而得名】

塔城伟人山原名巴克图山，位于哈萨克斯坦共和国与我国交界的巴克图口岸附近，平均海拔585米。从塔城远眺，塔城伟人山酷似毛泽东主席的卧像，头西南，脚东北，每天夕阳西下的时候，其剪影形象更为逼真，甚至似能看到类似下颌的痣。

在塔城很多地方都可以观看塔城伟人山，最好的位置是垂钓公园的毛公亭。“但凡天空晴朗，登毛公亭，放眼向西，可见伟人静静仰卧在山脊，头南脚北，高高的鼻梁，饱满的前额，紧闭的双唇，以及下颌的痣、衣服上的纽扣，还有头下的枕头都清晰可见，神态慈祥，栩栩如生。”

交通：位于塔城市区西北角处，柏油路面，塔城市内多路公交车可达公园。

门票：免费

小白杨哨所

【因一首《小白杨》而享誉大江南北的景观】

著名歌唱家阎维文演唱的一首《小白杨》在20世纪80年代红遍全国。歌词的第一句“一棵呀小白杨，长在哨所旁，根儿深，干儿壮，守望着北疆”让这个位于西北边陲新疆塔城塔斯提河南

塔城地区与克拉玛依地区旅行交通示意图

岸的边防哨所广为人知。

小白杨哨所就位于塔斯提风景区内巴尔鲁克山中，塔斯提河由东向西穿越其中。塔斯提一名由来已久，系哈萨克语，意为“河床内多卵石”。河谷两岸山势陡峭，树木茂盛，是优良的夏牧场，每年有大批的牧民在此放牧。

交通：位于裕民县境内，距县城约 40 公里，有简易公路可直达。

背包客收藏：塔城的历史

历史上，塔城与阿勒泰一带是游牧民族活动的舞台，也是西域边塞征战的重地。匈奴、蒙古、中原持续争夺这块富饶的地区，从唐代诗人岑参的诗句“金山西见烟尘飞，汉家大将西出师”可品味出那个时代战争的味道。而塔城的得名也跟战争有关，这一次是元代蒙古西征，大将伯颜带兵到这里，粮草短缺，后发现这里有很多旱獭，于是士兵大量捕捉旱獭，不仅补充了食物还将旱獭的皮毛出售，渡过了难关。塔城的蒙古名是“塔尔巴哈台城”，其中塔尔巴哈原来是“塔尔八合”，就是“旱獭”的意思。

这一地区民族众多：汉族、维吾尔族、哈萨克族、回族、蒙古族、柯尔克孜族、锡伯族、塔吉克族、乌孜别克族、满族、达斡尔族、塔塔尔族、俄罗斯族等民族共居此地，其语言、宗教信仰和民风民俗多姿多彩。

实用资讯

交通

北疆环准噶尔盆地的旅行以公路为主，其中阿勒泰与塔城、克拉玛依都有航班往返于乌鲁木齐，但时间充裕的旅行者大多选择公路包车旅行。这一环线公路交通网由216、217国道与若干省道构成主干，但路途遥远，路况在某些地段较差，冬季的冰雪与夏季的泥石流对公路影响较大，在去之前应提前打探路况。

阿勒泰

航空

阿勒泰机场位于阿勒泰市西南方，距市中心10公里，乘坐出租车进入市内大约花费20元。主要为阿勒泰至乌鲁木齐航线业务，并可通过乌鲁木齐国际机场中转至全国、全疆各地。目前，乌鲁木齐至阿勒泰每天有数个航班，航程1小时，旅游旺季更会增加航班。

民航售票处

地址：位于阿勒泰市中心繁华地带新华书店旁

售票电话：0906-2128686

机场问询电话：0906-2826116

公路

途经阿勒泰地区的道路交通网主要有：216国道：阿勒泰市—乌鲁木齐市—和静县巴伦台镇，全长865公里；217国道：阿勒泰市—布尔津县—乌尔禾镇—克拉玛依市—奎屯市—尼勒克县—和静县巴音布鲁克镇—库车县，全长1090公里；227省道，布尔津县—哈巴河县，全长58公里；228省道：木垒县土园仓—奇台县将军戈壁—青河县萨尔托海牧场—青河县，全长356公里；318省道：北屯市—福海县—和布克赛尔县—额敏县，全长410公里；319省道：北屯市—布尔津县—吉木乃县，全长196公里；320省道：青河县塔克什肯口岸—青河县阿热勒托别乡—富蕴县，全长139公里。区内旅行基本需要包车。

从乌鲁木齐至阿勒泰地区670公里道路会经过荒漠、戈壁、草原等环境，路途遥远，乘坐班车车程超过15小时。恶劣气候情况下道路会受到冰雪、泥石流的影响，在去之前应提前打探路况。出发前请带上食物、水以及保暖衣物等必备物资。

阿勒泰地区长途汽车站：有开往乌鲁木齐市、奎屯、伊宁市、克拉玛依市、石河子市、布尔津县、吉木乃县、富蕴县、青河县、福海县、北屯等地的客运班车。其中开往乌鲁木齐每天有8班，都在下午；开往布尔津、克拉玛依等地班车车次较多，比较便利。

阿勒泰长途客运站

地址：位于团结路16号

电话：0906-2312724

特别提醒：从乌鲁木齐包车前往阿勒泰（乌鲁木齐市—五彩城—阿勒泰），普通桑塔纳单程1000元左右，越野车为1400元左右。

区内交通

在阿勒泰市区内交通很便利，花费较低。除了出租车外，此外还有一些小摩托也很便宜，整个市区不大，很多地方也可步行前往。但景点之间往返通常需要包车，常见的车型是金杯、昌河面包车或吉普车。

喀纳斯

克拉玛依

航空

克拉玛依机场距离市中心的直线距离为13公里，主要运营至乌鲁木齐、库尔勒等疆内航线。

公路

克拉玛依的主要公路网由2条国道公路、3条省道公路和100多条油田专用公路组成。乌伊公路（乌鲁木齐—伊犁）横跨独山子地区；阿独公路（阿勒泰—独山子）纵贯克拉玛依全境；独库公路（独山子—库车）穿越天山通往南疆各地；岔巴公路（塔城岔道口—巴克图）向西通往塔城及其边贸口岸巴克图。

克拉玛依市客运站：有发往乌鲁木齐、阿勒泰、石河子、奎屯、乌尔禾、哈巴河的班车。其中发往乌鲁木齐的班车每小时一班，半卧铺票价为30元，卧铺票价为54元，桑塔纳60～80元/人，非常方便。

地址： 位于友谊路131号

电话： 0990-6231542、6222489

区内交通

克拉玛依市区多条公交线路基本覆盖了市区，出行便利。市区还有出租车运营，乘出租车起步价为10元。

塔城

航空

塔城机场位于塔城市东，距市中心约28公里。南航新疆公司运营乌鲁木齐—塔城的航班。

电话： 0901-6270606

公路

塔城距离乌鲁木齐市637公里，由省级公路相连。塔城长途汽车客运站：有开往乌鲁木齐、石河子、沙湾、乌苏、奎屯、伊宁、阿勒泰、和布克赛尔、克拉玛依、铁厂沟、托里、额敏等地的长途汽车。开往乌鲁木齐的班车每天一班。从乌鲁木齐碾子沟长途车站可直接坐车抵达塔城，一般是9:00～12:00和18:20～20:20开，一共9班。或者在乌鲁木齐碾子沟长途车站乘车到奎屯，再从奎屯长途车站坐车去塔城。

禾木

地址： 位于塔城市客运中心

电话： 0901-6239671

区内交通

塔城城区不大，市内有公交线路两条，基本可通达全市。此外，市内出租车也很多。

住宿

阿勒泰

阿勒泰金桥大酒店

涉外旅游酒店，博物馆对面。

地址： 位于文化路 2 号

电话： 0906-2127588

阿勒泰地区旅游宾馆

标准间 248 元 / 间。

地址： 位于公园路 205 号

电话： 0906-2123804（前台）

小白鹿家庭旅馆

俄罗斯风格，主人是俄罗斯族，房间是地下室，但有洗澡间和卫生间。早饭 10 元 / 人，四种味道的俄罗斯水果酱都很好吃。地下一楼三人间 120 元，双人间 80 元。

地址： 位于布尔津胜利路 67 号

电话： 0906-6522688、13070333958

富蕴县旅游宾馆

地址： 位于富蕴县迎宾路

电话： 0906-8722583

富蕴县林海宾馆

地址： 位于团结南路

电话： 0906-8723904

塔城

塔城宾馆

是塔城地区旅游涉外定点饭店，坐落在市区中心，交通便利。房间内卫生设施齐全；有中、西餐厅，提供长途电话、出租车辆服务。

地址： 位于额敏县友好街 16 号

电话： 0901-6222093

塔城旅游宾馆

涉外宾馆，有各类客房、餐厅、咖啡厅、酒吧间，小卖部昼夜服务。标准间 120 元 / 天。

地址： 位于光明路 33 号

电话： 0901-6262666

克拉玛依

金新宾馆

标准间约 178 元 / 间。

地址： 位于克拉玛依天山路 38 号

电话： 0990-6988888、6881120

桃李园大酒店

标准间价格 280 元 / 天。

地址： 位于大庆东路 28 号

电话： 0992－3871973

独山子宾馆

据说这里的拌面是独山子最好吃的。

地址： 位于喀什路 1 号

电话： 0992－3867456

餐饮

阿勒泰

阿魏蘑菇

是阿勒泰地区的特产，可以治疗关节炎、风湿等疾病，是一种名贵药材。每年春天在阿魏根部生长的白色蘑菇就叫阿魏蘑菇。阿魏蘑菇炖咸水湖鱼是阿勒泰最好的特色菜，可品尝一番。

萨吾尔干锅焖羊腿

萨吾尔山天然牧场的吉木乃羊肉质鲜嫩，萨吾尔干锅焖羊腿采用吉木乃羔羊前腿，配以土豆、胡萝卜等配料上炉焖制，口感鲜香、肥而不腻，是少有的美味。吉木乃旅游宾馆的餐厅有这道菜，费用为 50 元 / 份。

罐罐面

喀纳斯布尔津的罐罐面是当地颇具民族特色的一道风味小吃。其做法是传统加工的手擀面配时令蔬菜，再将用特殊配料熬制的羊肉汤浇在罐里，味道极为鲜美。

额河烤鱼

喀纳斯地区最好吃的烧烤品种，以“大红鱼”、“狗鱼”、“五道黑”、“花翅子”为主料，佐以盐、孜然、辣椒面、食用油、烤肉、烤馕烤制而成。吃烤鱼的时候再来上一瓶当地土产“俄罗斯太太”啤酒，更是绝配。

克拉玛依

克拉玛依汉族餐馆很多，街上不难找到。民族风味小吃集中在城东天山路博达市场内，有几家不错的拌面馆。塔河路上的夜市不错，有名的是小陶椒麻鸡、眼镜虾王的炒虾、黄胖子抓饭、黄面。

金泉椒麻鸡总店

特色菜为椒麻鸡、大盘系列。

地址： 位于幸福路 2 号

弯弯特色丸子汤

特色菜为大骨头、牛排骨、牛羊肉烧烤。

地址： 位于幸福路美食一条街

昌吉爆炒小公鸡

特色菜为昌吉爆炒小公鸡、金椒炝锅鱼、凉羊肉、椒麻鸡、锅仔撒尿牛丸等。

地址： 位于幸福路美食一条街

绿色家乡

特色菜为风干牛肉、羊肉、熏马肉、马肠、红烧炒鹅、火鸡、土鸡，这里重点推荐马肠和熏肉，其特点为油而不腻、回味悠长。

地址： 位于幸福路美食一条街

老掌柜盆盆肉菜馆

特色菜为老鸭汤、羊肉焖饼、滚汤鱼等。

地址： 位于幸福路美食一条街

THE WEST LINE OF NORTH-XINJIANG
北疆西线地区

巴州和静县

THE WEST LINE OF NORTH-XINJIANG
北疆西线地区

312国道从乌鲁木齐一直向西延伸，经过北疆交通重镇奎屯一直进入博尔塔拉蒙古自治州，过了赛里木湖的松树头，开始进入果子沟，也就进入了伊犁哈萨克自治州。继续沿312国道西行仅几十公里就是中哈边境口岸霍尔果斯；而218国道则横穿伊犁地区，并和312国道交会于伊宁以西的清水河镇。218国道向东一直可抵达南疆重镇库尔勒；217国道则呈南北走向，分别与312、218国道交会于奎屯市和那拉提镇以东不远的地方。三条国道好像一个头朝西的锐角三角形，把伊犁与博尔塔拉最美的地方连在了一起。

正所谓“南疆看风情，北疆看风景”，很多的旅行者把北疆简单地认为是大喀纳斯景区，但在博尔塔拉、伊犁地区也有着无与伦比的景色，北疆西线还包括巴音郭楞的和静县，巴音郭楞对于普通的旅行者来说，从时间、体力和相应的经费来说，都是一处很难到达的地区，但和静县因紧邻伊犁，其巴音布鲁克草原又是北疆必到的景点之一，因此旅行中通常将其纳入伊犁一线的旅行中。意为“青色的草原”的博尔塔拉蒙古自治州是“丝绸之路”新北道的枢纽地段；在伊犁河流域，有众多的森林与牧场，从塞种人到月氏人、乌孙人、突厥人等都曾在这里生活。草原土墩墓、伊犁岩画与粗犷的草原石人，堪称伊犁草原上的“三大文物奇观”。这些不仅给我们留下了诸多可供观赏的历史遗迹，也造就了现今这里丰富多元的民俗文化特征。

前世今生

博尔塔拉是新疆有名的蒙古族自治州。古有“西来之异境，世外之灵壤”（清代诗人洪亮吉语）之美誉。博尔塔拉悠久的历史可上溯到2000多年前的春秋战国时期，博尔塔拉曾为塞种、游月氏、匈奴、乌孙的游牧地。公元前60年，匈奴归降大汉，西汉政府设“西域都护府”，博尔塔拉就是其辖区。到了唐代，博尔塔拉才以“双河”的名字载入史册。1124年前后，汉人随契丹人西迁进入博尔塔拉。明万历十五年（1587），瓦剌人进入博尔塔拉游牧。1763~1764年，清政府分两次从张家口征调察哈尔蒙古族官兵西迁戍边，其中1800名携眷移驻博尔塔拉、哈布塔海和赛里木湖一带。1954年7月13日博尔塔拉蒙古自治州成立。

自古，伊犁就是新疆的重镇。在伊犁河谷，考古学家们发现了新石器时代人类活动遗址。伊犁是草原文化的发祥地之一。在这里，最早出现的民族是塞种人，国外文献中称萨迦或斯基泰人。汉代时，伊犁以“伊列”之名载入《汉书》。但伊犁之名是清代才正式确定下来的，取《唐书》“伊丽水”而命之。在古代，伊犁的区域包括了伊犁河流域以及巴尔喀什湖以南的广大地区，统称为伊犁盆地。

巴州和静县位于新疆中部，巴音郭楞蒙古自治州西北地区，焉耆盆地西北部。考古显示，早在5000年前，和静县境内就有了人类活动。代表早期铁器时代文化的察吾呼文化，是这一时代最早的考古发现。战国两汉时期，和静县主要属于焉耆国或危须国。西汉统一西域后，和静归属汉西域都护俯统辖下的焉耆国。但山间草原地带则在汉之

北疆西线地区旅行交通示意图

赛里木湖

后相续为乌孙、柔然、西突厥等游牧民族的领牧地。18世纪中叶，蒙古族土尔扈特部在渥巴锡的率领下，从伏尔加河下游回归祖国。这段便是后来著名的“东归英雄传”。后来清政府颁发敕书，赐银币并将土尔扈特部安置在和静地区。

旅行与季节

博尔塔拉位于准噶尔盆地的西缘，属于大陆性温带气候。春季气温冷暖多变；夏季气候炎热；秋季晴朗少雨；冬季寒冷漫长。气温的年、月、日变化幅度都很大。降水量各季分布不均，差值较大，主要集中在夏季，春季次之。除阿拉山口地区大风日数高达148天外，其余地区大风日数相对较少，且主要集中在夏季。博河河谷中游地区的西部和南部山区的赛里木湖及北部山区的哈拉图鲁克是夏季冰雹的活动区。

在远离海洋，以及群山环抱的情况下，伊犁地区具有典型的干旱气候特征，属寒温带半干旱的大陆性气候。又由于地域辽阔，地形复杂，各个地区又形成了不同的小气候特征。总体而言，伊犁夏短冬长；春季升温快且不稳定；秋季降温迅速。春季会长于秋季将近30天。伊犁地区年平均气温为8℃~9℃，即气温随地势的增高而渐低。

和静县境内多山、多河，水源丰沛。和静县气候属中温带大陆性气候。光能资源丰富，年太阳总辐射5629~6562兆焦耳/平方米，远远多于同纬度的华北地区。

焦点

去赛里木湖环湖

被称为“大西洋的最后一滴眼泪”的赛里木湖是准噶尔盆地西缘最为亮丽的一道风景线。近处的云杉、白色的羊群、远处雪山在如蓝宝石般的湖水中，投射出自己的身影，为平静的湖水平添了许多生趣。难怪诗人艾青曾留下“你宝石蓝的湖水/一见便教人

薰衣草收获时节

心神荡……”的诗句。沿湖行走，精灵般的湖水激荡着坠满尘埃的心灵，使其变得更加的清明。

■ 伊犁看薰衣草

每年六月在伊犁河谷就会开满大片大片的薰衣草。这时，浪漫气息就犹如电波一样，一圈圈地随风扩散开来。如果你对紫色有着情难自已的情结；如果你对浪漫有着情不自禁的追求，一定要在夏季到伊犁去看薰衣草。伊犁的薰衣草基地，与法国普罗旺斯、日本北海道、俄罗斯高加索地区一起成为世界薰衣草的四大产区。每逢薰衣草收割的季节，这里的热闹景象绝不逊于普罗旺斯。

■ 天鹅湖去看鸟

天鹅湖是开都河在穿行盆地时，无意间形成的一片水域。任谁也没有想到的是，这里竟成了巴音布鲁克草原上最为知名的鸟类天堂。单在这里栖息的鸟类就有128种之多，其中还包括中国最大的野生天鹅的种群。为了便于游人看鸟，且不影响鸟类的生活，保护区特意修建了两个观鸟台。同时，游人也可以在观鸟台上欣赏开都河源头“九曲十八弯”的写意景色。

■ 在巴音布鲁克信马由缰

巴音布鲁克草原是天山南路最肥美的夏季牧场，也是中国的第二大草原。广袤无垠的草原上有63座山峰、74个达坂矗立其间。不仅成为巴音布鲁克草原最为独特的景观，也为游人留下了视觉上的遐想。除此之外，远山的雪线、移动的羊群、满山的野花、游弋的云彩，无一不时时装点着这美丽的草原。在如此美景之中，信马由缰一番，不可不说是人生的一大乐事。

行程推荐

■ 北疆西线5日游

必游景点： 巴音布鲁克草原、天鹅湖、回族大寺、伊犁河观日落、薰衣草基地、果子沟日出、喀纳斯

可以尝试： 伊犁河观日落、巴音布鲁克草原观鸟、薰衣草基地体验芳香疗法

D1 上午从乌鲁木齐市出发驱车前往我国第二大草原——巴音布鲁克，在天鹅湖畔看优雅的白天鹅，骑马前往九曲十八弯观看日落。建议住帐篷。

D2 从巴音布鲁克出发前往那拉提草原，这是一片优质的草原牧场。宿新源县。

D3 前往伊宁，城中的回族大寺是主要的看点，晚上到伊犁河观日落。宿伊宁。

D4 上午到薰衣草基地（如果赶在薰衣草收割季节，景色堪比普罗旺斯），下午前往赛里木湖，沿途美景不断。宿果子沟。

D5 早起可拍果子沟日出，游霍尔果斯口岸。可继续北行，到喀纳斯；或返回乌鲁木齐市。

特别提醒： 是一个包车的行程，沿途美景不断，可以随时停车拍照。注意做好防晒、保湿工作；早晚温差很大，最好带上长袖外衣和长裤。

■北疆西线 8 日游

必游景点： 赛里木湖、巴音布鲁克、天鹅湖、薰衣草基地

可以尝试： 薰衣草基地赏花、巴音布鲁克草原策马

D1 从乌鲁木齐市出发，走乌伊公路往伊宁。途经赛里木湖，宿果子沟。

D2 早起在果子沟拍日出，游霍尔果斯口岸，沿途观赏大片薰衣草。以伊犁河谷农四师的 65 团场薰衣草种植基地为主要游览点，晚宿伊宁，可到伊犁河二桥观日落。

D3 从伊宁出发，经察布查尔，昭苏草原，宿特克斯。

D4 特克斯的八卦城保留得很完整，像一个巨大的八卦阵，十分值得游览，然后前往巩留。宿巩留。

D5 早起，从巩留出发，至新源，目的地是唐布拉草原和那拉提草原。唐布拉草原和那拉提草原选一处即可，多数人选择那拉提草原。宿那拉提草原。

D6 那拉提草原面积很大，建议停留一天时间，宿新源县。

D7 从新源出发，到巴音镇，游九曲十八弯、天鹅湖，这些都属巴音布鲁克大草原景区的精华景点。宿新源。

D8 早起返程，中途经和静县，游晒经岛、那拉提草原，返回乌鲁木齐市。

特别提醒： 1. 这一路沿途都是风景，草原风光容易审美疲劳，所以一定提前做功课，增加一些沿途的人文景点。

2. 哈萨克族是这一线中最主要的少数民族，所以，可以把时间安排在哈萨克族的节日期间。如果此行程中加入观薰衣草花海的内容，建议安排在6月下旬，或提前咨询薰衣草的收割时间，否则错过收割期会很遗憾。

预算

北疆包括北疆西线和北疆环线两大部分，之间也有公路相通，所以，如果时间较紧张，建议以北疆环线的行程为主；如果有充裕的时间，以 12 天至 15 天游览为宜，建议从乌鲁木齐市出发，走西线，最后到达喀纳斯，北疆的自然风光都包括其中。

这一线路的主要花费集中在交通费用上，虽然县市之间都有长途汽车相通，但出于节约时间和欣赏沿途风景的需要，建议以包车为主。除去包车的费用，吃、住的费用相对较低，但门票费用略有上涨。以 100 ~ 250 元 / 天计，7 天行程的花费为 700 ~ 1750 元。

博尔塔拉

赛里木湖

【新疆面积最大的高山湖泊，也是博尔塔拉最有名的景点】

赛里木湖在蒙古语里叫“赛里木淖尔”，意为“山脊梁上的湖”，当地人称之为“三台海子”。这里是大西洋暖湿气流最远到达的地方，因此又被称为“大西洋的最后一滴眼泪”。

赛里木湖是一个高山盆地，湖面海拔2073米，面积达457平方公里，最深处可达86米，整个湖面呈椭圆形。初到湖边，如果不是看到远处绵延的雪山，还真会以为它是茫茫的大海。这里的黄昏最美，灰褐色的湖水泛着金黄的落日余晖，山的剪影分外美丽。赛里木湖即使盛夏时，湖面气温也只有16℃左右。每年气候转暖，便常有天鹅、斑头雁、白眉鸭等飞禽来此栖息。湖周围是风光旖旎的山地森林和湖滨草原，毡房星星点点地散布其上，马嘶羊咩，风景如画。

交通：位于新疆博乐市西南约90公里处，除了包车外，从伊宁和博乐都有专线旅游车直达。312国道从赛里木湖东岸经过，两处较大的村镇为北面的三台和南面的松树头。每天都有来往伊宁和博乐方向的班车路过，如果不包车的话可以搭班车到上述两个地方下车，游玩结束再搭班车离开。

门票：70元。

住宿：赛里木湖草原宾馆条件较好，标准间200元/间，湖畔有毡房也可以住宿，20～30元/床。但毡房条件简陋，夜间寒冷，最好自备睡袋。

赛里木湖

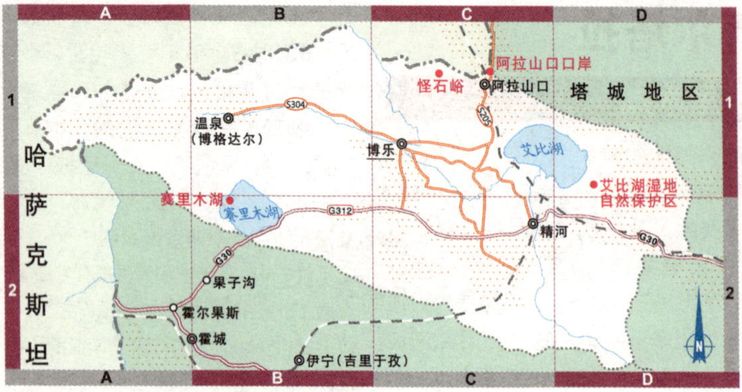

博尔塔拉地区旅行交通示意图

特别提醒： 1. 7月底、8月初有赛里木湖那达慕大会，届时，当地的蒙古族和哈萨克族牧民在这里搭起帐篷，举行各种庆祝活动，热闹非凡。

2. 湖区温度较低，即使夏季也应带上足够的衣物。

3. 赛里木湖与果子沟在距离上相差不远，但果子沟的住宿条件要比赛里木湖好些。

怪石峪

【我国西北最大的风蚀石现象群落之一】

怪石峪紧邻阿拉山口口岸，又与艾比湖相邻，当地蒙古族人称怪石峪为“哈布图哈沟”，意为“平坦之沟”，而哈萨克族人称之为“阔依塔什”，意思是“羊一样的岩石”。

这里岩石裸露，怪石嶙峋，岩石上密布着大大小小浑圆的孔洞，是一种“风蚀石”。整个风景区东西延伸18公里，南北宽约13公里，最宽处达22公里，整个山沟里有十多条南北和东西走向的山泉溪流，而最好看、最奇特的巨石大多都集中在一条东西走向的溪流两侧。从怪石峪入口处，可以看到怪石山下一条东西流向的小溪，此时可沿公路逆流而上，沿途可看到大自然鬼斧神工造就的奇石。

交通： 位于博乐市东北48公里处，在博乐市南角客运站有到怪石峪的客车，每40分钟一班，票价8元，行程1个小时20分钟。

门票： 50元

特别提醒： 怪石峪地形复杂，如果要爬上怪石山，须注意上山的路上很多风蚀形成的坑洞。一般从伊宁来游览当日可返回。如从怪石峪回博乐，途中会经过艾比湖，可顺便去看看这个准噶尔盆地的“盆底”。

艾比湖湿地自然保护区

【新疆第二大咸水湖、最大的野生白梭梭自然保护区】

沿乌伊公路前往准噶尔盆地的西部，你会看到古尔班通古特沙漠层层叠叠绵延不绝的沙丘，然而在沙丘的腹地却藏着准噶尔盆地最大的湖泊——艾比湖。

艾比，蒙古语意思为“向着太阳”。因为是咸水湖，人们又俗称其为“盐湖”，湖边到处是盐碱，褐色的盐碱壳覆盖着地表。艾比湖湖面受融雪和降水影响很大，干旱和水量充沛时面积可相差一倍。湖的东面是全国最大的野生白梭梭自然保护区——甘家湖白梭梭自然保护区。

交通：可从乌鲁木齐火车站乘 21:59 开往阿拉山口的 5801 次列车，次日 8:00 到达艾比湖车站，车站距离湖边 4 公里左右。如果步行，2 个小时可到达湖边。也可从博乐市乘班车或租车前往。

门票：免费

特别提醒：4月是野生水禽繁殖季节，保护区是观鸟的好去处，但天气较寒冷，温差大。艾比湖并非旅游热点地区，近湖地区道路路况很差，是自带装备、干粮的徒步者的拉练线路。

阿拉山口口岸

【西北最大的陆路口岸】

阿拉山口口岸地处我国西北边陲，与哈萨克斯坦相邻，是我国西北最大的陆路口岸。阿拉山口口岸距离博乐市 76 公里，城市内各种设施一应俱全，对旅行者来说，可以逛逛这里的口岸互贸市场，有各种俄罗斯商品、巴基斯坦手工艺品等。

交通：从博乐市客运站也有班车开往阿拉山口口岸，乌鲁木齐火车站有专门开往阿拉山口口岸的旅游列车。

特别提醒：前往阿拉山口口岸须办理通行证。

伊犁

伊犁河

【这里是伊宁最美丽的地方】

要欣赏伊犁河风光，可以去伊宁市城南几公里处、坐落在伊犁河上的伊犁河大桥。这里的晨曦、落日美妙绝伦，是当地年轻人热衷于举行婚礼的地方。婚礼上，有欢快的手风琴伴奏，场面热闹而富有异国情调，往往会吸引很多游客与摄影爱好者。

伊犁河发源于新疆天山西段，全长约1500公里，我国境内河段全长约422公里，喀什河、巩乃斯河、特克斯河都汇入伊犁河，是全疆流量最大的河流。伊犁河在霍尔果斯河口流入哈萨克斯坦境内，并最终汇入巴尔喀什湖。伊犁河流经伊宁一段水流平缓，河床宽达1公里左右，并有很多沙洲岛屿，风景秀丽。伊犁河大桥建于1959年，并于1975年重建，是钢筋混凝土双曲拱桥，全长300.8米，桥面宽8.5米，颇为宏伟。现在沿河一带被开辟为河滨公园，河边还有游艇、码头等游乐设施。

交通： 在伊宁市内乘2路公交车可到达

特别提醒： 河畔的游艇乘船处是比较理想的夕阳拍摄地点。日落参考时间是北京时间21:00~22:00。

回族大寺

【伊犁最早的清真寺，兼具中原和阿拉伯伊斯兰教的建筑风格】

伊宁回族大寺始建于清乾隆二十五年（1760），落成于乾隆四十六年（1781），历时20余年。原名叫"宁固寺"，因为当时教徒大多是来自宁夏固原而得名。除此之外，这座寺庙还有许多名字，比如"凤凰寺"，这是因为自18世纪开始，寺庙的周围又相继建起

伊犁河

伊犁地区旅行交通示意图

了维吾尔族、乌孜别克族、塔塔尔族人的礼拜寺，几座寺庙构成的形状恰似一只凤凰。

伊宁回族大寺原建筑面积约6000平方米，现存3000多平方米，整个建筑具有中原古典宫殿式风格，又兼具阿拉伯伊斯兰教风格，非常宏伟。

交通：位于伊宁市新华东路南侧，可在市内乘1路、5路、10路、15路公交车到市人民医院下车。

电话：0999-8351663

薰衣草之旅

【大片紫色薰衣草的浪漫无须远渡法国，这里是东方的普罗旺斯】

薰衣草这种开着紫色小花的植物原产于地中海沿岸、欧洲各地及大洋洲列岛，一直以来中国被认为是没有薰衣草这种植物的国家。

新疆的天山北麓与法国普罗旺斯地处同一纬度带，且气候和土壤条件与其相似，因此成为薰衣草种植基地。20世纪60年代，我国引进种植了薰衣草，后来还在北疆发现有大片的野生薰衣草。现在伊犁被称作“中国的薰衣草之乡”，我国95%的薰衣草都生长在这里。伊犁与法国普罗旺斯、日本北海道、俄罗斯高加索地区一起成为世界薰衣草的四大产区。

位于伊犁霍城县65团的三宫乡是国家命名的“中国薰衣草之乡”，此外，从赛里木湖到伊宁的一路上，伊犁河谷农四师的70团场、71团场、73团场和67团场、68团场都种植着薰衣草，面积上万亩。6月下旬，这里就是一片紫色的浪漫之地。其中，主要种植品种以欧洲狭叶薰衣草为主，这是一种名贵的天然香料植物。

交通：沿312国道或者218国道进入伊犁河谷，沿途都能看到大片的薰衣草。

特别提醒： 6月上、中旬是薰衣草的收割期，因为薰衣草的花期较短，所以算准时间前往，才能看到颇为壮观的大片薰衣草田。薰衣草主要分布在从霍尔果斯口岸到伊宁的路上。吃住方面，每个兵团团部都有宾馆或招待所，街道上也会有商店和饭店；语言方面，兵团的人的汉语讲得很标准，沟通较方便。

恰西

【一处山中园林，当地牧人的“天堂”，也是当地人的避暑胜地】

恰西被称作伊犁的“塞外江南”，传说，恰西的地名来源于一位美丽的蒙古公主。这位名叫恰西的公主是她父王的掌上明珠，随父出巡牧地到此，便深深迷恋上了这里的美景，以至于回到家中都日夜思念。于是，父王便将此地赐予了公主，此地也就以公主的名字命名了。

恰西冬暖夏凉、群山环抱、古树参天，雄奇中透着秀丽。主要景观有：林海松涛、石门垂柳、小溪飞瀑、燕子桥等，恰西河水堪称优质矿泉水，盛产的黄鱼肉嫩刺少，羊肚菌是著名的食用菌。所以，当地人在盛夏之际成群结队到此避暑。

交通： 位于巩留县，距县城72公里。去恰西，没有公交车，只有包车前往。一般自伊宁向东70公里，到达巩留县城，东出巩留县城23公里（有路标），右转进山去恰西风景区。去恰西的公路，先是柏油路后是土石路，过卡海林业检查站，向东有一个岔路口（有路标指示“霍尔德宁”、“恰西”），右转去恰西。

门票： 10元

果子沟

【素有“伊犁第一景”之称，还是古丝绸之路的北道】

果子沟也叫“塔勒奇达坂”，因山沟内遍生野苹果而得名果子沟。

果子沟是一条北连赛里木湖、南接伊犁河谷的峡谷，全长28公里。峡

果子沟风光

谷跨越天山南北，地势险要，自古就是中国通往中亚、欧洲的重要通道。现在312国道乌鲁木齐至伊犁的公路穿过果子沟，这条路大致上也就是古代丝绸之路的北道。当年成吉思汗西征时，命次子察合台率军铺路，架桥48座，凿通山道，后全真派真人丘处机应成吉思汗之邀进西域也是走的这条古道。

松树头是果子沟的最高处，向北则可进入博尔塔拉蒙古自治州，一直通达赛里木湖畔；向南则属于伊犁地区，进入果子沟峡谷的二台林场，一路山路崎岖，非常险峻。二台林场是一片草原地带，是清代设置的驿站，这里可以说是游客能到达的最美的地方。

交通：距伊宁市约100公里，从乌鲁木齐到伊宁的班车走312国道，必定经过果子沟；如果从伊宁出发，可以搭乘中巴车先到芦草沟。自驾车可以从霍城出发，沿312国道东北方向行40公里即到。

特别提醒：1. 游览果子沟，如果需要过夜，可住在清河镇。

2. 果子沟的春夏时节景色最美，满眼辽阔的绿色林带；冬季山路则多发生雪崩，难以通行。

3. 果子沟是天然宝库，以野果、药材丰富而闻名，自春至秋香草馥郁，但是不要乱吃野果，以免中毒。

霍尔果斯口岸

【我国西部最大的公路口岸】

霍尔果斯口岸如中国与前独联体国家边境上的众多口岸一样，有一点儿异国情调。在口岸上，有一些俄罗斯风格的建筑，还有中哈商品一条街，能买到很有俄罗斯特点的纪念品，如套娃、哈萨克斯坦香烟、紫金饰品、香水等。

交通：距伊宁市90公里，先从伊宁市内坐车到霍城县，霍城有专门到霍尔果斯的中巴车，进霍尔果斯时车主会为乘客代办出入口岸所需的边防证。在口岸也可以当场办理，出示身份证即可。

门票：参观国门至界碑处30元

特别提醒：在口岸前有中哈互市贸易的小商品市场，这里既有内地仿制的假称俄制的商品，也有从哈萨克斯坦来的物美价廉的进口货。

惠远古城钟鼓楼

惠远古城

【古伊犁九城之首】

清政府于乾隆年间在伊犁相继建立惠远、绥定、宁远、拱宸、塔勒奇、广仁、瞻德、熙春、惠宁城，并称“伊犁九城”，其中惠远为伊犁将军府驻地，是当时新疆的政治和军事中心。林则徐当年因禁烟运动被贬，曾在惠远城中居住，他在城中北大街种下的5棵橡树，如今已经有150多年了。

惠远分新旧两个城，旧城建于1763年，1871年沙俄入侵伊犁时毁于战火。1882年伊犁被收复后，于旧城北约8公里处建惠远新城。新城城高约5米，周长5600米。城内建有一座钟鼓楼，从钟鼓楼分别有4条大街通向四座城门。惠远钟鼓楼的建筑形制为洞门式高台，高台上的阁楼为三层歇山顶，楼高20.4米，气宇非凡。

交通：位于距霍城县9公里处，可从县城包车前往；或者从霍尔果斯乘坐直达惠远古城的班车，行程1小时，票价5元。

门票：85元

■“伊犁将军府”旧址

【林则徐当年被贬新疆伊犁时的办公处】

将军府离钟鼓楼仅几百米，为四合院样式建筑，于2002年修复重建，院子里有上百年的古槐，遮天蔽日。议事厅两侧是将军府的院仓、文房、客厅，府内还有精巧的后花园。

1840年林则徐被昏庸的道光皇帝罢免官职，充军发配到伊犁。但他不计个人荣辱，跋涉于天山南北，兴修水利，为民造福，深得当地人民的拥戴。

那拉提草原的牧民在转场途中

那拉提草原

【北疆西线旅游景点中不可错过的重要景点】

那拉提草原是世界四大草原之一的亚高山草甸植物区和优良的牧场，但对于游客来说，更为重要的，这里是哈萨克族人的聚居区。

这里平均海拔1600米，总面积约1800平方公里，以那拉提镇旅游接待站为核心，包括周围草原、森林公园、赛马场等众多景点。7 ~ 10月是最佳的旅游季节，此时各种野花遍布草原山坡，红、黄、蓝、紫五颜六色，将草原点缀得绚丽多姿。那拉提在蒙古语中为“有太阳的山坡”的意思。据说，成吉思汗西征经过此地时，看到了一望无际的草原，阳光普照、野花遍地，士兵们都惊呼：“那拉提！那拉提！”于是这片草原便得名那拉提。在一望无垠的那拉提草原上，还点缀着哈萨克族人的毡房，进去坐一坐，尝尝奶茶是最惬意的休息与体验。那拉提镇东10公里就是那拉提森林公园，过那拉提镇，再向南走大约10公里翻越一座小山，就是那拉提著名的夏牧场。

在这里可以欣赏到雪峰、松林、山丘、草甸，目光所及皆是景。乌孙古墓更是了解哈萨克族起源、发展的关键，是伊犁三大文物奇观之一。河谷风光、游牧炊烟、毡房骑手是哈萨克族的独特风情的魅力所在。

那拉提

那拉提草原并不像蒙古草原那样，是平平坦坦一望无际的绿色画卷，这里是起伏如微波的山峦草地。在草原的最高峰有一座观景台，从这里四望，如同身处一片绿色的波澜不惊的浩瀚海洋中，牛羊自由自在、悠闲如鱼群一般漫游其间，而点点白色帐篷更如点点浪花点缀其中。

那拉提哈木斯特滑雪场距新源县城 12 公里，距那拉提机场只有 2 公里。到了冬季，那一望无际的白雪，连绵起伏的群山，山与天之间镶嵌的排排墨绿色的松树，构成一幅天然水墨画。

交通：那拉提机场距那拉提旅游风景区 58 公里，从乌鲁木齐出发夏天可以乘坐飞机，40~50 分钟到。搭乘汽车的话，可以先从乌鲁木齐的碾子沟车站乘车到新源县车站，此车是直达的车，14~17 小时到。再换往那拉提的汽车。

门票：75 元，淡季 8 折。此外，每年 12 月 1 日 ~ 次年 3 月 31 日为特惠旅游期，门票 3 折优惠。区间车票价：线路一：游客服务中心—小环线—空中草原—游牧人家，往返 60 元；线路二：游客服务中心—小环线—哈萨克名人堂—森林公园，往返 40 元；线路三：游客服务中心—小环线—盘山古道—盘龙松—森林公园—哈萨克名人堂—游客中心（线路三执行后将不再执行线路二）；线路一、线路二往返联票 100 元（淡季 80 元）；线路一、线路三环线联票 130 元（淡季 100 元）。

住宿：那拉提森林公园设有度假村可提供住宿，或是选择住在那拉提镇。在那拉提草原的观景台下方有一个那拉提国际青年旅舍，四周环境清幽。床位 40 元 / 位，标准间 380 元 / 间。电话：0999-5303368。

特别提醒：1. 5月后，景区进入旅游旺季。
2. 在职教师、学生、本县居民享受5折优惠。
3. 游客在3日内第二次进入景区不再收取门票，第二次乘坐景区区间车费10元。
4. 草原上7 ~ 10月平均气温在12℃ ~ 15℃，温度不高，如需过夜则应准备长衣长裤。
5. 建议返回新源县城住宿，两者相距不远，县城的食宿条件和价位都要优于景区。

背包客收藏：
哈萨克族妇女帽子上的装饰

哈萨克族妇女的帽子不但体现了哈萨克族的服饰文化，而且其上的特殊装饰还可以用来判断少女是否已经出嫁。哈萨克族有个习俗，未婚少女的帽子上要插上一撮漂亮的猫头鹰羽毛。哈萨克族认为猫头鹰是益鸟，而且它在茫茫的夜色中可以凭借敏锐的目光分辨一切，所以哈萨克族人将它们视为勇敢、坚定、一往无前的象征，并可带来吉祥。同时也视猫头鹰的羽毛为珍品，悬挂在毡房的壁挂上，装饰在帽顶上。经过历史的演变，猫头鹰羽毛就成了少女帽子上的特别装饰和未婚少女的标志。

唐布拉草原

【一片形如印章的大草原】

唐布拉草原位于尼勒克县境内东部，距县城东南 91 公里，从尼勒克县城沿喀河逆流而上，河两岸的山地草原和河谷草原统称为唐布拉草原。

唐布拉在哈萨克语里意为“印章”。在阿吾拉勒山北坡唐布拉沟东侧，有几块巨大的岩石，形状看上去很像印章，此地因此得名。深入唐布拉沟口时，整个河谷地形变得十分开阔，河流阶地丰茂的草原上百花盛开，非常漂亮。著名影片《天山红花》曾在这里拍摄外景。

交通：唐布拉草原东接独山子—库车公路，从伊宁客运站每天有多班长途车开往尼勒克县，再从尼勒克县城包车前往草原。

门票：20 元

察布查尔

【锡伯族自治县】

“察布查尔”在锡伯语中是“粮仓”的意思，是新疆锡伯族的主要聚居地。它位于伊犁河南岸，与伊宁市隔河相望，西与哈萨克斯坦接壤。

此地锡伯族的来历要上溯到清代。在 16 世纪之前，锡伯族先民生活在松嫩平原和呼伦贝尔草原上，至 18 世纪中叶，乾隆从沈阳等地征调 1020 名锡伯族官兵，连同他们的家属共 3275 人

唐布拉草原风光

西迁至新疆伊犁河谷地区进行屯垦戍边，于是这些锡伯族人从此就生活在这里，直到今天。

锡伯族人喜爱骑马射箭，因此这里被誉为“射箭之乡”，射箭已经成为锡伯族传统的竞技项目。

锡伯族信奉萨满教，萨满（巫师）通常具有“通天”的能力，在部落中扮演着占卜未来，祈求风调雨顺等部族事务的角色。锡伯族至今仍保留了一些清朝的礼仪，比如屈膝礼。锡伯族人也和我国东北的居民有着相似的习惯，比如睡在炕上等。察布查尔县境内的名胜古迹有图伯特纪念馆、靖远寺、海努克古城、银顶寺遗址等。

察布查尔县公路交通很便利，从县城去往村子大多都通公路，向南有伊昭公路可至昭苏县；向西南走伊琼公路可以到琼博拉森林公园和洪那海麻扎；向北走察绰公路直通伊犁河森林公园。县城不大，但各类公共设施都很齐备。

交通： 1. 伊宁市客运站有班车往来察布查尔，每天有多班，车型为中巴车，每半小时一班，票价2.5元。站前也有出租车去察布查尔，车费5元，人满就走。在察布查尔县城中心的十字路口有很多去伊宁的出租车。

2. 察布查尔县城街上有很多三轮车，一般在城内跑收费1元。

美食： 当地的特色饮食有“二汤面”、“锡伯族发面饼”、“血肠”、“花花菜”等，价格不贵。

住宿： 察布查尔县宾馆：位于县鲁盖街，县委大院内。双人间80～100元/间。电话：0999-3622281。

特别提醒： 1. 11月中旬到次年3月中旬都有降雪，最佳旅行季节为6～9月。

2. 农历四月十八，是锡伯族的西迁节，用以纪念先辈们当年从遥远的北方迁徙到这里。

■ 锡伯民俗风情园

【充分展现锡伯民族独特的魅力的景点】

位于县城西部，距县城6公里，以靖远寺为中心，其他景点与靖远寺融为一个整体。风情园有六大景点，一是造型突出的锡伯族建筑，风情园大门两侧是西迁线路图和开挖察布查尔大渠的浮雕，正对大门屹立着锡伯族人民崇敬的英雄——图伯特全身雕塑；二是展示锡伯族西迁史、屯垦戍边史、民族史三史合一的博物馆；三是射箭厅，是查库尔、摔跤等比赛及训练场地，游客可以参与其中的项目就是射箭；四是茶楼，其中有锡伯民俗歌舞表演；五是举办活动的舞台，在这里你既可以观看欣赏，也可以学跳舞；六是沿用清式建筑风格的综合文化市场，在此形成一条以餐饮、旅游纪念品出售为主的锡伯民俗文化一条街。

交通： 景区距伊宁市15公里，在伊宁长途车站随时有发往察布查尔的班车。

门票： 20元

电话： 0999-3948899

■ 靖远寺

【鲜明的锡伯族建筑风格的寺庙、伊犁九大名寺之一】

在锡伯族西迁伊犁的第18年，锡伯族人为了表达对遥远的故土的思念，而修建了靖远寺。后锡伯族随驻地南迁，原寺被废弃。清光绪十四年（1888），又由当时锡伯营八旗军民集资，在南迁后的驻地，也就是现在的孙扎齐牛录乡内的城堡中重建了一座靖远寺。

靖远寺分前、中、后、东四院，正殿为二层楼宇，并建有鼓楼、钟楼相呼应。殿房建筑的砖壁木雕彩绘工艺精致，如前往参观，可留意观看。

门票： 20元

特克斯八卦城

【被上海吉尼斯总部正式宣布为现今最大规模的“八卦城”】

特克斯县城街道、建筑等规划呈八卦图形，因此被称为“八卦城”，整个城市布局非常奇特，绝对值得一游。

特克斯县位于天山北麓的特昭盆地中，其北依乌孙山，南有特克斯河流过。特克斯历史悠久，在汉朝司马迁的《史记·大宛列传》中所记载的乌孙国，就是今天的特克斯县。据说南宋的全真派真人丘处机途经此地，称这里风水极好，并为“八卦城”风水核心择定方位。而七百余年后的1936年，真正完成这个设想的却是军阀盛世才的岳父——伊犁屯垦使邱宗浚，他亲自选址和设计了城的布局，并主持修建，当时由于没有足够长的绳子，人们从店铺中买来成捆的布匹，撕成布条连接起来，用20头牛拉犁犁出了八卦城街道的雏形。整个城市的修建花了两年的时间。

现在的县城布局完全依从《周易》八卦图，从中心点的公园辐射出的每条大街根据八卦方位的乾、坤、震、坎、艮、巽、离、兑命名。由中心环形向外每延伸350米有一条宽30米的环形街道，现在已经扩展到了五环。县城中很多店铺都以“八卦”命名，随处可见八卦饭店、八卦宾馆一类的招牌。

交通：距伊宁市119公里，伊宁大世界车站每天有多次班车开往特克斯。

住宿：八卦宾馆位于特克斯县阿扎提街二环

电话：0999-6623775

喀拉峻草原

【天堂的景色也不过如此】

喀拉峻大草原位于新疆伊犁河谷的特克斯县境内，是西天山向伊犁河谷的过渡地带，属于典型的高山五花草甸天然大草原，海拔2000～3600米，东西长89公里、南北宽32公里，总面积达2848平方公里。这里降水丰富，气候凉爽，土质肥厚，十分适宜牧草的生

特克斯八卦城

长。“喀拉峻”是哈萨克语，“喀拉”有深色、浓郁和辽阔的意思，“峻”形容茂密的样子，“喀拉峻大草原”即“苍苍莽莽的草原”。

喀拉峻的草场面积23万亩，主山两侧梳状沟谷密布山地。山峦起伏跌宕，生长着茂密的雪岭云杉，苍苍莽莽。山顶是浑然一体向南倾斜的高台地貌，犹如一座悬空草场。前方是蓝天、白云、雪山、草原、冒着袅袅炊烟的毡房、珍珠似的羊群；右面是松树、牛群、鲜花、绿色的草甸；左面是峡谷、郁郁葱葱原始森林、哗哗作响的河水；再往后一望，那山水、草原、森林、毡房、羊群……丰茂的草场如一幅碧色的地毯，一直铺到冰雪皑皑的高山脚下，令人心旷神怡。

每年5月中旬，牧草开始返青。6月底到7月初，这里繁花似锦，变成了花的海洋，有红色、黄色、紫色、粉红色、蓝色，争芳斗艳，绚丽多彩，此时喀拉峻草原被人冠以“五色花草原”。喀布沙朗是喀拉峻草原的中心。盛夏时节，当新疆的其他地方还是烈日炎炎的时候，这里却是凉风习习，清爽宜人。柔软的草甸、晶莹的雪山、莽莽的原始森林和一望无际的草原，犹如进入了人间的仙境。

交通：喀拉峻草原是没有经过开发的草原，只能包车前往。费用为700 ~ 800元，建议预留两天时间。

昭苏油菜花海

【七月的伊犁属于昭苏，因为这里有繁花似锦的油菜花盛开着】

昭苏草原是中国著名的四大草原之一，平均海拔两三千米。每年7月，昭苏草原变成了油菜花的海洋，也成为旅行者和摄影爱好者最向往的地方。从县城通往夏塔草原的公路两侧，几十万亩油菜花漫无边际地蔓延开来，犹如一片金黄色的织毯，伸展在无垠的昭苏大草原上，与远处的天山遥相呼应，呈现出一幅大气磅礴的人间美景。站在高坡上，看天光云影在波涛

昭苏油菜花海

般起伏的花海中悠悠飘过，是最惬意不过的事情了。

夏塔草原

【芳草萋萋、繁花似锦，纯美如画】

夏塔在蒙古语中称为“沙图阿满”，为“阶梯”之意。这里濒临高峰林立的天山主脉，由崇山峻岭中一泻而出的夏塔河划开平坦的草原，在烟波浩渺中汇入特克斯河，一览无余的平原，坦荡如砥，芳草萋萋，阡陌纵横，田园错落；一列列的土墩墓，星罗棋布，巨大的土冢犹如一座座小小的山峰；一条平坦的沙石公路穿过山前的草原，延伸到不很远的边境线上……在历史的画页上，这里曾经是一个古老的驿站，关于这里更为古老的地名，人们还不得而知，但在清代，这里被称作沙图阿满台，沙图阿满是蒙古语梯道口之意，夏塔就是由沙图转音而来的。

夏塔草原风光

从昭苏县城向西南行 70 多公里就到这个地方，其间要先经过由夏塔河形成的冲积平原，上面分布着草原石人、规模宏大的乌孙古墓群和夏塔古城遗址。

夏塔峡谷北起昭苏县的夏特牧场，南至阿克苏地区温宿县的破城子，跨越天山南北，全长 120 公里。沿夏塔峡谷上行 20 公里，木札尔特雪峰便横亘在眼前，是唐代著名的“弓月道”必经之冰达坂山口，唐玄奘西行曾翻越这里。距峡口 30 余公里处有温泉，目前已建成了温泉疗养院。

交通： 伊宁州客运站和地区客运站都有班车开往夏塔乡，发车时间为 8:30。从昭苏县也有班车到达。

门票： 85 元

电话： 0999-6220134

特别提醒： 前往夏塔应在伊宁市公安局提前办好边境通行证。

夏塔古道

【曾经是丝绸之路上最为险峻的通道，如今是最热门的徒步探险线路之一】

在这里的峡谷中有一条古代伊犁至阿克苏的交通要道，也叫唐僧古道，如今这条艰险的路早已废弃，却成为探险家的乐园。峡谷内地形异常复杂，高山、激流、冰川使穿越这条峡谷非常危险，极具挑战性。几年前，曾有新疆著名的探险家在此遇险，轰动一时，也给这条徒步穿越线路赋予了更多的传奇色彩。如今，夏塔古道已经成了最具有挑战性、最热门的徒步探险线路之一，吸引着无数的探险爱好者。

巴州和静县

巴音布鲁克草原

【除了喀纳斯外，巴音布鲁克草原是北疆另一个绝对不可错过的景点】

巴音布鲁克草原是天山南麓最肥美的夏牧场，巴音布鲁克在蒙古语里的意思是“富饶的泉水”，突厥语为“星星平原”，是我国仅次于内蒙古鄂尔多斯草原的第二大草原。草原地势起伏，广袤无垠，共有63座山峰，有74个“达坂”耸立于群山之间。

置身于草原上，晴天能看到远处雪山的雪线、点缀着野花的山坡上牛羊成群，随着云朵的流动好似在天地间没有了界线，只是背景颜色在变换。蜿蜒的条条溪流反射着天空落下来的光线，变换着颜色，起伏的山坡隔断了你的视线更留给你关于美丽的想象空间。

早在2600年前，姑师人就曾生活在这里。而近代最富有史诗色彩的事件是土尔扈特部落的东归。清乾隆三十六年（1771），土尔扈特、和硕特等蒙古部落，在英勇的首领渥巴锡的率领下，不堪忍受沙俄政府的欺压，从俄国伏尔加河流域举义东归，长途跋涉历尽艰险回到了这片美丽的大草原。1773年他们在巴音布鲁克草原和开都河边定居下来。

巴音布鲁克草原居住着蒙古、汉、藏、哈萨克等9个民族。巴音布鲁克蒙古族人最多，他们的汉语说得都不错。另外，还有少部分的藏族人和汉族人，没有维吾尔族人。

交通：1. 从乌鲁木齐出发，乘火车到和静县，县客运站每隔一天有班车开往巴音布鲁克区政府。两者之间距离338公里，到达和静后，可以乘坐早上的班车到巴音布鲁克，到达的时间是16:00，可以马上包车去天鹅湖和九曲十八弯。不包括往返的路上时间，

巴音布鲁克草原风光

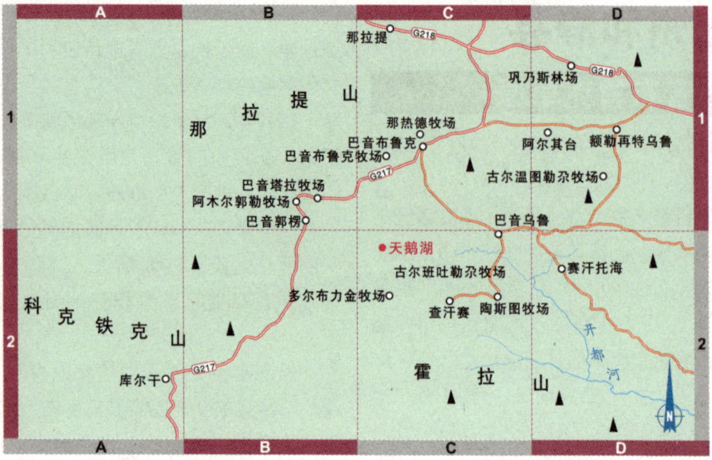

巴音布鲁克草原及周边景点示意图

通常到巴音布鲁克大草原旅行停留时间为2天，如果去巩乃斯林场则需要3～4天。离开时可从巴音布鲁克乘车到巴伦台下车，坐出租车去黄庙，然后回到和静。

2. 进巴音布鲁克的线路很多，可分别从巴音布鲁克到伊宁、库车。去库车17:00有过路车，不一定有座位，200多公里起码要走8个小时。可以从伊宁乘坐去新源的长途汽车在巴音布鲁克下车，或者在伊宁市区包小货车去，价格比旅游车便宜很多。通常到巴音布鲁克都走伊宁—那拉提一线。

门票：由巴音布鲁克镇进入草原，首道草原环保费，12元/人，往返天鹅湖区的马匹40～50元/匹，九曲十八弯景区门口（距离瞭望河湾高台3公里），骑马40元/人，自驾车从景区门口至瞭望台收费50元/人；不骑马、不乘车徒步至瞭望台20元/人。

住宿：巴音布鲁克区政府设有招待所，在旅游季节60元/床左右；宾馆标准间60～120元/间，有热水，一般都没有空调；草原上建有帐篷宿舍供人住宿，方便看日出日落。这里的食品尤其是蔬菜都是从外边运入，所以饮食价格比较贵。

特别提醒：巴音布鲁克大草原最宜人的月份是5～8月。此时，白天日照强烈，要注意防晒，夜晚的气温会降得很低。7月的平均气温只有10℃左右，应携带足够的保暖衣物。夏季草原地区有时会下雨，但是下雨前后的风云变幻也许最受摄影爱好者青睐。在镇上找越野车前往景区，单去天鹅湖的价格和去天鹅湖及九曲十八弯的价格不一样，一定要问清楚。

■ 天鹅湖

【全国第一个天鹅自然保护区】

大多数旅行者前往巴音布鲁克的目的都是要去天鹅湖。

天鹅湖就坐落在草原的东南部，位于巴音乡西南方向，巴音乡离巴音布鲁克区政府约60公里。天鹅湖并不是一个大湖，而是开都河蜿蜒曲折在盆地中穿过形成的一个长30公里、宽约10公里、总面积1370多平方公里的湖沼。

茂密的芦苇丛与沼泽是鸟类的天堂。这里栖息的鸟类有128种之多，还栖息着我国最大的野生天鹅种群。4月，天鹅、灰鹤、白鹭、金雕等72种珍贵的飞禽由南而来、在此聚集繁殖，一直持续到9月。在其他的季节到这里来也能看到定居下来的天鹅与其他鸟类，但数量不如春夏季节多。此外，这里还有如雪豹、黑鹳、白肩雕、盘羊、雪鸡等珍贵的保护动物。

自然保护区两侧各设“观鸟台”一座，但观看天鹅的地点要数天鹅湖自然保护区东部的“巴西勒肯德勒”观鸟台最为理想，它建在一座不大的山包上，有道路通向山顶，越野车能开到观鸟台前。“巴西勒肯德勒”观鸟台还是看开都河源头景色“九曲十八弯”的一个重要地点。

特别提醒： 1. 湖区由数百个互相通连的大小湖组成。沼泽地中易陷人马，必须有向导带路，否则不可轻易前往。

2. 5～6月初正是天鹅孵卵、育幼的季节，成年天鹅绝不轻易丢下幼雏自行飞走，因此易于观察。

3. 请注意保护任何野生动物与自然环境。

■ 九曲十八弯

九曲十八弯距离巴音布鲁克镇50公里，前30公里路况很好，后20公里路况较差，但各种车型也都能通过。这里是开都河的奇景，形成九道河湾，最美是在日落时分，西边太阳倒映在每道河湾上，据当地人讲，最美时可以倒映出九个太阳。巴音布鲁克镇有当地人的包车出行服务。

巩乃斯草原

【紧随巴音布鲁克的另一处优美的草原】

巩乃斯在蒙古语里是“太阳坡”的意思，也是一处景色优美的天然大牧场。大草原辽阔无边、水草丰美、河流和森林众多，还有亚洲面积最大的野生苹果林，以及各种珍贵野生动物。巩乃斯林场上小溪蜿蜒，宁静得似乎能听到几里外牛羊吃草的咀嚼声。

交通： 在距林场以西约10公里的巩乃斯乡政府租马，并请当地人做向导带领前往。巩乃斯地处交通咽喉要道，先由库尔勒坐车到和静县城，两地相距约90公里，车程1.5小时，票价10元，10:00 ～ 20:00每半小时

巩乃斯森林公园

一班。如坐桑塔纳，凑够4个人就走。由和静前往巩乃斯林场，全程约240公里，班车8:00开出，最好提前1天问清楚时间并买好票，车程约6小时，跟司机讲好在林场管理处下车即可。此外，不少游客亦有兴趣在游完巩乃斯后往新源去，然后到伊宁市，可以在国道边上等由库尔勒发往伊宁市新源的班车。

门票：巩乃斯有阿尔先沟温泉、仙女湖、望天涯瀑布、昂嘉恩寺等8个景点，全部都游览大约花费60元。

住宿：由于和静至巩乃斯林场每天只有一趟班车，所以要在和静住1天，县内的东归宾馆设备较好，位于阿尔沙特东路，全部有洗手间。巩乃斯森林也可住宿。夏天有蒙古包，每顶300元/天。巩乃斯林场旅游总公司电话：0966-5030935；巩乃斯林场办公室电话：0966-5030888

■ 阿尔先沟温泉

【一处能治病的温泉】

温泉位于巩乃斯林场西北36公里的阿尔先沟中，“阿尔先”蒙古语意为“泉水”。山沟中阿尔先河水流湍急，河水冰凉刺骨，河边草木繁盛，放眼望去是无边的茂密森林。沟里有12个泉眼，温泉水温在43℃～63℃，部分高温泉孔涌出的水可直接用来浸泡中草药或沏茶。泉水含有铁、硫黄等矿物质，把周围的岩石染得色彩斑斓。蒙古族牧民依照古老的喇嘛教说法，认为洗浴者要从西向东顺序而浴，疗效才最佳。

巴伦台黄庙

【新疆最大的综合性寺庙群】

黄庙是南路旧土尔扈特部的喇嘛总庙，也叫“永安寺”。由于藏传佛教格鲁派称黄教，巴音郭楞喇嘛信仰黄教，因此该寺庙称“黄庙”，黄庙寺庙群建筑上都采用黄色金顶。

建筑群始建于1888年，原有15座寺庙，目前仅存留3座，其余的都在十年动乱中被拆除。黄庙是这组建筑群中的主体建筑，正殿立有一尊塑金“麦得尔佛”坐像，高约8米，其右侧是藏登洲，左侧是如来佛。大殿墙壁上还绘有13幅精美的壁画。出黄庙向东行约半公里，还有一座独立的庙宇，名为“却金库联”，庙宇大殿有16根雕花大柱，正中4根大柱上各有一条浮雕蛟龙，形象生动。据说，庙内供奉的是位名叫却金的大将，是专门守护麦得尔佛的。

1998年西藏哲蚌寺活佛生钦六世捐款200万元重新修缮了黄庙主庙。黄庙又是一座哲理学院，是喇嘛学习佛教哲学、天文、历算等课程的地方，在建筑、造像和壁画艺术等方面都体现出独特的藏传佛教的艺术风格。

此外，在黄庙以西0.5公里处有原满汗王行宫和满汗王墓，可顺便参观。

交通：距和静县城50公里左右，南疆铁路与217国道均经过巴伦台镇，因此交通非常方便。也可从和静县县城乘坐班车前往巴伦台镇，然后乘坐出租车前往黄庙。如果从库尔勒出发前往巴音布鲁克草原320公里，包车的话，中途可以下车游览黄庙。

门票：12元

特别提醒：黄庙每年有5次大型佛事活动。其中，正月十五的麦得尔节，成千上万的蒙古族信徒从巴音布鲁克等地赶来朝拜，是当地最盛大的佛事活动。

实用资讯

交通

旅行者在北疆西线的交通主要依靠北疆交通大动脉312、218国道。此外，伊宁建有机场，乌鲁木齐市与伊宁每周都有多个班次。而乌鲁木齐至阿拉山口的北疆铁路全长460公里，途经37个火车站，博州境内有10个火车站，乌鲁木齐至阿拉山口的旅客列车每天对开一趟，基本满足出行需要。

博尔塔拉

铁路

博乐市火车站距市区40余公里，车站和市区间有客车往返，票价10～15元。由乌鲁木齐开往阿拉山的5801次列车经过博乐市，到达时间为8:38，阿拉山口返回乌鲁木齐的5802次列车到达博乐市的时间为21:01。

公路

博州客运服务总站有发往乌鲁木齐、伊宁、奎屯、克拉玛依、石河子、乌苏以及博州境内各乡镇的长短途客运班车。

地址：博乐北京路230号

电话：0909-2222336

区内交通

博乐市区不大，市内主要公交线路有3条，基本覆盖市区内主要景点。出租车起价5元。

伊宁

航空

每天都有从伊宁到乌鲁木齐的班机，行程约两小时，票价800元。飞机上可领略雪山、戈壁、湖泊的风光，飞越天山时非常刺激。伊宁到乌鲁木齐市每日的航班不少，但有时会有变动。伊宁机场服务一般，但安检很严格，很多在乌鲁木齐市机场可以托运的东西，在

喀拉峻草原

这里都不可以，如薰衣草精油、蜂蜜、维吾尔族工艺刀等。伊宁机场离市中心5公里。

交通：1. 机场巴士：机场——南京路上的国航售票处（世贸大厦旁边），票价10元。

2. 乘3路、11路公交车可到，票价1元。

3. 打车：从机场到碾子沟，价钱在33~50元之间。其中蓝牌车一般30元；如果恰好碰上夜间交班车或者回头车的话，只需20元，车程约30分钟。如果到市区，起步价为5元。

机场问询电话：0999-8222332

铁路

2010年7月1日，伊宁至乌鲁木齐的铁路正式通车，结束了伊犁不通铁路的历史。全线经停乌鲁木齐、乌西、石河子、沙湾县、奎屯、精河、精河南、尼勒克、布列开、伊宁东等客运站，全长614公里。

交通：伊宁火车站位于伊宁市中心西北约5公里。站前有10路、16路、201路、401路公交车可连通市内。

电话：伊宁站咨询电话：0999-7726222

公路

伊犁的高速公路在迅猛发展，清水河—伊宁高速公路（简称清伊）、果子沟口—霍尔果斯口岸高速公路（简称果霍）于2008年12月20日通车，赛里木湖至果子沟高速公路（简称赛果）是新疆第一条贯穿天山并实现桥梁隧道相连的高速公路，这里也是东起大海西跨天山的连云港至霍尔果斯口岸的连霍公路的重要组成部分。贯通后自驾游变得更简单快捷。

从伊宁到州内各地都有班车。

伊宁客运站

每天有36班发往乌鲁木齐的大巴。白天的行驶时间大约是10小时，晚上的行驶时间大概是12小时。

地址：解放路127号

电话：0999-8024121

伊犁州客运中心

有发往乌鲁木齐、库尔勒、喀什、克拉玛依、塔城、博乐、石河子、奎屯的班车。

伊犁草原雨后彩虹

地址：解放路 460 号

电话：0999-8121937

特别提醒：伊犁地区客运站有发往全疆各地及区内各地的班车。当地人通常说的伊宁站就是指这里，请一定注意弄清楚，以免出现误会。这里的门前停车场有很多出租车也运营长途业务，一般凑足人数就走。

市内交通

伊宁市的公共汽车一般要到 8:00 左右才有头班车，20:30 就结束了。出租车的起步价为 5 元，两公里后开始加价，一般每公里加 1.3 ~ 1.7 元，豪华车型每公里要加 2.2 元；超过 10 公里要加收 50％的空驶费；每等候 8 分钟加 1 公里的租价。

住宿

博尔塔拉

艾比湖大酒店

地址：北京路 295 号

电话：0909-2315167

博乐市中亚大酒店

标准间 198 ~ 248 元/间，含早餐。

地址：北京路 154 号

电话：0909-6291888

博尔塔拉宾馆

标准间 288 元/间，套间 888 元/间。

地址：沿河路 9 号。

电话：0909-2329999

伊宁

伊犁大酒店

网络订房可以有优惠。

地址：斯大林街 23 号

电话：400-755-8888（免费）

花城宾馆（兵团）

淡季标准间 200 元/间。旺季标准间价格大概会往上浮动 100 块钱。

地址：伊宁市阿合买提江街 7 巷 7 号

电话：0999-8125050

伊犁鸿福酒店（二星级）

标准间 150 元/间。

地址：乌孙路和健康街交汇处。

电话：0999-6024888

霍尔果斯宾馆

地址：霍尔果斯口岸亚欧路

电话：0999-5931000

霍尔果斯兰州大酒店

地址：霍尔果斯口岸亚欧路

电话：400-086-0808

特克斯县八卦宾馆

地址：阿扎提街 2 号

电话：0999-6623766

察布查尔县万隆酒店

地址：果尔敏东街

电话：0992-3621117

餐饮

博尔塔拉

博尔塔拉的特色餐饮主要是蒙古族风味的各种菜肴和小吃。在博乐市的顾力木图路上餐馆相对比较集中。这里推荐阿拉腾餐厅，为蒙古族民族特色风味。此外，北京路的那达慕宴宾楼的蒙古菜也很地道，可以品尝奶酪面条、蒙古馅饼、风干肉、纳仁等小吃。

纳仁

纳仁是在博尔塔拉和伊宁都有的草

原风味食品，是哈萨克族人家待客的佳肴。纳仁，又称“手抓肉”，通常用现宰的连骨羊肉切块，加上燎洗干净的羊头煮成。汤内只放盐，起调味作用，保持鲜肉香味特点。肉取出后，用原汁肉汤煮面条或面片，捞出装盘，把肉放在面条上，这就是纳仁。食用时，根据个人的爱好再浇上点切碎的洋葱或蒜泥等作料。肉端上桌后，一人主刀，将肉削成碎块和面搅拌后，用手（亦可用勺或筷子）抓食，故又称“手抓肉”。

特别提醒：这一带的饮食并不像想象的那样不习惯，不过，除非特别注明是汉餐，一般餐厅都经营清真食品。实际上，伊犁好多民族餐厅的风味更接近于西餐。

伊犁

在伊犁地区的饮食最具特点的要算哈萨克民族风味。比如奶茶、抓饭、粉汤、风味包子、纳仁、辣罐、血肠等。伊宁特色小吃最为集中的地方就是解放路客运中心周围和红旗路上的美食城，离伊犁宾馆400米左右。此外，还推荐以下餐馆：

五月花原始抓饭

主要风味菜肴为五月花抓饭、羊脊骨、风干羊肉、熏羊肉、烤肉等。

地址：斯大林街五巷巷口，市内乘坐公交车1路、4路、10路可达。

电话：0999-8097533

塔里哈提纳仁餐厅

主要提供哈萨克民族特色的纳仁、马肠子、马肉、马肚子等。

地址：新华西路雪岭宾馆一楼31号，市内乘坐公交车5路、8路可达。

电话：0999-8332443

喀拉峻

哈萨克纳仁馆

本店特色为纳仁、哈萨克奶茶。

地址：斯大林街6巷日报社家属楼门面房，市内乘坐公交车4路可达。

电话：13565218885

购物

薰衣草精油、沙木沙克小刀、首饰都是伊犁的特色产品，也是值得推荐的旅游纪念品。

伊宁购物市场主要有塔西来普开市场、天山街农贸市场、琼库鲁克巴扎等。

薰衣草

伊宁作为全国最大的薰衣草种植基地，有着“东方普罗旺斯”的美誉。6月是薰衣草开花的季节，远处看去，成片成片的紫色小花在阳光下高贵地开放着。薰衣草不仅开花时美丽，用它制成的精油还有消炎杀菌和治疗粉刺、暗疮、脚气、皮炎、湿疹、面疱、雀斑等多种皮肤症的功效。可以舒缓神经、舒缓头痛与相关神经紧张引起的疼痛等。“伊帕尔汗”是伊宁薰衣草产品中最好的牌子。

首饰

伊宁市首饰厂制作的各种首饰制品，有手饰、耳饰、发饰、项饰、服饰五大类。品种造型繁多、美观、精巧，最主要的是都有着浓郁的民族风格。

沙木沙克小刀

沙木沙克小刀为新疆四大名刀之一，其名字取自制作人沙木沙克·阿西木的名字。沙木沙克小刀是一种折叠式单面刀，传统的刀柄用牛角、铜皮制作，现在也用玻璃和塑料制作，柄部嵌着各种民族图案，以对称图案为主。

AKESU AREA
阿克苏地区

阿勒泰
塔城
克拉玛依
博尔塔拉
昌
吉
乌鲁木齐
伊宁
和静
(巴州)
哈密
吐鲁番
阿克苏
克孜勒苏
喀什
巴音郭楞
和田

走遍中国 · 新疆

AKESU AREA
阿克苏地区

维吾尔语中的“阿克苏”的意思是“清澈流淌的河流”。位于天山南麓的阿克苏，高山冰川和天山积雪带来了丰富的水源，有大片草原绿洲，是古代丝绸之路中线上的重镇，东西方灿烂的古代文明在这里交融发展，这块土地上悠久而灿烂的历史在今天更吸引着全世界的目光。

从地理特征来说，“一峰、一漠、一河”（托木尔峰、塔克拉玛干大沙漠、塔里木河）构成了阿克苏奇特的自然地貌。在雪峰、沙漠、河流之间，又散布着大小龙池高山湖泊、盐水沟雅丹地貌、天山神木园等。但阿克苏吸引人的不仅是优美的自然景观，还有其特有的历史人文特色——境内的库车就曾是西域三十六国中的“龟兹古国”所在，著名学者季羡林先生说：“龟兹是古印度、希腊罗马、波斯、汉唐这几大文明在世界上唯一的交会之处。”始建于两晋时期的克孜尔千佛洞是我国四大石窟之一，库木吐拉千佛洞石窟群，同样也是佛教进入后给龟兹文化带来的空前繁荣的明证，丰富的壁画与龟兹乐舞等都反映了那个时期最为辉煌的文化成就。古龟兹石窟壁画中的天宫使乐、伎乐飞天和 24 种古龟兹乐器则反映了这项艺术所达到的高度。

另外，昭怙厘大寺、汉代烽燧、库车大寺等都展现了阿克苏地区的人文风景。

前世今生

早在公元前 7000 ~前 6000 年，阿克苏就已经有人类活动了。秦汉时期的古龟兹、姑墨、温宿诸国皆设在今天的阿克苏境内。西汉初期，阿克苏为姑墨国，辖今天的拜城县、温宿县、阿克苏市一带。汉神爵二年（前 60），姑墨归西域都护府管辖。魏晋南北朝时期，姑墨受龟兹辖控。隋朝时西域为西突厥所制，阿克苏属西域校尉。唐代姑墨州归龟兹都督府管辖。唐末至北宋，阿克苏属西州回鹘地。元代为蒙古宗王察合台封地。明代为察合台后裔吐鲁番王地。清代平定准噶尔部后，乾隆帝在此设置参赞大臣，冠名以阿克苏。清光绪九年（1883）设阿克苏道。

库车是突厥语的译音，取“胡同”之意。因其地为达南疆腹地之要街，故名库车。库车历史悠久，史称龟兹，是西域三十六国之一。汉时西域都护府设置于此。唐时，库车为安西都护府驻地。五代至宋，库车称龟兹回鹘。元明时期，库车改称亦力巴力。清乾隆二十三年（1758）正式定名库车，设库车办事大臣。

旅行与季节

阿克苏属于暖温带干旱气候地区，降雨量稀少，蒸发量大，气候干燥，是全国太阳辐射量较多的地区之一。

年均气温为 11.4℃，最佳旅行季节为 8 月、9 月和 10 月初。

焦点

■ 徒步托木尔峰

托木尔峰是天山的最高峰，有“中国最美的冰川”之称。它的冰雪储备量是中国冰川之最。而托木尔峰北部的汗腾格里冰川，长 60.8 公里，是世界八大山谷冰川之一，号称“天下第一冰川”。有人说，不到托木尔峰不知道天山的雄伟。徒步托木尔峰，需要找专业向导领队。此外，还对徒步者的自身条件有一定要求。

阿克苏地区旅行交通示意图

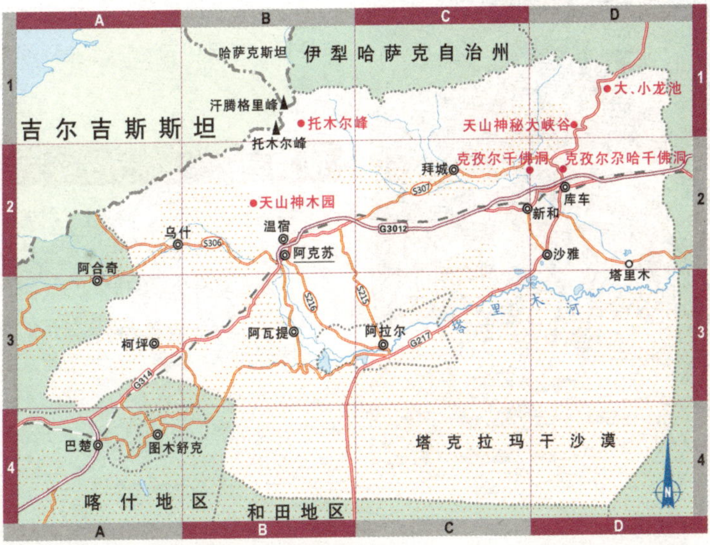

■ 到神木园去看树

天山神木园位于天山山脉的边缘，是阿克苏最具神气儿的地方。680 亩的神木园，古树成林。一泉圣水细流涓涓，滋润一园的参天古树。1400 多年的核桃树、千年神木、无根树、夫妻树、马头树……姿态万千、身姿遒劲。在这里，你能看到的不仅仅是自然的美态，更是生命的奇迹。

■ 逛一下库车大寺

库车大寺是新疆境内的第二大清真寺，其规模仅次于喀什艾提尕尔清真寺。在新疆，清真寺是人们生活的一部分。游人可以在那里感受到新疆风土人情与新疆人对于信仰的膜拜。库车大寺位于巷道之中，没有当地人的指引，单凭一己之力几乎很难找到。在非祷告时间，逛逛库车大寺，别有一番风情。寺内有三棵桑树，每逢丰收季节，树上就会结满桑葚，甜甜的味道弥散在空气中，甚是好闻。

库车大峡谷

行程推荐

■ 阿克苏 1 日游

必游景点：神木园、托木尔峰

可以尝试：到神木园，观古木参天，感受生命的倔强。

D1　从阿克苏出发，前往位于温宿县的神木园。这里古木参天，绿荫如盖。神木园的北面就是被称为“铁山”的托木尔峰。

■ 库车 2 日游

必游景点：龟兹博物馆、库车大寺、龟兹故城、盐水沟、克孜尔千佛洞、克孜尔尕哈千佛洞、克孜尔尕哈烽燧

可以尝试：到龟兹博物馆寻找西域三十六国古迹；到库车大寺用心感悟宗教的神圣。

D1　上午可去县城内参观龟兹博物馆、库车大寺、龟兹故城。午餐后包车前往库车巴扎等。晚宿库车。

D2　早起包车前往盐水沟、克孜尔千佛洞、克孜尔尕哈千佛洞、克孜尔尕哈烽燧。午餐可自备，参观后返回库车县。

预算

在阿克苏旅行，大多数旅行者都会选择库车作为大本营，因为主要景点都集中在库车县周边。阿克苏地区的多数景点都没有班车到达，因此包车的费用是主要的花销。按照包租小型轿车的标准，费用 350 元 / 天左右，因此 4 人一起包车最划算，其他费用 150 元 / 天足够了。

阿克苏

托木尔峰

【是天山山脉在我国境内的最高峰】

“托木尔”在维吾尔语中意为“铁山”，天山山脉横贯哈萨克斯坦全境并延伸到我国新疆维吾尔自治区中部，托木尔峰坐落在温宿县北部。

托木尔峰海拔 7435.3 米，被列为国家综合自然保护区。其周围有海拔 6800 米以上的高峰 5 座。托木尔峰主要有 5 条山脊：西山脊、东山脊、西南山脊、东南山脊和北山脊。北山脊以北是我国境内天山山脉的第二高峰——汗腾格里峰，两峰之间距离约为 20 公里。托木尔峰的峰顶像个鱼脊，终年积雪，气候恶劣，冰川遍布，明暗裂缝深不可测，异常险峻。这里的雪崩和滚石对登山构成很大的难度。1977 年 7 月中国登山科学考察队首次登上了托木尔峰顶。目前这里已经被开辟为保护区，保护区内森林密布，还生存着大量野生动物。

托木尔峰共有冰川 829 条，其中发育在我国境内的有 509 条，冰川总面积达 2746 平方公里，比两个祁连山冰川面积还大 1.3 倍，冰雪储量 3500 亿立方米，是中国冰川之最，比祁连山和珠穆朗玛峰地区冰雪储量的总和还大得多。

托木尔峰地区的冰川为亚大陆性冰川，这里长 10 公里以上的冰川有 20 余条，最长的冰川是托木尔峰北部的汗腾格里冰川，是世界八大山谷冰川之一，号称“天山第一冰川”，长 60.8 公里，横跨中、吉两国；另外还有一些有名的大冰川，托木尔冰川、木扎特冰川、喀拉古勒冰川、吐盖拜里齐冰川等。托木尔冰川《中国国家地理》曾被评为“中

托木尔峰

国最美六大冰川”之一。

交通：1. 乌鲁木齐南郊客运站有直达阿克苏的长途夜班车。卧铺大巴票价为107.40元。当然从乌鲁木齐到阿克苏还可以选择火车，或是飞机。火车大概需要20个小时。飞机在淡季的票价为200~500元。再从阿克苏租乘越野车北行70公里到达塔克拉克牧场，租车费在200元左右。

2. 自驾车：从乌鲁木齐乘车行驶1000公里抵达阿克苏市，再经温宿北上，行驶70公里抵达塔克拉克牧场，进入托木尔峰自然保护区的平台子旅游区，然后徒步沿琼兰河谷北上，可达托木尔峰南坡。现在登山大本营设在西琼台兰冰川海拔3900米处，从这个营地可以看到托木尔峰和海拔6342米的科其喀尔峰。

门票：进入托木尔自然保护区8元。

特别提醒：1.可从阿克苏前往温宿县，然后乘车到达平台子。从平台子需要骑马走5天到达登山大本营。由于路途遥远，又需要具有一定高海拔经验和专业装备，普通游客不宜进入。

2.最佳旅游季节为5~9月。

天山神木园

【戈壁滩中的绿洲，可感受到大自然的奇妙之处】

天山神木园内有上百棵存活千年以上、形态奇异的古树，极具观赏性。

天山南部寸草不生的戈壁滩上却有一处郁郁葱葱的园林。位于温宿城西北60公里处的神木园内有许多千姿百态的树木和奇花异草。在这里，可以深刻地感受到绿洲和荒山之间明显的分界，很是奇特。

神木园内有一条土路可通向山丘顶，山顶有一眼泉水，叫“圣水泉”。

天山神木园

此处还有被当地人称为“温宿麻扎”的穆斯林陵墓群，即库尔米什阿塔木麻扎。相传，11世纪，沙特阿拉伯一名叫苏力坦库尔米什赛依德的伊斯兰教阿訇，率领数千名信徒经印度取道西域传教，受到当地人的抵制，并爆发了严重的冲突，后被围困此地，大部分教徒战死后被埋在此地。现在阿克苏一带的伊斯兰教徒把这里作为一处宗教圣地，经常聚集在这里进行朝圣。

交通：距阿克苏市72公里。从温宿县到神木园大部分都是土路，路况较差常常行驶在田埂上，这段路没有班车，可以从阿克苏包车去，来回一般在300元左右，单程需要4小时。可当天返回阿克苏。

门票：30元，听讲解的话，另交60元/团。

特别提醒：前往神木园必须要在温宿县边防中队办理通行证，手续费8元，另交20元押金。

库车

库车大寺

【新疆境内仅次于喀什艾提尕尔清真寺的第二大寺】

库车大寺由礼拜大厅、小礼拜寺、宣礼楼、望月楼、拱顶门楼、宿舍等组成。供信徒礼拜时使用的礼拜大厅为木结构，由 88 根圆柱支撑。在寺内庭院东南角还保留了一处伊斯兰宗教法庭的遗址。礼拜堂内外可容纳 5000 名穆斯林同时做礼拜。

原库车大寺于 1918 年遭火灾被焚，1923 年由当地一名叫艾里木的人集资重建，于 1927 年竣工。

交通：坐落于库车县旧城黑墩巴扎，距库车县新城约 4 公里。在县城内乘 705 路公交车到老城车站附近，然后再步行 10 分钟即可到达。或者从新城乘坐出租车，5 元。

门票：15 元

特别提醒：小礼拜寺以北有一处声名显赫的“宗教法庭”，它是政教合一的产物，也是新疆保留的为数不多的伊斯兰教司法机构遗址，值得一看。

库车大寺

库车王府及龟兹博物馆

【中国最后一个王爷居住的地方】

库车王府是 1759 年清朝乾隆皇帝为表彰当地维吾尔族首领鄂对协助平定大小和卓叛乱的功绩而修建的。后“库车王府”毁坏严重，仅存部分房屋和城墙。后根据最后一代库车王爷达吾提·买合苏提的回忆，在原址重建“库

库车城区示意图

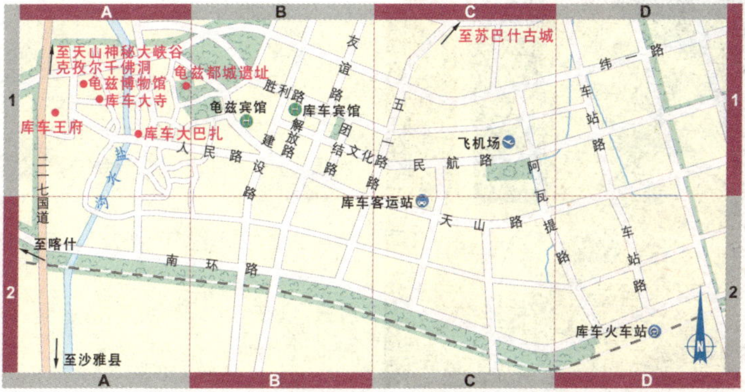

车王府”，龟兹博物馆也搬迁到王府内。

龟兹博物馆主要展出古龟兹的出土文物，馆内6个展厅：龟兹春秋、龟兹佛韵、民族民俗馆、生产生活陈列馆、民间传统工艺馆和龟兹古钱币馆，全面展示了辉煌灿烂的西域历史文化。其中，有一具在库车苏巴什古城出土的年轻女子的尸骨，女尸的头盖骨有人工压扁的痕迹，当时那是一种象征身份的习俗。

时间： 9:00 ~ 20:00

交通： 位于库车县老城林基路，可步行或乘坐三轮摩托车前往，也可乘1路、3路公交车前往。

门票： 55元

库车大巴扎

【以毛驴车众多而得名“驴巴扎”】

库车的大巴扎规模庞大，热闹非凡。从库车新城4000余平方米的巴扎大院直到老城西头，巴扎绵延不绝。每逢周末，即“巴扎天”最是热闹。巴扎

库车大巴扎

上地方风味小吃、农副土特产品、手工艺品、金银首饰及各种生活用品一应俱全。在巴扎上你也可以找到库车特产如“卡拉库尔”羔皮、库车小刀、库车小白杏、杏干等。

龟兹古渡的巴扎，在每周的星期五更是热闹到了极致，数不清的毛驴车排列在一起布满了河滩，主人家的货物与孩子往往都挤在驴车上，好似一个流动的店铺。届时，巴扎上人头攒动，规模十分盛大。

交通： 库车市不大，可以乘坐三轮摩托前往。

特别提醒： 1. 周五的古渡口巴扎在团结新桥边，这里有一座桥架在库车河上，河东是新城，河西是老城。

2. 库车大巴扎是拍摄库车人富有民族传统色彩的生活场面的理想地点。

龟兹故城遗址

【一座留给后人太多想象的西域故城】

当年的古都城的繁华只能从典籍的记载中展开想象了，《大唐西域记·屈支国》称：“屈支国东西千余里，南北六百余里，国大都城，周十七八里。”而如今的遗址毁坏严重，仅残存一段段的土墙，混杂在民居中间，很不起眼。

残存的南、北、东夯土城墙，周长大约7公里，是一个不规则的方形。东墙长1646米，南墙长1809米，北墙长大约2000米，西墙约2200米。除东、南、北三面城墙尚可辨认外，西墙已荡然无存。

交通： 位于县城西约2公里的皮朗村，314国道旁，库车公园对面。市区内乘705路公交车可达。

龟兹的明代壁画

昭怙厘大寺

【新疆规模最大的佛寺遗址群】

也称“苏巴什故城”、“雀离大寺”、“耶利巴哥拉赛遗址”，始建于东汉，在隋唐盛极一时。唐贞观二年（628），中原高僧玄奘赴印度取经西行经过龟兹，曾在这里讲经月余，当时，正值寺庙全盛时期，僧众有上万人，还有很多来自各地的高僧在这里修行。9世纪毁于战火，到14世纪伊斯兰教进入塔里木盆地后被彻底废弃。

佛寺分东、西两部分，目前残存的遗址依山而筑，存有土坯的房舍、塔庙遗址。城内有3座高塔，最北一座耸立在半山腰，可俯视全寺；西寺是一个周长约300米的方形，残垣密集，有数座高塔，北面有佛洞一座，壁刻龟兹文和佛教人物像。

交通：库车县城往东，见到路北“沙石厂”牌子后拐进一条沙石路，一直往北走可达，这条路非常颠簸，如果司机不是很有经验，建议选择另一条。另一条路由库车县城往西，到菜市场后往北，经过4师野战部队东大门，出县城后往北上沙石路。其间会穿过一个维吾尔族村子，村子里种满了柳、榆、杨、杏等树木，离开村子后是一片荒漠，是这条路最难走的一段，岔路很多，并且路大多是车轧出来的，在每年开春时有些路段就淹在水里。路面最多的是拳头大的石头，行车时要十分小心，并要系好安全带。从库车包车来回100元左右。

门票：15元

克孜尔千佛洞

【与中国四大石窟齐名，堪称东西方艺术合璧之最】

千佛洞所在地即克孜尔尕哈山谷，背依明屋达格山，南临木扎提河和雀尔达格山，现存洞窟46个，窟形较完整的有38个。

克孜尔千佛洞属于龟兹古国的疆域范围，龟兹是当时西域佛教的一个中心，在南北朝时期克孜尔千佛洞僧众近万。由于这里地处丝绸之路中道，它也成为佛教传入中原的一个通道。克孜尔千佛洞最早大约开凿于3世纪，直到8～9世纪逐渐停建，延续时间之长绝无仅有。

石窟是佛教艺术的一种重要形式，通过建筑和壁画来宣传佛教教义。这里的洞窟大致有两种形制：一种是僧房，室内有灶炕和简单的生活设施，还有一种为佛殿，不同形制的洞窟组合成一个单元，功能上即相当于一座佛寺，克孜尔千佛洞即是由众多这样的单元组成。众多的石窟中，最有特点的是中心柱式石窟，一般分为主室和后室。观看的顺序应该是：先参观主室石窟正壁的主尊释迦佛，侧壁和窟顶的壁画，然后按顺时针方向进入后室，观看佛祖“涅槃”

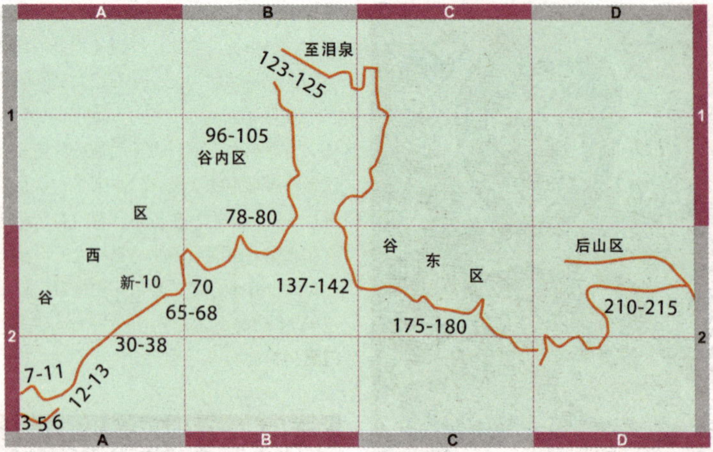

克孜尔千佛洞石窟分布图

像，然后再返回主室，观看石窟入口上方的弥勒菩萨说法图。

克孜尔千佛洞的壁画内容除佛传、因缘故事和本生故事之外，还有古龟兹人的日常生活场景。为了便于进入石窟参观，克孜尔千佛洞架设有栈道，上栈道之前，会看到一座塑像，为古代龟兹高僧鸠摩罗什。

交通：位于拜城县克孜尔东南 7 公里处的河流阶地上，东距库车县城约 69 公里，只能包车前往。其中克孜尔千佛洞、克孜尔尕哈千佛洞和烽燧景观费时 1 天，如从库车客运站包车前往，往返车资为 400 元左右。如果要顺路去看克孜尔尕哈烽燧，价钱会高些。

门票：谷西窟门票 55 元；谷东窟门票 55 元。另外还有一些个别石窟需要另付费：每一窟的费用在 100 元左右。导游的价格是 10 元 / 人，3 ~ 4 人 30 元，11 人以上 100 元。

特别提醒：1. 克孜尔尕哈千佛洞不是随时开放，去之前可以向库车旅游局打听。

2. 克孜尔千佛洞观窟线路为：8号—10号—17号—27号—32号—34号—43号—47号—48号—49号。

克孜尔尕哈千佛洞

【在这里的壁画中存有最完整的古代龟兹武官画像】

克孜尔尕哈千佛洞为唐代遗址，开凿在东西宽 170 米、南北长 300 米范围内的崖壁上。现存洞窟 54 个，编号洞窟 46 个，其中较完整的洞窟 39 个，有壁画的洞窟 13 个。石窟的建筑形式多样，以支提窟和毗河罗窟为主。石窟是距古代龟兹国都城最近的一处石窟寺，属于国家级寺院，是龟兹石窟的重要组成部分，也是“丝绸之路”上一处重要的佛教文化遗址。

石窟壁画均是典型的龟兹风格，主题也多为佛本生故事及龟兹文题记。全盛期的石窟壁画展示了“曲铁盘丝”画法，色彩鲜明华丽，人物姿态自然，服饰华美多样。其中以第 30 窟的八身飞天最为著名。

此外，壁画也有其他内容，如第 11 号、第 30 号窟中壁画中的武士像和第 14 号窟中所绘“八国骑士分舍利图”，是目前最完整的古代龟兹武官画像。

克孜尔千佛洞石窟

克孜尔尕哈烽燧

【是现存的烽燧中保留最完好的一座夯土建筑的烽火台】

“克孜尔尕哈”是古突厥语，意为“红色的哨卡”，烽火台修筑于汉代。汉王朝统治西域，这些烽火台发挥了重要的联络功能。当年烽火台燃起狼烟，一座接一座，能一直连通至京都长安。

克孜尔尕哈烽燧坐落在一片平坦的黄土地上，高约15米，由黄土夯筑。其底部为长方形，东西长6米，南北宽4米，自下而上逐渐收缩，上部还残留着木柱。因为烽燧所处地风较大，常年的风蚀与雨水的冲刷，已经使烽燧南面被风吹出凹槽。

交通：位于库车县城西北13公里处，从克孜尔尕哈烽燧往东就能到达，步行需1小时左右。可从库车包车前往。

特别提醒：其中的讲经窟在龟兹石窟中别具一格，以浓郁的龟兹画风及珍稀的龟兹文题记而在艺术和历史方面具有极高的价值。

库木吐拉千佛洞

【素以优美的壁画著称，集中体现了四大文明古国文明的交融】

库木吐拉千佛洞开凿在渭干河谷东岸的山上，绵延有1公里多。一眼看去密密麻麻的洞窟布满山崖，山下河水湍急，颇为壮观。库木吐拉千佛洞的开凿大致上可以分为3个时期，依次是两晋时期、南北朝至隋朝、从隋唐延续至宋代。

库木吐拉千佛洞的石崖上有大量的题记，有回鹘文和古龟兹文两种文字，说明这里曾受到不同文化的影响。最精彩的是石窟内的壁画，出现了“西方净土”、“东方药师”、“法华”、“弥勒”等故事画，其内容和风格与中原佛教艺术相近，此外，还吸收了印度等外来艺术的成分。

已编号洞窟有47个，现较完整的洞窟有38个，其中19个为支提窟，19个为毗河罗窟。较为特殊的是第24号窟，为七角形平面，正中有柱支撑，左右开甬道，且是平顶的支提窟，这种形

背包客收藏：鸠摩罗什与中国佛教

鸠摩罗什是我国古代著名的高僧，中国四大佛经翻译家之一。他出生于龟兹，9岁曾跟随母亲到了北天竺，潜心学习佛经。12岁返回龟兹时，龟兹王亲自远迎，并专门为他造了金狮子座，以大秦锦褥铺之，请他升座说法。鸠摩罗什和他的弟子共译出佛经74部，对我国佛教文化做出了重大的贡献。

式在目前所有的石窟群中十分罕见，壁画具有浓郁的古龟兹风格。

交通：位于库车县城西北30公里处，可从库车包车，往返费用150元以上。

门票：35元，但仅能参观8个洞窟。个别洞窟另收100～500元不等。

盐水沟

【一种十分少见的地质现象，有“火星山谷”之称】

盐水沟当地维吾尔人称其为“克孜尔亚山”，意为“红崖”。

在这里，你看不到任何绿色植物。地层由于亿万年的沉积，形成一层层的节理，地壳挤压又使这些节理断裂、倾斜，互相交错。由于泥土含矿物质的原因，呈现出赭红、玫瑰、青绿、淡黄、浅灰、月白、深黛等各种色彩。山壁布满了裂缝，大自然造就了一个令人惊奇而独特的景观，让人感觉好似身处外星球，因此也有人叫这里“火星山谷”。

交通：出库车县城沿独库公路行进十几公里即见到一座公路桥，这里就是盐水沟。

特别提醒：这里是去克孜尔千佛洞的必经之路，建议两个景点做1天的行程安排。

库车大峡谷

【世界罕见的大峡谷，是阿克苏地区最不可错过的景点之一】

天山神秘大峡谷其实就是克孜利亚大峡谷。大峡谷由一系列红褐色的巨大山体群组成，经过亿万年的造山运动、风雨与山洪的冲刷，造就了一个现代抽象艺术的画廊，身处其中除了震惊之外，你更会明白为什么这块土地对于旅行者会有如此之大的吸引力。

车子不能开进峡谷，必须徒步，一路上有很多类似“一线天”的狭窄通道，距离谷口大约1公里的地方，在谷道左侧峭壁上有盛唐时的千佛洞——阿艾石窟，它的发现过程颇为传奇，1999年4月，当地的牧羊人阿布来提登上一处山崖时，正在找寻自己丢失的羊，突然脚下一滑，遂跌入一处裂缝中，随后他惊奇地发现自己身处一个洞窟中，周围的墙壁上到处都是精美的壁画。

借助一条绳梯便可进入石窟，洞口距地面高40余米。石窟呈方形，洞窟正面的壁画上绘有西方三圣图，中为阿弥陀佛，左侧是观音菩萨，右边为大势至菩萨。洞窟的右壁绘有卢舍那佛、琉璃光佛和文殊菩萨等五尊画像，壁画生动而精美，且保存较好，由于库木吐拉汉文化风格的石窟遭损毁严重，同类型的阿艾石窟壁画就显得尤其珍贵。

时间：8:00～17:00

交通：在库车以北64公里的库车河畔，217国道边上，从库车包车前往，费用约200元。或者搭乘库车至东风煤矿的班车，从早上10：30开始，每天发5班车，在大峡谷下车。阿克苏市有旅游专线直达。

门票：60元。区间车配备讲解员，免费为游客提供讲解。

特别提醒： 1. 自驾游的游客，按照不同的座次收费（不含门票）：5座以下（含5座）每车次50元；5座以上7座以下（含7座）每车次70元。自驾游者无须再支付停车费。

2. 如将车辆停靠景区门外，则需要支付停车费：小车（7座以下含7座）每车每天10元，大车（7座以上）每车每天15元。

背包客推荐：
库车大峡谷景区内区间车

线路1：门前服务区—照壁山水库大坝—葫芦口—照壁山庄，单程每人次6元；

线路2：照壁山庄—进山沟1.3公里—敖包—四棵树—仙境泉—少妇哺乳—哈熊望月—天鹅湖，单程每人次10元；

环线1：照壁山庄—进山沟1.3公里—敖包—四棵树—仙境泉—少妇哺乳—哈熊望月—天鹅湖—五彩山—天门—石门—天山石林—金驼峰—哈熊沟口—降妖柱—太阳湖—盘山道口—加斯达坂—返回至影视基地—石头沟口—照壁山庄，全程每人每次40元；

环线2：天鹅湖—庙尔沟村牧家乐接待区—圣水泉—盘山道—哈萨克风情园—冬窝子—玻璃房—乌兰海沙拉—天鹅湖，全程每人次25元。

大、小龙池

【没有喀纳斯湖、赛里木湖、喀拉库勒湖出名，但很美】

在库车以北的天山深处，有两个高山湖泊，被称为大、小龙池。唐代高僧玄奘在他所著的《大唐西域记》中有关于大龙池的记载：大龙池湖滨四周环绕着白雪皑皑的山峰，在雪线以上生长着雪莲。湖边草原上牛羊成群，牧民的毡房点缀其间。

库车大峡谷

大、小龙池相距约7公里，从库车方向去会先经过小龙池。在距龙池20公里处是铁力买提达坂，这里有中国最长的公路隧道，再往前走70公里即进入巴音布鲁克大草原。

交通： 大、小龙池离库车约160公里，就在国道边上。路过此地的班车很多，如库车—新源、库车—独山子、库车—伊宁，这一段路况较差。由库车客运站包车去大、小龙池1天来回300～500元。

住宿： 在湖边住宿可去当地牧民的蒙古包，具体价钱双方可商议决定。

特别提醒： 1. 从库车方向去先到小龙池，然后才是大龙池。班车会路过天山神秘大峡谷。

2. 6～9月是大、小龙池的最佳旅游季节。大龙池湖滨很适合宿营，但要注意带上保暖衣物，当地牧民在盛夏的8月也依然穿棉衣。

3. 大、小龙池水极冷，不宜游泳。

实用资讯

交通

阿克苏自古就是交通要道，如今阿克苏市民航班机北达乌鲁木齐，南飞喀什。阿克苏境内公路总里程2584公里，314国道贯穿境内，向北跨天山，可达伊犁；向南越沙漠可通和田地区；西抵喀什地区、莎车县；东通库车达库尔勒、吐鲁番和首府乌鲁木齐。

阿克苏

阿克苏市是阿克苏地区政治、经济、文化中心。也是南北疆交通要道。阿克苏航空、铁路都可以到达，公路由314国道和多条省道构成密布的交通网络，交通便利。

航空

阿克苏机场位于市区北部距离温宿县城5公里，距阿克苏市12.5公里，因此也被称为温宿机场。机场以北2公里处有乌喀公路通过。阿克苏机场每天上下午各有往返乌鲁木齐的航班，单程1小时10分钟左右。

阿克苏机场现有航空售票处7处，已覆盖整个阿克苏市，主要有南大街航空售票处、国际大酒店售票处、银海大酒店售票处、良友大酒店售票处、天福大酒店售票处、新伟大酒店售票处、地区迎宾馆售票处。同时在阿拉尔市、巴楚县、乌什县、吐木舒克市开办了远程售票点。

铁路

南疆铁路经过阿克苏，因此从阿克苏去往喀什、阿图什、巴楚、阿克苏、新和、库车、轮台、库尔勒、焉耆、和静、巴伦台、吐鲁番、乌鲁木齐都很方便。乌鲁木齐与阿克苏之间有多次经停列车。

阿克苏火车站问询处

时间：8:00~12:00、13:00~20:30、0:00~4:00。

地址：位于阿克苏市西大街10号地区艺术中心

电话：0997-6635222

特别提醒：市内售票点可发售阿克苏始发及库尔勒、乌鲁木齐始发的异地车票，每张车票收手续费5元。

公路

阿克苏有两个客运站，地区中心客运站有发往库车县、拜城县、新和县3地的班车，每天10:00~20:00每隔1小时一班。

电话：0997-2613969

地区客运站主要运营开往乌鲁木齐、库尔勒、乌什县、阿瓦提县、拜城县、柯坪县的班车。

电话：0997-2612229

区内交通

阿克苏公交线路遍布全市，十分方便。市内出租车起价5元。

库车

航空

库车机场位于库车县库车镇民航路135号，就在库车县城东北方向距县城中心2公里左右的地方。

电话：0997-7134250

铁路

库车是南疆铁路线上的一站，火车班次很多，但库车作为沿途站没有始发列车。

库木吐拉千佛洞

库车火车站

交通： 县城内乘 6 路公交车可以到火车站

电话： 0997-6636462

公路

库车客运中心有发往乌鲁木齐、喀什、阿克苏、库尔勒、焉耆及周边各地的班车。

地址： 位于天山路 105 号、314 国道旁。

电话： 0997-7122379

特别提醒： 阿克苏地区中心客运站每天 10:00～20:00每小时一班车开往库车县。

区内交通

市内有公交车，其中 1 路经过长途车站，6 路经过火车站和长途车站。还有很多中巴车都是招手可停的，只需 1 元。三轮摩托车一般在县城内转，3 元足够。库车分为老城区和新城区，705 路公交连接新老城区，老城区内还有很多马车也载客，1 元 / 人。市区内出租车 5 元起价，如果想要包车去景点则价格需要商量，库车提供包车服务的几乎都是夏利车。

住宿

阿克苏

鸿福金兰大饭店

位于阿克苏市商业、金融中心，距阿克苏市标志性雕塑——五彩棉桃 100 米，与世纪广场隔街相望。标准间 368 元 / 间（含早餐），单人间 328 元 / 间（含早餐）。

地址： 位于阿克苏东大街 32 号

电话： 0997-2283555

阿克苏宾馆

是国家定点涉外接待单位。宾馆设施豪华，功能齐全，有清真餐厅、自助餐厅。标准间 360 元 / 间。

地址： 位于阿克苏市新华西路 9 号

电话： 0997-2122000

特别提醒： 阿克苏市最繁华的地方在西大街、东大街和南大街、北大街构成的“十”字区域内，所以建议游客住在这一带的宾馆，会很方便。

库车

库车饭店

标准间：150 元 / 间（含早餐）。

地址： 位于天山东路 266 号

电话： 0997-7233156

库车宾馆

是一家始建于 1958 年的老字号，库车县最早的政务及涉外旅游准四星级宾馆。后按旅游涉外三星级饭店标准进行整体装修，现有豪华套间、单人间、标准间等各种客房；其他相应设施也非常完备。标准间为 280 元 / 间。

地址： 位于库车县解放北路 17 号

馕坑烤肉

电话： 0997-7122901

交通宾馆

位于客运站旁，标准间带卫生间，100 元 / 间。

地址： 位于天山东路 87 号

电话： 0997-7122682

餐饮

库车馕在新疆都很有名，有言道“库车馕大如车轮”；奶茶是在熬煮后的茶中加牛、羊奶和盐后制成的，是哈萨克、维吾尔族传统家常饮料，被称作“东方咖啡”；馕焖肉绝对称得上本地特色，其实就是把做好的红烧羊肉扣到馕饼上，既美味也果腹；桑葚糕是将桑葚挤压出汁，和入面粉、羊油煮成糊状而制成的。

在阿克苏地区维吾尔族人口占多数，所以特色餐饮为维吾尔族风味菜肴与小吃，如烤全羊、烤包子、烤馕、烤羊肉串、拉条子、酸奶子、羊羔肉、抓饭等。

库车客运站旁边的五一中路餐馆相对集中，在县城民航路红都大酒店街对面，有一家“艾买尔火锅烤肉店”也值得推荐，羊腰子 3 元 / 串，烤肉 2 元 / 串，这家烤肉店营业时间为 10:00~ 次日 2:00。电话：0997-7124634。库车步行街两侧也有很多饭馆、网吧、咖啡馆。

购物

阿克苏是新疆的“塞外江南”，当地的西瓜、甜瓜、葡萄、苹果、香梨、桃、杏、红枣等格外味美香甜；尤其要介绍的是白杏，闻名全疆，另外就是阿克苏红富士，堪称独一无二，吃到苹果的核心部分能看到一个小核似的糖心，那就是正宗的阿克苏红富士，甜如

库车大馕

蜜。另外，卡拉库尔羊是从中亚引进的良种羊与本地良种羊杂交而育成的新品种，其羔羊皮遍体漆黑，手感柔软、细滑，通称“库车黑羔皮”，在国际市场上享有盛誉。此外，库车小刀和库车小白杏、杏脯、杏干都是有名的特产。

除了美食外，阿克苏的花帽也很有名。这里的图案纹样多采用菊花、梅花、莲花、牡丹等，是具有一定知名度的工艺品。

背包客收藏：新疆花帽

新疆花帽是一种日常的服饰，但因为其造型、工艺和色彩的独特性、丰富性而成为一种新疆特有的工艺品。

花帽都采用民族传统的绣花、挑花、绊金、绊银、串珠等方法，用手工缀成各种图案绣织而成。具有质地鲜艳、光泽四溢、绚烂多彩的特色，使人看后爱不释手。花帽还可以按缝折叠，便于携带和保存，一般用黑白两色或彩色的丝线绣出民族形式的花纹图案，按制作方法和工艺特点可分为丝线平绣、丝线结绣、串珠片绣、格子架绣、盘金银绣、十字花绣和扎绒刺绣等。天山南北各地花帽都有明显的地方特色。

KASHI AREA
喀什地区

阿勒泰
塔城
克拉玛依
博尔塔拉
昌吉
乌鲁木齐
伊宁
和静
（巴州）
哈密
吐鲁番
阿克苏
克孜勒苏
喀什
巴音郭楞
和田

走遍中国 · 新疆

KASHI AREA
喀什地区

俗话说“不到喀什不算到新疆”，可见喀什对于新疆之旅的重要性。

这是一座在强烈的阳光下泛着土黄色的、维吾尔族最主要的聚居小城，老城区二三层的小楼在临街的窗子上搭着遮阳棚，将明亮的阳光切割得七零八落，投射到本来就狭小的巷子的路面上。蒙着面纱、衣着艳丽的女人匆匆走过；忙碌的男人赶着毛驴出入规模宏大的巴扎。清真寺是这个城里最壮观的建筑，细密的黄土砖排列出由线条与图形组成的华美图案。祈祷前，阿訇们在梆克楼上平静地注视着土黄色的拥挤的大片民居，而后，用悠长而铿锵的音调呼唤着：“安拉，色拉普，哈伊鲁比，纳吾来……”

喀什被称为“歌舞之乡”，1000多年前的隋唐时代，喀什歌舞就在中原大放异彩。无论男女老幼，情之所至便翩翩起舞、引吭高歌。维吾尔族舞蹈或质朴短小，或规模宏大，或粗犷豪放、鲜明跳跃，或浓郁雍容、深沉悠长。《十二木卡姆》则更是集维吾尔音乐之大成，是维吾尔歌舞艺术的稀世瑰宝。

在喀什地区众多的景点中，从喀什去往帕米尔高原沿途的自然风光最美。很多人到了喀什都会走这条线路，其沿途穿越了克孜勒苏柯尔克孜自治州，因此本章将喀什地区与克孜勒苏柯尔克孜自治州放在一起介绍。需要特别提醒一下的是，喀什是中国地理位置最靠西的主要城市，日出、日落的时间比北京大约晚2小时30分钟。

前世今生

公元前 60 年，汉王朝在此设西域都护府。作为西域的一部分，喀什被正式列入汉朝版图。公元 74 年，东汉名将班超在喀什驻守 17 年。唐太宗以后，喀什成为重要的军事据点。此外，唐僧西天取经时也曾路过此地。五代至宋朝，喀什先后为喀喇汗王朝和西辽所管辖。喀喇汗王朝时期，曾以喀什为首府。到了元代，喀什成了成吉思汗次子察合台太子的封地。明代，喀什成为西域四大回城之一。15 世纪海路开通之前，喀什作为“丝绸之路”上的交通要冲，一直是中外商人云集的国际商埠。

旅行与季节

喀什地处中亚腹部，属于典型的温带大陆性气候。四季分明、光照充足、气温变化大，降水稀少，蒸发量大，使得这里成为新疆重要的瓜果产地。夏季炎热，但酷暑期短；冬无严寒，但低温

喀什与克孜勒苏地区旅行交通示意图

期长；春夏两季多大风、沙暴、浮尘天气。喀什地区最冷月是1月，平均气温 -6℃；最热月是7月，平均气温27℃。每年的6、7、8、9月份是来喀什旅游的最佳时间。

焦点

■ 逛逛大巴扎

巴扎，是维吾尔语“集市”的意思。自古以来，喀什就是古代丝绸之路上的名城重镇，东西南北的货物汇集于此之后，再流向内陆或运往海外。因而，喀什自然而然地成为一个货物集散地。巴扎这种形式在喀什，已经延续了两千多年，其中最负盛名的是喀什的东门大巴扎。成千个摊位、上万种商品、近10万的客流，使东门大巴扎在喀什众多巴扎中脱颖而出，因此自古就有“亚洲最大集市”的美誉。每逢星期天，都是喀什的巴扎日。在这一天，到巴扎逛逛不仅能感受到巴扎的热闹劲儿，还能集中地体验一回喀什的民风与民情。

喀什手工艺人

■ 拜拜香妃墓

在各种野史异志中，香妃一直是一个传奇。这个身附异香的回族女子，无论在金庸笔下，还是在琼瑶的剧本中都熠熠生辉。喀什的香妃墓是新疆最大的陵墓。墓地里并非只有香妃冢，还葬有其家族5代72人。香妃墓的整个墓地属于典型的维吾尔族建筑，由门楼、小礼拜寺、大礼拜寺、教经堂和主墓室五部分组成。无论追寻美女，还是参观维吾尔族墓葬，这里都是喀什不可错过的一站。

■ 看看慕士塔格峰

慕士塔格峰在维吾尔语中有“冰山之父”的美誉。与公格尔峰、公格尔九别峰并称为“昆仑三雄”。慕士塔格峰峰顶终年积雪，平均冰雪厚度达100~200米。普通游客，建议选择到喀拉库勒湖，去瞻仰一下慕士塔格的风姿就可以了；如果你是登山爱好者，那么慕士塔格峰就是你初涉7000米级山峰的首选；对于滑雪爱好者而言，慕士塔格峰则是世界上最高的能够滑雪的山体。

行程推荐

■ 喀什3日游

必游景点：喀拉库勒湖、慕士塔格峰

可以尝试：于喀拉库勒湖周边宿营，拍摄慕士塔格峰湖水中的圣洁倒影

D1 喀什前往喀拉库勒湖190公里，车程4小时，遥望慕士塔格峰，如无高原反应可宿湖边帐篷宾馆或前往塔什库尔干住宿。

慕士塔格峰

D2 从塔什库尔干租当地车前往石头城，路况较差，前往红其拉甫口岸的路况较好，须办理边防证。

D3 从塔什库尔干返喀什。

特别提醒： 这是喀什最经典的线路之一，9～10月中旬时节最美。其中，喀拉库勒湖可作1日游安排，喀什—红其拉甫也可2日往返，但时间很紧。

建议尽量选择日出和日落的晴朗时间观看和拍摄最美的诗画般风光。

预算

在喀什市区活动开支不会太大，有必要匀出一些购买特产如英吉沙小刀、巴基斯坦工艺品的钱。除了包车去景点的费用较高外，塔什库尔干几乎没有让你花钱消费的地方，最好找 2 ～ 3 个旅行者一起租车，分担费用会经济一些。包车去红其拉甫 120 公里左右，约 500 元，包车去公主堡也差不多。开支平均每天 100 ～ 150 元比较正常。

喀什

艾提尕尔清真寺

【新疆规模、影响都居第一的清真寺，也是一处受保护的明代建筑】

艾提尕尔清真寺坐落于市中心艾提尕尔广场西侧，喀什的老城就是以艾提尕尔清真寺为中心的。早在 1442 年，喀什噶尔的统治者沙克色孜·米扎尔的后人在此建起一座小寺，用以祭祷亲友。1538 年，其后人乌布力阿尔伯克将寺扩建成为聚礼用的大寺。经多次扩建，形成现有的规模。

整个寺庙总面积 16800 平方米，由礼拜堂、教经堂、门楼和其他一些附属建筑组成。寺门用黄砖砌成，高 4.7 米，宽 4.3 米，门楼高约 17 米，在大门的门楣上方镶嵌着《古兰经》经文，气势非凡。在门楼的两旁各建有一座 18 米高的宣礼塔，塔顶立有一弯新月。每日黎明，寺中阿訇要 5 次登上塔高声呼唤穆斯林前来做礼拜。

清真寺的庭院非常宽大，院内共有 36 间教经堂，供阿訇讲经之用；礼拜殿是寺内的正殿，是一座伊斯兰古建筑，分内殿和外殿。殿外的 158 根雕花立柱，雕刻精美，是伊斯兰建筑装饰手工的杰作。穆斯林进入廊檐必须脱鞋，因此在做礼拜的时候，门外无数的鞋子也蔚为大观。

每天来这里做礼拜的穆斯林人数众多，到了主麻日，也就是星期五，常能达到五六千人，主麻日是一周内最重要的礼拜。艾提尕尔清真寺也被称为“星期五清真寺”。每年一次的古尔邦节时人数则往往数以万计。

喀什城区示意图

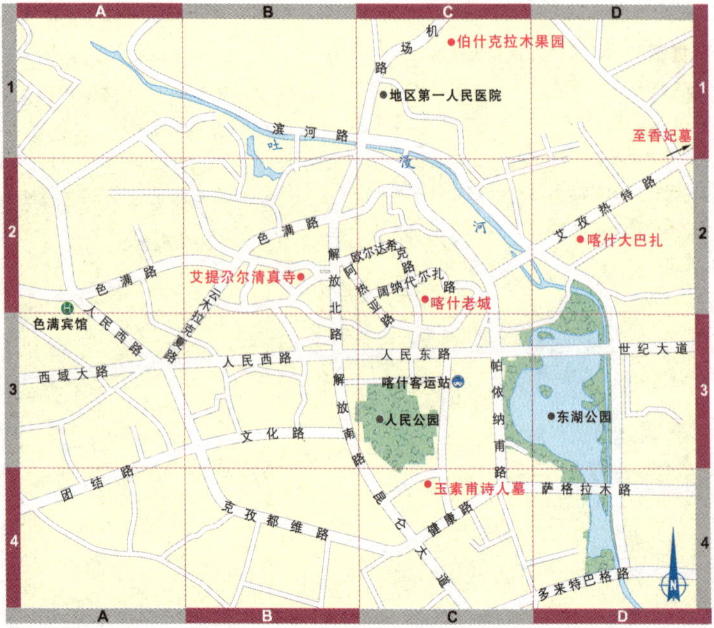

艾提尕尔清真寺

大寺门前的艾提尕尔广场，平时是喀什人消遣散步的地方，也是每年民族节日群众游乐歌舞的重要场所。

交通：乘 7 路、13 路、28 路公交车和中巴都可到达。如果你住在其尼瓦克宾馆，从宾馆大门出来，穿过斜对面的老城巷子步行 10 分钟即可到达。

门票：20 元

特别提醒：1. 周五的礼拜非穆斯林不能入内。

2. 按照伊斯兰教的规矩，妇女一般严禁进入清真寺，现在艾提尕尔作为一个开放的景点，平时允许女游客进入，但进入之前一定要问清楚，征得当地人的允许。

3. 游客进寺时要脱鞋。

4. 一定不能站在朝拜人群的前方和侧面拍摄。在任何时候，你进入寺内拍照都要取得主持阿訇的同意。

5. 严禁在艾提尕尔寺内喧哗。

6. 清真寺的门票是张明信片，可以填写了直接寄出，大门口就设有邮箱。给自己或朋友寄张盖有中国最西端的主要城市的邮戳的明信片，也是一种不错的留念方式。

喀什大巴扎

【新疆最负盛名、规模最大的巴扎】

喀什大巴扎堪称新疆最大规模的农贸市场，喀什目前有 20 多个大型巴扎，按经营的项目分有综合巴扎、农副产品巴扎、手工艺品巴扎、民族特需商品巴扎、靴鞋花帽小刀巴扎、柴草煤炭巴扎等，每类巴扎都具有鲜明的民族特色和地方特色，其中最著名的是位于吐曼河畔的喀什大巴扎，又称为“中西亚国际市场”。

这里各种土产手工制品和外来商品大量集中，可谓应有尽有。自从红其拉甫口岸和吐尔尕特口岸相继开放后，一条国际商品的通道变得畅通起来，外国游客和个体商人、商团带大量商品来到大巴扎上交易。

自古以来，巴扎除了是一个买卖交易的商品市场外，也是维吾尔族人社会活动的场所，在大巴扎上，你往往能看到各种艺人的表演，甚至乞讨者。瑞典汉学家贡纳尔·雅林在他的《重返喀什噶尔》一书里描述道：“喀什的生活是围绕着巴扎而建，整个喀什噶尔就是一个大巴扎……”其实，“巴扎”本来还有一个意思，即“杂乱”。上百年来，喀什人已经习惯了见缝插针自发地设置他们的驴车，因此很不习惯现在固定的摊床，刚刚布置好的市场规划，往往几个星期就混乱了。

大巴扎里最喧闹的也许是牲畜巴扎，成千上万的骡马牲畜占领了整个场地，牲畜的叫声此起彼伏。然而卖羊人却有自己行之有效的办法来管理羊群，他们以羊的高度拉一根绳，让羊的脖子靠在绳上，一边一只紧靠在一起。羊群虽多，却好像列队的士兵一样整齐划一。

交通：市内可乘坐3路、10路、11路公交车到东湖公园站下车，然后步行即可。如果住在色满路一带的宾馆，直接就有中巴车，打车不到10分钟就到了。

特别提醒：1. 传统的大巴扎本是星期日开放，现改为每天开放。但是习惯使然，大巴扎最热闹的场面依然出现在星期日。

2. 除了喀什大巴扎外，在喀什地区一星期里每天不同的地方都有巴扎，那种乡野村镇自发而原始的巴扎也许味道更为醇正。

喀什老城

【较为完整地保留了老城风貌、以伊斯兰文化为特色的城市街区】

喀什老城位于城北，俗称“老城”，以江库尔干巷和布拉克贝希巷为主线，是一处“迷宫式”城市街区，与著名的艾提尕尔清真寺隔街相望。

喀什老城面积约占整个喀什市区1/5，老城内有省级、市级文物保护单位12处，由古街老巷、古老民居构成，是集中体现维吾尔民俗风情、建筑艺术的街区，在这里还可以更多地了解维吾尔族传统手工艺品的制作过程，品尝醇正的维吾尔族风味。

老城的民居层层叠叠，有些建在坡地上，也有些好似积木，以一种随意的方式叠加在一起，远远看上去好似城堡一般。这些过街楼、半空楼、悬空楼的建筑样式不仅是旅游者眼中的人文景观，其实也充分体现了维吾尔人在极为有限的生存空间里巧妙的居住智慧。很多传统民居已有百年历史，个别民居更保留了300多年，老城区因此成为还在使用着的人文风景区。如今像喀什老城

喀什老城

这样的城市格局世界上已不多见了，但在唐代以前的西域，这种城市是非常普遍的。

喀什老城现在还是当地维吾尔族居民的生活中心，有110多座大大小小的清真寺，清真寺与学校、集市、手工作坊、民居一起组成了维吾尔族传统的生活空间。如果有时间，老城很多细节都值得慢慢去发现。江库尔干大清真寺、墩美斯其提清真寺、阿热欧尔达清真寺都是老城里的清真寺，其中，阿热欧尔达清真寺因独特的地方民族建筑风格而被建筑学家和史学家称为古代建筑艺术的典范。喀喇汗王朝王宫、欧尔勒达大门（王宫大门）、喀日克大门、苏大门、托克扎克大门都是老城里值得注意的细节。

交通：老城位于喀什市中心，从各个方向去都很方便，如果你住在市区，基本上都可以步行前往。

门票：30元

特别提醒：逛老城可沿着恰萨路—阿热亚路—东巴扎一路参观，这条线路特色相对较为明显。老城的石板路也很有讲究，其六边形的地砖表示此路通行，四方形的砖则表示此路不通。

吾斯塘博依巷

【这里会聚了喀什最传统的手工作坊】

这条街巷呈拐尺形，布满了木器作坊、铜器作坊、乐器作坊，沿街摆放着手工土陶、民族乐器、印花土布、金银首饰等各种手工艺品。

九眼泉

【自然与人文共同浸润着的泉水】

“布拉克贝希”维吾尔语意为“泉的源头”，又称“九龙泉”，也即这里曾有九眼泉水，但因自然和人为的因素，现九龙泉仅剩下五眼：塔希布拉克即石头泉、诺尔布拉克即渡槽泉、纳瓦依布拉克即诗圣泉、玛尔江布拉克即珍珠泉、依乃克布拉克即镜泉，这些泉名都与传说有关，也都寄寓了喀什人对生活的热爱和美好的愿望。

维吾尔族音乐表演

高台民居

【喀什较为集中的土陶作坊聚集地】

高台民居是喀什市老城东北端一处建于高40多米、长800多米黄土高崖上的维吾尔民族聚居区，距今已有600年历史。“阔孜其亚贝希”是高台的维吾尔语名称，意为“高崖土陶”。因高崖时代居住着生产土陶的手工艺人，还有数十家土陶作坊而得名。

这块高崖早在两千多年前就矗立在这里，9世纪中期喀喇汗王朝时的王宫就建在这个高崖北坡上，南坡则是现在的高台民居。过去，高崖北坡与南坡是一体的，后来被洪水冲断，从此南北形成了现在各自的两个高台。高崖上居住的全部是维吾尔族人，由于信奉伊斯兰教，有大大小小的清真寺7座。此外有四五百年历史的古老民居，有四十多条迷宫般的古老小巷，有维吾尔族特色的家庭建筑，还有维吾尔族民间工艺品等。高台民居博物馆是家私人博物馆，藏品中最早的手抄本《古兰经》距今有500多年的历史。

在800多年前有一个烧制土陶的匠人发现了高崖上一种叫“色格孜”的泥土，质地细腻，黏性较强，于是就在高崖上建造了第一个土陶作坊。最兴旺的时期有近百家土陶作坊，现保留不多。这里的土陶制品多达百种，涉及日常生活的方方面面。531号参观户“祖农阿西木五代手工土陶”是制陶历史悠久的代表，至今已传承了六代人。据主人介绍，用这种陶碗盛饭盛水非常保鲜，常使用还可以防癌。

香妃墓

【这个庄严华丽的建筑是新疆最大的陵墓】

香妃墓又名“阿帕霍加墓”，始建于1640年前后，是一座典型的伊斯兰式古老的陵墓建筑。

实际上喀什的“香妃墓”是容妃的曾祖父阿吉·穆罕默德·优素福·霍加的墓地。墓室内的墓台上排列着大小不等的58个坟丘，埋葬着阿帕霍加5代共72人。陵墓均用白底蓝花琉璃瓦覆盖，而其中有个名叫“希帕尔罕”的女子，即是传说中的“香妃”。

整个陵墓为典型的维吾尔族建筑，宏大而威严，陵墓由门楼、小礼拜寺、大礼拜寺、教经堂和主墓室5部分组成。主墓室为方体圆顶，横长36米，纵深29米，通高27米。墓室四周的墙上贴有绿色琉璃砖，瓷砖表面绘有精美的彩色图案。

陵园大门左侧有一座高低礼拜寺，夏天，穆斯林们在高的礼拜寺做礼拜，到了冬天则去低的礼拜寺做礼拜。

交通：坐落在喀什市东北郊5公里处的浩罕村，在市内乘20路公交车可达。如果乘坐出租车，往返需25元左右。

门票：香妃墓30元，果园10元，千年古尸10元。

香妃墓

背包客收藏：香妃其人

关于香妃的传说有很多，其中一种说法认为：香妃“玉容未近，芳香袭人，既不是花香也不是粉香，别有一种奇芳异馥，沁人心脾”，这种特殊的香味指的是沙枣花香。香妃原是新疆回疆酋长霍集占的王妃，回疆叛乱，霍集占被清廷诛杀，香妃被生擒并送与乾隆帝。但香妃心怀“国破家亡，情愿一死”之志，始终不从乾隆，最后被太后赐死。她死后，悲痛欲绝的乾隆皇帝派人将她送回家乡喀什。

但历史的真实并非如此。乾隆帝先后有嫔妃 40 多人，只有容妃和卓氏来自叶尔羌（今新疆莎车）回疆，一般认为容妃就是传说中附会的香妃，但容妃和卓氏是秉持伊斯兰教始祖派噶木巴尔的后裔，生于雍正十二年（1734），属和卓旗。乾隆二十五年（1760）二月，定边将军兆惠平定回疆，和卓氏亲属因配合清军作战有功而受封，并到京师定居，和卓氏也随同到京师。后和卓氏被选入宫，后被封为容嫔、并晋升为容妃。容妃深得乾隆帝宠爱，乾隆五十三年（1788）四月病故，年 55 岁。史籍与档案中，也未见容妃有体散异香的记载，更无被皇太后赐死的结局。可见，香妃应是传说中的人物。

伯什克拉木果园

【喀什对游人开放的、最大的果园】

在喀什，四季都能吃到各种新鲜佳果，即使是冬天也都有贮藏过冬的瓜果可以品尝，最好的地方就是去果园。

伯什克拉木果园占地 70 亩，人们都在葡萄架下席地而坐，品尝新鲜果品，欣赏维吾尔族歌舞。水果价格很便宜，果园还准备有其他的清真菜可以品尝。5 ~ 11 月是杏、樱桃、无花果、甜仁桃、碧玉桃、蟠桃、李光桃、西瓜、甜瓜、梨、苹果、葡萄、石榴等水果丰收的时候，是最佳的旅游季节。

喀什是享有美誉的水果之乡

时间：10:00 ~ 18:00，夏季人多的时候可以开放到 22:00。

交通：位于市区北侧人民医院附近，乘 8 路、9 路、2 路市内公交车到人民医院下，向东北方步行半小时左右。

门票：观看歌舞表演收费 10 ~ 30 元 / 人不等。

玉素甫诗人墓

【这里长眠着 11 世纪新疆最伟大的维吾尔族诗人、学者、思想家】

这是一个长方形陵园，正门朝南，陵墓的建筑极具新疆特有的少数民族风格。陵园东部便是主墓室所在地，主墓室是一个外方内圆的圆拱顶大屋，长、

背包客收藏：玉素甫·哈斯·哈吉甫

玉素甫·哈斯·哈吉甫是11世纪中期著名的维吾尔族诗人、学者、思想家。他名字中的“哈斯·哈吉甫”是一种荣誉称号——亲随侍卫官，这是为非王族出身的士人设置的显爵，相当于大汗的高级顾问。

1069～1070年，他用18个月写出叙事长诗《福乐智慧》，献给喀喇汗王朝可汗之子苏来曼，因此被授予一个受人尊敬的称号。《福乐智慧》是中亚文学的经典之作，涉及11世纪中亚政治、历史、地理、数学、医学等领域。《福乐智慧》开创了中亚文学的繁荣时期，影响极为广泛，1909年在苏联乌拉尔河口附近曾发现一个古老的陶瓶，瓶壁上被发现竟然刻有《福乐智慧》中的句子。

宽各8米，四面的墙上都镌刻着《福乐智慧》中的诗句。陵墓穹顶采用大跨度砖拱，穹顶正中建有小塔楼。塔底至塔顶通高11米多。墓祠的蓝底白花墙琉璃砖及礼拜殿木柱的雕刻纹样，是新疆建筑中难得之精品。在穹顶之下的主墓室正中央地面，便是玉素甫·哈斯·哈吉甫长眠的地方。

交通：坐落在市南郊十二小学旁，7路公交车路过一座桥时可看到，路口有陵墓的指示路牌。

门票：30元

喀什噶里墓

【这里埋葬着世界上第一部突厥语辞典的编纂者】

穆罕默德·喀什噶里是我国历史上著名的维吾尔族学者、语言学家，他于1008年出生于乌帕尔乡，当地人尊他为圣人。他编著了《突厥语大辞典》，这是世界上第一部突厥语辞典。

穆罕默德·喀什噶里于1105年去世，葬于艾孜莱特毛拉本山，当地俗称“圣山”。墓地于1985年重新修建供后人瞻览。墓地北侧还有文物陈列室可供参观。

交通：位于市区西南45公里处的疏附县乌帕尔乡，可从喀什南建司乘4路公交车到疏附县，县客运站有许多去乌帕尔乡的车，车费5元。到乌帕尔后可乘坐当地老乡的马车前往。

门票：30元

阿曼尼沙汗纪念陵

【《十二木卡姆》的整理创编者的安息地】

阿曼尼沙汗是莎车王阿不都热西提之妃，也是15世纪杰出的维吾尔族女诗人，她留给后世的最大成就是整理创编出集维吾尔古典音乐之大成的《十二木卡姆》，这是维吾尔乐舞艺术的旷世瑰宝。阿曼尼沙汗纪念陵建有王墓王宫，与清真寺连为一体，具有典型的伊斯兰建筑风格。陵墓宫殿墙上镶有“木卡姆”十二套曲名，以纪念阿曼尼沙汗的功绩。

交通：位于汉城、回城之间的莎车县，从喀什天南车站（老客运站）每天有多班长途车开往莎车县。

门票：15元

奥依塔克风景区（冰川公园）

【国外地质学家称为“西域第一生态景观”】

“奥依塔克”是古突厥语，意思是“群山之中的一片洼地”。雪山、冰川、瀑布、河流、雪崩、草地共同组成了奥依塔克的胜景。

奥依塔克的自然景观以原始森林和雪山冰川为主，奥依塔克河的两岸是风蚀峡谷，岩石层好似现代派的雕塑，山的颜色五彩缤纷。沿奥依塔克河出山口溯源而上，还可看见成片的沙棘林，最美的季节是秋季，沙棘果成熟，一串串珍珠般的野果布满峡谷，是奥依塔克河谷一道亮丽的风景线。沙棘林里常常有野兔、狐狸出没，乘车而过经常可以看到。景区的另一胜景要数这里生长的大片原始森林，有冷杉、桧柏，林中草地上落满了松塔，残留的松子让整个树林充满了香味。奥依塔克的山林中还活动着现在很少见的银狐与雪豹。

整个景区最吸引游客的要数这里的现代冰川与雪崩景象。随着海拔的升高，接近景区尽头，可看到海拔为6678米的阿依拉尼什雪山，雪山脚下分布着目前世界上最为壮观而且罕见的低纬度山区现代冰川，伸展十余公里的其克拉孜冰川。游客甚至可以很轻易地走上冰川。另外，雪山飞瀑也蔚为大观，身处其中尤为震撼。

交通： 距喀什西南约130公里，从阿图什市或喀什市包车沿中巴公路向西南行92公里后，向右拐进山区，经阿克陶水泥厂、奥依塔克乡，再走26公里即到。路况较差，最好包租越野车，从喀什包车往返大约600元。

门票： 50元

特别提醒： 1.最佳旅行时间为7～8月，夏季凉爽，是理想的避暑胜地。

2.夏季，其克拉孜陡峭的冰川上的积雪有时会出现雪崩现象，这是普通人难得一见的奇景，每天通常发生在12:00～16:00。

喀拉库勒湖

【世界上最高的、新疆最美丽的高山湖泊】

从喀什走中巴公路上帕米尔高原，

喀拉库勒湖

前往塔什库尔干，最后到达中巴边境口岸红其拉甫，这是一条喀什的经典旅游线路，而喀拉库勒湖就是这条线路上一个不可错过的景点。

在柯尔克孜语里，“喀拉库勒”意为“黑色”，海拔3600米，湖深约30米，坐落在“冰山之父”——慕士塔格峰下的湖水，在远处洁白的雪山映衬下越发显得黑如墨玉。也有人提出，柯尔克孜语中这个词还有“伟大”的意思，无论黑色的湖还是伟大的湖，对喀拉库勒湖来说，都是贴切的形容。这座高山冰蚀冰碛湖被冰峰雪岭环抱，特别是周围的公格尔山、公格尔九别峰和慕士塔格峰更为这个湖增添了神奇而美丽的色彩。

喀拉库勒还是一个变色湖，天气对湖水的影响很大，在阴沉的时候，也许湖水并无特殊之处，而光线丰富的晴天，特别是早上，湖水就会呈现出完全不同的丰富的色彩。湖水倒映着圣洁的慕士塔格峰是摄影作品里的经典影像。

交通：喀什天南路的地区客运站搭乘前往塔什库尔干的过路班车前往（每天上午两趟）。包乘出租车往返的费用为四五百元。此外，色满路144号的其尼瓦克宾馆有往来喀什和巴基斯坦的国际班车，中途在喀拉库勒湖停车，每天对开一班。发车时间12:00，票价68元。喀什南林长途汽车站，隔天有一

喀拉库勒湖周边进山示意图

班开往塔县的中巴，也可以在喀拉库勒湖停车，票价46元。（班车会因为季节和气候条件随时发生调整。最好提前打听清楚。）在距离阿图什220公里处，到阿图什后可包车前往或与当地旅行社联系。

门票：50元

特别提醒：1. 这里海拔高，一天中温差很大，即使夏天晚上湖边也非常寒冷，最好带上保暖衣裤。

2. 夏秋季节，这里是登山旅游者的大本营，也是游人参观游览的场所。

慕士塔格峰

【新疆最热门的、可攀登的雪山】

慕士塔格峰属昆仑山脉著名高峰，海拔7509米。早在1894年，在中亚地区考察的瑞典探险家斯文·赫定初次看到这座美丽的山峰，询问随从这座山的名字，当地的马夫回答说"muztayatadur"，柯尔克孜语意为"这是冰山，父亲"，这里的"dur"是马夫们对斯文·赫定的尊称，他却误解为"这是冰山之父"。于是，这座山峰

背包客推荐：喀拉库勒湖周边住宿

喀拉库勒湖位于314国道旁边，无论从喀什上帕米尔高原，还是从塔什库尔干下高原，都要经过这里。湖边的几间平房、几顶帐篷，就是高原旅游接待站，也是专门为各国登山爱好者搭设的永久性大本营。

塔吉克族人的毡房25元/人，包括提供三餐。湖边的柯尔克孜族牧民毡房是很多在这里停留的游客最喜欢选择的住宿地点，住宿费为40元/人，面对面的交流也许最能了解生活在湖边的牧民对它的热爱。专门接待登山队的食宿点位于湖西苏巴什村旁，在那里可以租到继续前往登山大本营的马匹或牦牛。

喀拉库勒湖

慕士塔格峰

有了“冰山之父”这个名字。

作为一座闻名于世的7000米级冰山是海内外登山界的热点山峰，这里每年都要接待几十支来自国内外的登山队。7～8月是登顶的最佳时间，届时，这里两道大冰川之间的台地各色帐篷密如繁星，极为壮观。来自不同国家和地区的登山者挤满了这块台地。

慕士塔格峰有4条主要的山脊：南山脊、西山脊、西北山脊、东北山脊。其中北边和东边山脊非常险峻，无法攀登；西侧坡则较为平缓，绝大多数登山者都从西坡攀登。1907年，英国的托罗切尔来此对慕士塔格峰做过观测，1947年，英国人希普顿和犹尔曼第一次尝试登山失败而归。直到1956年7月31日14:00，中国与苏联联合登山队一行31人首次登上慕士塔格峰。慕士塔格峰还是世界上最高的

背包客推荐：慕士塔格徒步攻略

虽然普通的游客不能贸然登山，但可以在这座高山下来一次徒步运动行程。很多徒步爱好者把从喀拉库勒湖到登山大本营的徒步作为一条线路。如下：

D1～D2：喀拉库勒湖→苏巴什村→登山大本营→羊布拉克冰川。

从喀拉库勒湖向南沿便道行走13公里，到达苏巴什村后，继续行进10公里左右即可到达慕士塔格大本营。在到达慕士塔格大本营之前，要横跨几条冰川融水形成的小河，如天气暖和，则水量会比较大，需借助牲畜渡过，全程步行大约23公里，夜宿在大本营。

D3：登山大本营—苏巴什达坂。

早起从大本营向南行走10公里左右，到达苏巴什达坂，这里海拔4200米，可以提前约好车辆在此等待。

能极限滑雪的山，被欧洲的登山滑雪者热捧为滑雪胜地。

交通：从喀什乘车沿中巴公路南下，行驶160公里至喀拉库勒湖，先到阿克陶登山协会喀拉库勒湖登山接待站登记，预约进山的骆驼。然后继续行进22公里到海拔3700米的苏巴什（204基地），然后用骆驼驮运物资进山，行进8公里可到达海拔4300米的慕士塔格峰登山大本营。从苏巴什路口去大本营，按规定从这段路进山只能租用登山管理处的骆驼，管理处骆驼收费220元/天。如果雇用柯尔克孜老乡的毛驴从大本营向一号营地运送货物，需要按公斤收费，每公斤10元左右。

住宿：登山协会在大本营建有铁皮房子，可提供食宿，130元/天。大本营海拔4300米，只能自己搭帐篷住。慕士塔格大本营管理费：200元/人。

特别提醒：1. 慕士塔格峰以景观壮丽、交通方便、大本营距公路线近、攀登技术要求不高吸引着众多的登山爱好者，高海拔地区攀登雪峰需要足够的经验、装备、技术及熟悉环境的向导。对于普通游客来说抵达登山大本营已经颇有难度。

2. 高原上天气变化无常、气温极低、随时下雨，所以临行前带好所需装备。

3. 做好防高原反应的准备，准备类似"红景天"、"高原安"类的药物。

■ 公格尔与公格尔九别峰

【分别是西昆仑山脉第一、第二高峰】

公格尔峰是昆仑山脉第一高峰，山体呈金字塔形，非常陡峭，峰体平均坡度约45°，山坡浮雪深厚，有落差达300米左右的雪崩区。公格尔九别峰是西昆仑山脉上的第二高峰，由于山上终年积雪好似一顶白帽，所以被当地牧民称为"公格尔九别"，意思就是"白色的帽子"，虽然高度不及公格尔峰，但它的山势地形更为险要。北坡是陡峻的峭壁，南坡是复杂的冰雪地。

公格尔山地海拔多在7000米以上，雪线约为5900米，山下延伸几十公里的克拉牙依拉克冰川冰雪厚度可达百米，裂缝丛生。这里雪崩频繁，小规模雪崩随时可见。该山峰攀登难度较大，1956年中国与苏联联合登山队首次登顶成功。

交通：从喀什乘汽车沿中巴公路向西南方行进，到盖孜后，再沿简易公路东行大约50公里到达公格尔峰东北山麓的候孜草原。大本营在海拔3600米处，设在库鲁岗冰川的末端。若去南坡，则沿中巴公路前行至喀拉库勒湖畔，并渡过康西瓦河。需徒步跋涉到山麓。

特别提醒：1. 登山活动安排在6～8月为宜。

2. 由于进入大本营相对较远，一般来说在喀拉库勒湖畔也能远眺美景。

慕士塔格峰

塔什库尔干

【帕米尔高原上的“鹰舞之乡”】

这里平均海拔在4000米以上，与巴基斯坦、阿富汗、塔吉克斯坦三国为邻，是我国唯一与多国接壤的内陆边境县。

塔什库尔干塔吉克自治县是一个以塔吉克族为主体，汉、维吾尔、柯尔克孜等多民族聚居区。文字记载的历史已有2000多年。塔吉克人最早在这里建立了朅盘陀国，在汉代至南北朝时期还出现过一个名叫“蒲犁”的国家。历史上，塔什库尔干是古丝绸之路的南道、中道的重要驿站，人们从这里去往西亚、南亚、欧洲，法显、玄奘、马可·波罗、斯文·赫定都曾经过这里并在此停留，其中玄奘对这里的相关记述成为很多后来的探险家们的旅行手册。

塔什库尔干是个只有一条街的县城，沿中巴公路一进入县城，一条宽阔而干净的柏油马路笔直地消失在远处；马路两旁是现代化的水泥小楼房、街边是一些饭馆和宾馆，这一切与内地的县城相比几乎完全一样，但不同的是，这条宽阔的马路上少有车辆与行人，寂静而平和。县城附近分布着一些塔吉克族和柯尔克孜族的村子。

生活在塔什库尔干的塔吉克族人自认为是离太阳最近的人，“塔吉克”是本民族的自称，意即“王冠”。这是一个能歌善舞的民族，塔吉克族的舞蹈多喜欢模仿雄鹰展翅、飞翔回旋的动作。鹰是这个民族的象征，在塔县有展翅的雄鹰雕塑。他们的语言属于印欧语系伊朗语族帕米尔语支。由于民族交往频繁，这里很多塔吉克族人除了自己的语言外，也都懂得柯尔克孜语。

鹰笛，塔吉克语称为“纳依”，它用山鹰的翅骨制成，长度有20厘米左右，是塔吉克族人最喜爱的乐器。塔吉克族信仰伊斯兰教，除了伊斯兰教规定的节日外，每年的春节也十分隆重。此外，塔吉克民族热情好客，对远方来客

如诗似画的塔什库尔干

和投宿的路人都热情款待，如果你有幸去塔吉克族人家里做客，一定会感受到高原阳光般的热情。

交通：喀什市的天南路长途汽车站定期有班车至塔什库尔干塔吉克县城，或乘喀什至巴基斯坦边境小镇苏斯特（途经红其拉甫）也能到达，夏天全程需要七八个小时。从喀什包车上塔什库尔干桑塔纳往返价格最低800元。喀什市区的9路公交车终点站是塔县办事处，这里常有去塔县的车，桑塔纳车费150元/人，坐满4人即走。

餐饮：由于塔县上很多物资都从喀什运来，因此价格比较贵，尤其一些门面较大的饭馆，价格高得令人吃惊，小饭馆价格一般比较公道。晚上还有夜市，主要是一些烧烤类的小吃。

特别提醒：1. 塔什库尔干年平均气温3.2℃，年平均最高气温10.6℃，最低-41℃。一年之中有4个月在0℃以下。5～9月是到塔什库尔干旅游的黄金季节。

2. 班车途中路过喀拉库勒湖的时候基本上都停车，中巴公路沿途还有很多不知名的美景，如果喜欢摄影最好自己包车。

3. 塔什库尔干塔吉克自治县属边境地区，前往需办理边境通行证。喀什公安局可以办理，旅行团由旅行社统一代办。办理通行证只需要持本人身份证。或者在塔什库尔干县也可以由所住宾馆开具介绍信办理前往红其拉甫口岸的通行证。办理通行证需要20元，其中10元是可退还的押金。

石头城

【石头城屹立在塔县城北的高丘上，“塔什库尔干”就是“石头城”的意思】

这是一座有近1400年历史的西域古城堡，在蓝天、白云和高高的雪山的映衬下，显得格外壮观而神秘。城堡的大部分城墙还十分完好，原有4个城门多已坍毁，只有东北角的瓮城和城门尚存。站在石头城上，脚下是一片开阔的草地，城下簇拥着民房，冒出袅袅的炊烟。

石头城日出

石头城在汉代至南北朝时期是西域三十六国之一的蒲犁国的都城，唐朝政府在这里设葱岭镇，元代又曾重新修葺。清朝光绪年间又在这里设蒲犁县，并在石头城南面重建县城，而旧城——石头城逐渐被废弃。

这里曾经是一个重要的交通驿站，商贾僧侣行色匆匆，迎来送往，这其中就有一个叫玄奘的大唐僧人，曾留下了关于这个地区的准确记载。对于此后很长一段历史时期内的东西方旅行者和探险者来说，无论意大利人马可·波罗还是近代的斯坦因，玄奘的《大唐西域记》成为手头必备的指南。

交通：位于塔什库尔干县城北，沿着帕米尔宾馆所在的大路一直向城外走就能看到。

门票：30元

背包客收藏：石头城的传说

传说1000年前，色勒库尔国国王计划修建一座城堡供往来的商队歇脚，但缺乏建筑材料。有一天，来了一位神秘的白发老者，他给国王出了一个主意，国王听后非常高兴，立即下令开工。老者的主意其实就是用阿甫拉西雅布山上的石头来建城。

国王命令全国的百姓排成队列，从塔什库尔干河一直排到阿甫拉西雅布山，在那里开挖和传送石块，花了40天的时间，足够多的石头被运到城里；又在山下挖来土和泥，同样一担一担地传递上来，并有了足够的泥土，也正好用了40天；又经过40天的修建，城堡建成了，这就是今天的石头城。

特别提醒：清晨或者傍晚非常适合拍摄石头城，并且，在石头城上可远观帕米尔高原上积雪的山峰、山丘脚下开阔的草原牧场，景色壮丽。在喀什市西域大道的塔什库尔干县办事处，乘坐开往塔什库尔干县的帕米尔旅游专线车，每天5班，价格在100元左右。

公主堡

【帕米尔高原上一座充满传奇色彩的废弃古堡】

公主堡位于塔什库尔干城南的明铁盖峡谷内的古城，是塔什库尔干县城附近最难到达的景点，被当地塔吉克族人称为“克孜库尔干”，意为“公主堡”。古堡耸立在一座险峻的山上，海拔4000米。废墟有城垣、重门、地穴和石室，多为土石与树枝相间垒筑，南面为一长150米的东西向土墙，高约10米，堡墙内还留有居住遗迹十余处。据专家估计，古堡是一处军事性质的工程，用于保卫古代丝绸之路交通安全。由于海拔高、空气稀薄，攀登的路十分陡峭，要爬上城堡所在的山非常费力。

去公主堡的路上，明铁盖达坂的古道中，可看到多处古代驿站，其中达不达尔乡地界的一处保存较完好，为卵石砌筑而成。驿站室内为圆锥形，尚保留有灶台、小天窗和生火熏黑的墙壁。

交通：在塔县客运站包面包车需要300元左右。从塔什库尔干县城向南，翻过卡拉奇古山口后有一条大河，要等到冬天河水结冰以后车才能过去，过河后再走15公里山路，才能到达公主堡。如果离开河绕道走，要先开车往山里走16公里，过桥后再步行30多公里，才能走上去公主堡的山路，但是这样当天就不能返回塔县，而且要有向导带路。

红其拉甫口岸

【世界上海拔最高的口岸】

离开塔什库尔干，大多数旅行者会

背包客收藏：公主堡的来历

位于塔什库尔干城南明铁盖峡谷内的一座古城被当地塔吉克族人称为“克孜库尔干”，意为：公主堡。“公主堡”是一个充满想象的名称，它来源于在当地人中间流传久远的故事。

据说，在远古时，曾有一位波利斯国王娶了一位汉族公主。迎亲队伍途经这里因战乱遇阻，队伍找到一处险峻的山暂住，为保汉族公主的安全，四周都有重兵把守看护。但3个月以后，公主有了身孕，后公主贴身侍女透露，每天都有一个英俊的男子从天边的太阳里下来，他骑着马来与公主相会。后来，公主生下一个儿子，波利斯国王知道此事后，派人在这里筑起了城堡，公主也就成了这里的统治者。

继续沿中巴公路前行，一直到红其拉甫口岸。从塔县到红其拉甫路上景色非常美，穿行于这一段路“重要的是过程，而不是结果”。

塔县距离红其拉甫口岸为109公里，路况较差，不过夏利车能勉强通过。行驶在帕米尔高原上，如果包车，你也许会忍不住经常会让司机停车，去将周围的美景摄入镜头，转场的柯尔克孜族人的羊群也常常阻挡行车。

红其拉甫口岸地处东经75° 33′，北纬37° 02′，距喀什市420公里，距乌鲁木齐市1890公里，是我国与巴基斯坦唯一的陆路进出境通道，也是通往南亚次大陆乃至欧洲的重要门户，早在1000多年前，它就是著名的古“丝绸之路”上的一个重要关隘。1982年8月27日，经国务院批准口岸正式开放。

到了红其拉甫边防站，第7号中国界碑，也就是中巴界碑，是不能错过的，过了界碑就是巴基斯坦，可以远眺巴基斯坦的苏斯特口岸。

交通：从塔县到红其拉甫国界碑全程需要3小时。租车可以在塔什库尔干客运站联系，通常租车往返需300元。也可以找人合租。车型除了吉普和桑塔纳以外，还有一些小货车。沿途景色优美，可以停车拍照。

门票：10元（中巴界碑）

特别提醒：1. 到达口岸前，要先经过边防站验核边境通行证。边防证可以在喀什提前办好，在塔县也可以办理，但进入塔什库尔干的边境通行证与进入红其拉甫口岸的通行证是不同的，办证时要提前声明。

2. 由于气候的原因，这个口岸只在4月15日~10月15日开放。

红其拉甫

实用资讯

交通

航空

喀什国际机场是南疆最大的航空港，位于紧邻喀什的疏附县境内，每天都有飞往乌鲁木齐的航班。从喀什市内前往机场可乘坐2路公交车，终点站即是机场。乘坐出租车大约15元。机场大巴每人10元。

电话：0998-2980988（机场售票）

铁路

喀什是南疆铁路的终点站，每天喀什到乌鲁木齐之间都有火车来往，沿途经过吐鲁番、库尔勒、阿克苏、阿图什。喀什到乌鲁木齐的列车共2趟，车次7555/7558，8:00喀什发车，次日14:39到达乌鲁木齐，全程30个多小时，票价硬座76.5元，硬卧下182.5元；K9785/K9788，14:26喀什发车，次日14:18到达乌鲁木齐，全程23小时52分，票价硬座189.5元，硬卧下343.5元。

喀什火车站

交通：距市中心5公里，从市内乘坐出租车大约10元。

电话：0998-5637222

公路

喀什国际长途汽车站：有通往各区县的班车，是喀什、阿克苏、库尔勒、乌鲁木齐长途汽车的始发站、到达站。此外还有开往比什凯克、加拉拉巴德等地的国际班车。喀什公路四通八达，全区12个县（市）均通汽车。从喀什市向东北有公路通往克州、阿克苏、库尔勒、吐鲁番，再向北通往乌鲁木齐。从喀什市向东南有公路通往疏勒、英吉沙、莎车、泽普、叶城、和田，再向东可通往甘肃的敦煌和青海的格尔木，由叶城向南可通往西藏的阿里地区。从喀什市向南有中巴国际公路，向北和向西有两条公路经吐尔尕特口岸通往吉尔吉斯斯坦等。从乌鲁木齐南郊客运站发车，每天9:00~14:20，每30分钟一班，车程约18个小时。

地址：飞机场路，人民医院旁边。

电话：0998-2822913

喀什客运站

有发往叶城、和田、塔什库尔干等县的班车。发往塔什库尔干的班车每天9:00~13:00，一个小时一班，每天5班。

地址：天南路29号

特别提醒：1. 位于西域大道的塔什库尔干驻喀什办事处有很多运货的小四轮去塔什库

喀什艾提尕尔清真寺

尔干，搭车大约需100元。

2. 喀什距离阿图什很近，往来交通也很方便。一般在长途客运站旁边都能找到车，单程面包车5元/人，小客车10元/人，坐满开车。

3. 站里使用的是新疆时间，请注意问清楚，以防延误开车时间。

区内交通

喀什市区内的主要景点都通公交车，道路交通状况良好，出租车起步价5元，司机大多数都懂汉语。市区内一些景点也可以骑自行车去逛，可在其尼瓦克宾馆、色满宾馆对面的约翰餐厅租车。喀什其他许多大宾馆都有出租自行车的服务，直接到总服务台问询就可以了，一般租金5元/小时，或者40元/天，押金200元。

住宿

喀什市住宿很方便，其中最受背包客青睐的是其尼瓦克宾馆与色满宾馆。

新疆天缘国际酒店（喀什）

酒店位于喀什市中心，人民广场西侧，是一家集客房、餐饮、娱乐、桑拿为一体的综合性酒店。酒店正前方就是高台民居。标准间: 380元/间（含自助早餐）。特价房198元/间。

地址： 位于喀什人民东路8号

电话： 0998-2801111

新疆新隆大酒店

位置不错，适合旅游者，条件一般，是几大旅游网站的签约酒店，所以客流不断。标准间138元/间。

地址： 位于喀什市滨河路彩虹桥旁

电话： 0998-2617988

喀什色满宾馆

喀什尊茂其尼瓦克宾馆

为英国领事馆旧址，是背包客最喜欢的宾馆。宾馆提供免费早餐。五一过后，酒店有发往塔什库尔干的班车，每天早上发车。标准间458元/间，三人间798元/人，旅游淡季可以打折。

地址： 位于色满路144号

电话： 0998-2982103

色满宾馆

由1890年始建的原沙俄领事馆改建而成，为涉外宾馆，国外的旅行指南图书更把它评为世界十佳宾馆之一，称之为“设备平平、服务上乘”。虽然这里的房间设施大多比较陈旧，但交通方便，服务台可提供很多旅游资讯，比如订票、联系车辆和上网服务。气氛非常好。标准间220元/间。普通间100元/间。

地址： 位于色满路337号

电话： 0998-2582129

吐曼河大饭店

就在喀什国际汽车站的综合楼里，是旅游涉外定点宾馆，交通方便。房间设施齐全，24小时供应热水。标准间

168元/间、218元/间。多人间78元/床，公用卫生间。

地址：位于喀什市国际汽车站旁

电话：0998-2961351

餐饮

喀什当地特色要数维吾尔饮食文化中的佳品，如烤全羊、烤羊肉串、烤包子、抓饭、拉面、油塔子、馕、馓子、曲曲、烤鱼、灌面肺和灌米肠等。到喀什有两样东西一定要尝一尝，一是凉粉，酸辣适中、清香爽口；另一样是馕坑烤肉，外脆里嫩，有人说"到了喀什不吃馕坑肉只能算白跑一趟"。

喀什最有名的清真餐厅是人民西路的茶园大酒店，晚上有民族歌舞表演。解放南路一带有汉餐馆，其中伍氏罐罐香很有特色。南建司的手抓饭，据说是喀什最好的，吃完可以一天不饿。晚餐可以去夜市，烤羊肉串和拌面、拉条子味道都很好。

欧日大餐厅

是一家维吾尔特色餐厅。

地址：位于人民东路169号（东湖宾馆对面）

电话：0998-2652777

红石榴果园

果园有各种维吾尔族食品，肉馕最具特色。

地址：位于喀什东北郊，大多数出租车司机都知道路。

安吉尔餐厅

维吾尔特色餐厅，这里的手抓羊肉味道正宗，羊肉汤非常鲜美。

地址：位于人民广场西南角

购物

地毯、花帽、土陶、英吉沙小刀、艾德莱斯绸、木模彩色印花布及各种民族乐器等，喀什的工艺品实在是让人目不暇接。如果对工艺品没兴趣，有

烤羊肉串

喀什巴扎

"水果之乡"美名的喀什也不会让你失望，无花果、沙棘果、伽师瓜、巴旦杏、梨、葡萄、蟠桃、桑葚、石榴、核桃等都是久负盛名，尤其是产自"石榴之乡"叶城的，更是全国闻名。

喀什的购物场所有很多，其中被称为"城市客厅"的艾提尕尔清真寺广场周围就是古已有之的巴扎，那里是喀什市最有名的旅游观光购物街。

特别提醒： 1. 买东西的时候可以还价，但如果价格谈不拢的话，可以把右手放在心口行个礼说声"不要了，谢谢"，千万不要对少数民族同胞失礼。

2. 小刀最好邮寄回去，火车上严禁携带，如果乘坐飞机可以托运。

喀什地毯

HETIAN AREA
和田地区

阿勒泰
塔城
克拉玛依
博尔塔拉
昌
吉
乌鲁木齐
哈密
伊宁
和静
(巴州)
吐鲁番
阿克苏
克孜勒苏
喀什
巴音郭楞
和田

走遍中国 · 新疆

HETIAN AREA
和田地区

和田北部深入塔克拉玛干大沙漠，源于昆仑山的玉龙喀什河和喀拉喀什河在沙漠深处相遇，之后交汇成和田河，纵贯塔克拉玛干沙漠，因此和田河被认为是穿越大沙漠的捷径。1895 年，那个叫斯文·赫定的著名瑞典探险家却在人们惊恐的目光下走入了沙漠，他被认为再也回不来了。“塔克拉玛干”在维吾尔语中的意思正是“进去出不来”。

1896 年 1 月 23 日黄昏，九死一生的斯文·赫定的驼队来到一片死寂的废墟，这里枯死的树枝脆得像玻璃，这就是古国于阗的重镇——丹丹乌里克，此后喀拉墩、玛扎塔格城堡……直到楼兰古城，这一个个被沙漠埋藏起来的宝藏令整个世界无比震惊。

和田古称“于阗”，为西汉时西域三十六国中的大国之一，是古丝绸之路上的重镇。佛教传入后，和田一度成为西域最早的佛教中心，直到 11 世纪，伊斯兰教东进，在一场持续多年的血与火的冲突中，最终伊斯兰教获胜，从此和田结束了信仰佛教的历史。

和田辉煌的古代文明留下了尼雅遗址、阿克斯皮力古城、买力克阿瓦提古城、喀拉墩古城、安迪尔古城、约特干遗址、热瓦克佛寺遗址、库克玛日木石窟等世界知名的古遗址及众多出土文物。而同时，和田也是“歌舞之乡”，南北朝时的“于阗乐”更驰名中原大地。

前世今生

和田历史悠久，为古西域三十六国之一，古称“于阗”，意为“产玉石的地方”。清初改“于阗”为“和阗”。1959年，“和阗”又改“和田”。汉神爵二年（前60）属西域都护府管辖。唐上元二年（675），朝廷置毗沙都督府，隶属安西都护府。北宋属喀喇汗王朝，南宋属西辽。元代，和田成了察合台阿鲁忽的封地，设置斡端宣慰使元帅府。清乾隆二十四年（1759）清政府设和阗办事大臣，辖额里齐、哈拉哈什、玉珑哈什、齐尔拉、克勒底雅、塔克等六城。光绪九年（1883）置和阗直隶州。新中国成立后，设立和阗等区专员公署，1959年改和阗为和田。1977年建立和田地区行政公署。

旅行与季节

和田地区属于暖温带极端干旱荒漠气候。四季分明，夏季炎热，冬季寒冷，热量丰富，昼夜温差及年较差大，日照时间长（年日照时间达2500～3500小时），无霜期长，降水稀少，空气干燥，气候带垂直分布明显。昆仑地区，平均每升高100米，年平均气温降低0.5℃～0.7℃。

焦点

■ 沙漠公路走一遭

对于那些有着沙漠情结的人来说，在沙漠公路走上一遭，足以满足他的沙漠梦。大漠荒烟与落日余晖无不催生着旅行者心中的豪迈。轮台—民丰一线的沙漠公路横贯了塔克拉玛干沙

和田地区旅行交通示意图

玉龙喀什河寻宝

漠，全长500多公里，其中沙漠路段达466公里，是世界上修建于流动沙丘上最长的公路。这段公路的建成让许多人关于穿越塔克拉玛干沙漠的梦想有了实现的可能。

■ 到民丰大麻扎朝拜

这不是一个传统意义上的旅游景点。在穆斯林的眼中这是一个神圣的朝圣之地。民丰大麻扎据说是伊斯兰什叶派第六代伊玛目——加帕尔·萨迪克的陵墓。许多穆斯林来此朝拜。为了表示尊重，切忌在此拍照。当然，在这里感受要比照片来得更真实些。

■ 去和田玉龙喀什河里寻宝

在清代以前，中国人口中的"玉"，基本指的是和田玉。和田玉，古称"昆仑玉"，如今被称为中国的国玉。到了和田，不看看和田玉，实在是说不过去。但是想要购买的话，还是需要一些财力的。由于近年来玉价持续走高，和田玉的价格更是水涨船高。但是，据说运气不错的朋友还是可以在河里或是山上捡到一两块玉石的。如果你觉得自己运气不错，不妨去试一试。

行程推荐

■ 和田1日游

必游景点： 热瓦克遗址

可以尝试： 在大漠中徒步赏景，参观艾德莱斯绸的传统制作工艺

早晨乘车直达热瓦克遗址，全程94公里，其中一段路需徒步。沿途可欣赏到大漠风光。中途经洛浦县吉亚乡，参观艾德莱斯绸传统生产工艺，午餐后返回和田。

■ 和田3日游

必游景点： 英艾里克沙漠、葡萄长廊、和田巴扎、买力克阿瓦提遗址

可以尝试： 在和田旅游最重要的就是放下相机，用心感受。这里的民风、民俗是那么的丰富多彩，如果是只一味地拍照，往往会错过那些活的、灵动的风景。

D1 早晨乘车去和田县罕艾日克或英艾里克看沙漠。下午可去约特干遗址、古核桃树王、古无花果树王、千里葡萄长廊。

D2 上午参观买力克阿瓦提遗址。下午参观洛浦县吉亚乡艾德莱斯绸生产工艺。

D3 上午参观库克玛日木石窟和依麻木沙卡木墓葬区。下午参观和田丝绸厂、家庭手工造桑皮纸工艺、游览和田"巴扎"、大清真寺。

预算

从和田到近郊景点，时间充足可以乘班车前往，如果包车，费用是一天100～300元，常规景点门票为5～20元。但是有些景点有文物保护费，通常300～500元不等。吃住比较便宜。根据自己的选择，开支比例不同。

和田

和田大巴扎

【南疆第二大农贸市场】

和田大巴扎还有一个洋气的名字，叫“香港巴扎”。虽然和田几乎各县都有一个巴扎，但和田大巴扎处在和田、洛浦、墨玉三县市交界处，因此，规模更为宏大，堪比喀什大巴扎，仅固定摊位就有6000多个。巴扎上常常会聚集数万人，而且比起喀什大巴扎，和田大巴扎状态更为原生态——粗犷而淳朴。

星期日是巴扎最热闹的时候，远近的人们赶着毛驴车载着杂货，牵着牛羊从四面八方会聚到巴扎上。一时间，牲畜的叫声与人声混杂，热闹非凡。大巴扎上的货品种类繁多，既有日常生活所需的名点饮品、干鲜果品、药材补品、金石雕镂、陶瓷漆器和名烟名茶，也有富有地方特色的旅游产品，如和田玉、和田地毯、和田丝绸、玫瑰酒、小花帽、药材、小刀、手工木制品等，产品种类极为丰富。巴扎上的商品流通兴旺，每天都到日近黄昏才结束。

此外，巴扎旁边还有一座大清真寺，有100多年历史。在星期五“主麻日”时，清真寺大门口也有售各种特色工艺品的摊贩出来交易，玉器及古钱币等民间工艺品很多，也值得去逛逛。

交通：位于市区城东北角，距离客运站不远。就在古江北路上。巴扎入口处建有高大的伊斯兰风格的门楼，进去后就是大巴扎了。

和田河

【淘宝好去处】

和田河发源于昆仑山和喀喇昆仑山，向北流入塔里木盆地，穿过塔克拉玛干沙漠，汇入塔里木河。和田河有喀

和田大巴扎

拉喀什河和玉龙喀什河两个源头，它们自南向北，分别从和田市区的东西两头流过，在和田市以北200公里的阔什拉什汇合而成和田河。玉龙喀什河因出产白玉，又名白玉河，喀拉喀什河因出产墨玉，又名墨玉河。

现在，因为大量开采，河中的玉石资源基本已经枯竭，但是还是会有人在河中寻宝。来和田的话，不妨去碰碰运气。

交通：玉龙喀什河离市中心仅1.5公里，步行即可到达。喀拉喀什河需在和田乘坐前往墨玉县的班车，河就在墨玉县城旁边。

和田三棵树

【千年核桃树、无花果树王、葡萄树王并称“和田三棵树”】

到和田一定不能错过“和田三棵树”，这三棵老树是三个自然的奇观，其价值无异于三件珍贵的文物，此外它们还被赋予了更多的精神上的象征

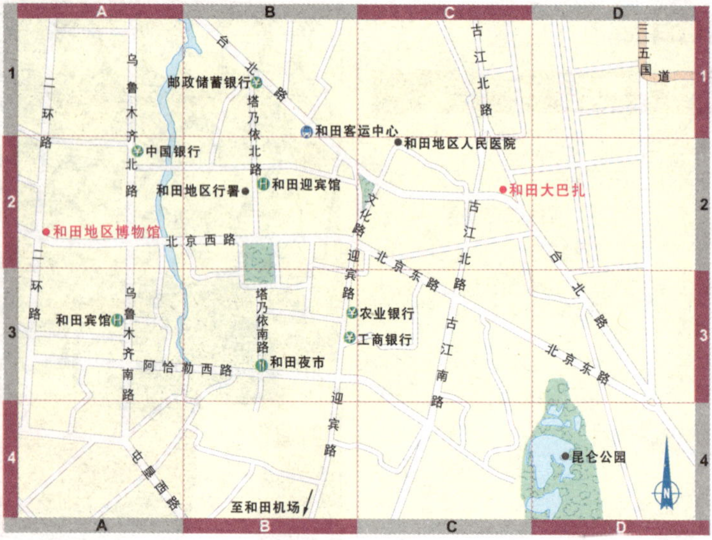

和田城区示意图

意味，所以去看三棵树无异于一次朝圣之旅。

■ 千年核桃树

【“和田三棵树”中最古老的，被当地维吾尔族人称为“寿星树”、“神树”】

据考证，千年核桃树种植于唐代，距今已有1300余年的历史。

古树占地足足有1亩，高16.7米，树冠直径为20.6米，粗大的树干需4个成年人才能勉强围抱，树冠枝叶繁茂，正午时候，投下的巨大阴影竟然可以笼罩几百人。这棵历经千年时光的老树现在每年都能收许多上等薄皮核桃，更令人称奇。

在景区入口处立着一块大石头，雕刻着“千年核桃王”。如今为了保护古树，人们在四周搭起木架子以便支撑起巨大的树冠。

交通：位于巴格其乡东南角的喀拉瓦其村，距和田市区15公里。在市内乘坐2路公交车到终点站，然后换乘去核桃公园的公交车到核桃树公园门口下。市区内乘坐出租车大约10元。

门票：20元

和田三棵树之古核桃树

无花果树王

【维吾尔族人称作“安吉尔”、“神秘果”的无花果树之王】

无花果树王距今已经有400多年的历史。树高4米左右，别看它不高，但枝干向四周蔓延占地一亩，钻进去犹如进入了茂密的森林，8～10月是古树开花结果的时候，结出的果子滋味鲜甜，其他无花果树均无法比拟。

据说它每年结果达上万颗，由于果树分枝太多，又结出无数沉甸甸的果实，为了防止古树被压倒，人们为它专门垒起一圈平台，用很多木棍支撑起一根根树枝。而到了冬季寒冷的时候，这棵树还要被穿上“棉衣”，以免冻伤。在果园内，离这棵老树不远的地方又长出了两棵无花果树，已经有60多年的树龄。此外还有其他各类果树，人们可以采摘些果子品尝。

时间： 全天

交通： 无花果树王位于距离和田市22公里处。

葡萄树王

【树龄达132年，堪称“树王”】

和田地区干旱少雨、日照长，温差大且有山地融雪水灌溉的特殊条件非常适宜于各种果树生长，种植葡萄的历史已经有2000多年。

在一座乡村小院里，有一株巨大的葡萄树，其茎干延伸覆盖了整个院子的天空，占据空间达1.2亩，葡萄树的根是从10米以外的老住屋底下伸展过来的，黑褐色的树主干粗如水桶，树皮已经斑驳脱落，但主干枝上则萌生出数不清的新枝，浓绿的枝叶密布。1982年经国家林业部门鉴定这株葡萄树王已经活了132年。这棵树每年都能收上千斤的葡萄，一串常常就有1公斤重。结出的葡萄汁多皮薄，味道极其甘甜。

交通： 在洛浦县杭桂乡斯坦乌其村，可从和田市包车前往。

特别提醒： “和田三棵树”在和田很出名，大多数出租车司机都知道，建议包辆出租车，用一个上午的时间能把3个景点都参观完，费用大约100元。

葡萄长廊

【长廊接起来几乎相当于从新疆到北京的距离】

和田一带不仅家家户户的院子里种满了葡萄，就连这里一条条的乡村公路都架起了葡萄架，架子上爬满了葡萄藤，其长度更令人惊叹，往往乘坐汽车在葡萄架下要穿行很长时间。目前全县的葡萄长廊近2000公里，可谓举世无双。利用道路搭建葡萄架不仅占用耕地少，缓解了当地人多地少的局面，而且有效地减少了风沙的侵害，增加了农民的收入，也成了当地的著名景观，一举多得。

葡萄长廊

达瓦昆沙漠风景区

创举的发明人是和田县巴格其镇的农民。最早开始于20世纪60年代，80年代初，和田县将这一创举大力推广，一户一户地把葡萄架跨过马路连接起来，就形成了葡萄长廊。这里民风淳朴，葡萄种在乡间土路渠边，从没有发生过偷盗现象。旅行者路过品尝一下也不会有人干预，当然可不能太贪婪哦。葱绿茁壮而又生机勃勃的葡萄长廊绵延无尽，走在其间，脚下是乡间小路，头顶翡翠般的葡萄，既可解渴又可遮阳，非常惬意。

交通：葡萄长廊位于和田县的巴格其镇，在去看拉依喀乡的无花果树王的路上，在客运站乘到拉依喀乡的班车即可到达。

达瓦昆沙漠风景区

达瓦昆沙漠风景区位于岳普湖县铁力木乡，距310省道6公里，距喀什市110公里，交通便捷。达瓦昆沙漠风景区有面积2万多亩的天然流动湖泊水面，周围沙漠环绕，湖畔建有欧式风情别墅、极具维吾尔族风情的毡房和民族风情园。湖岸边沙丘起伏，游客可骑马，骑骆驼，或是乘沙漠探险车穿行于沙漠之中，领略沙漠风情。

交通：从喀什需包车前往

门票：达瓦昆沙漠风景区50元，达瓦昆自驾卡丁车200元/小时，达瓦昆沙漠观光车60元/次，达瓦昆骑马或骑骆驼80元/小时，达瓦昆水上游艇50元/半小时。滑沙10元/次。

特别提醒：达瓦昆的烤鱼和烤肉比较有特色，值得品尝。

约特干遗址

【一处淹没在田间的古代文明之地】

遗址约形成于宋代，是于阗国的一处佛教建筑群，被掩埋在3～6米深的淤泥层下。这里曾出土过大量文物，主要有玉石、金质佛像和大量钱币。其中最早的有汉代的五铢钱，最晚的钱币是喀喇汗朝穆罕默德·阿斯兰汗时期的，可见这里的人类活动曾持续很长一段时期。此外，令人无限遐思的是，这里出土的陶器具有浓郁的波斯、希腊风格。东晋的法显、唐朝的玄奘都经过此地，近代的斯文·赫定、斯坦因都曾多次来这里挖掘。

约特干遗址位于和田县巴格其乡约特干村，其北为海力其崖，东为阿拉勒巴村和亚兰干村。

整个遗址以约特干村为中心，包括村北的海勒其村和村南的卡尔谢村，大多都被当地人的农田覆盖。

交通：从和田乘坐出租车往返约特干遗址约60元，这里距离核桃树王不远，可顺路参观。

特别提醒：1. 和田出租车司机多为维吾尔族，大多数人都不会明白汉语所说的“约特干”指代何处，因此最好带一份地图，以便指给司机看要去的这个地点。

2. 约特干村路不是很好，尘土很厚，村里人也都听不懂汉语，但是很纯朴。

3. 目前的遗址已没有明显的地上建筑存留，对于普通游客来说参观价值不是很大。

达里雅博依

【绿色的生机和黄色的沙土共存，密林、河水、沙漠集合一处的景色】

克里雅河下游滋润了这段全长约50公里的绿色地带，它被沙漠环抱，河面宽大约20米，两岸河湾众多、密布着洼地与河滩，胡杨林、红柳、芦苇、骆驼刺等植被浓荫蔽日、古木参天。在被新月形、鱼鳞形、金字塔形等千姿百态的沙丘所包围的片片绿洲上，形成了极富特色的视觉效果。

1896年，瑞典探险家斯文·赫定曾来到这里，他发现了一个与世隔绝的牧民部落在这里繁衍生息，他们就是被称为“大河沿人”的达里雅博依人。关于达里雅博依人的来历，相传是有两个游牧人循河来到这里，在隔河两岸分别居住下来世代联姻，逐渐形成两大家族。即便今天，乡政府所在地的铁热木村也只有不足10户人家。

2001年，政府在铁热木村盖了一座简易的卫生院和一所小学，这里的孩子们都靠政府的救助上学。每年只有零星的商贩从几百公里外的县城来到此地，当地居民从商贩手中换些面粉和零碎的生活日用品。

交通：南距于田县城大约200公里，可从和田包车前往。

特别提醒：1. 这里河流变化大，7～9月水流量较为丰富，是最佳的旅游季节。

2. 现在从达里雅博依到麻扎塔格之间有一条穿越线路，吸引了很多户外组织前来探险，该线路穿越塔克拉玛干沙漠腹地，总长96公里，沿途无水源，很具有挑战性。

英尔力克沙漠

【感受大漠的旷野之美、生存之美和自然之美】

英尔力克沙漠处在世界第一大流动沙漠塔克拉玛干大沙漠最南端。这里沙丘一望无垠，景色十分壮观。越野汽车可一直进入沙漠腹地，对于没有机会进入塔克拉玛干大沙漠的人来说，这里是一个简便易行的选择。

红柳林在五六月间会开满红色的小花，在沙漠的背景下显得非常刺目，原始胡杨林布满沙梁和草场之间的地带，进入英尔力克沙漠中还能看到骆驼刺、芨芨草、胡杨和红柳等耐干旱的植物，其腹地则布满了起伏百米的高大沙丘。在沙漠南部的沙丘下是风景秀丽的英尔力克水库，水库波光粼粼，或有渔民在

英尔力克沙漠

撒网打鱼，或有游客泛舟于碧波之中，令人倍感清凉。水库附近有整齐林带，一派沙漠绿洲风光。水库的西侧还有金色沙滩游泳区、沙疗、沙漠骆驼游、滑沙等游乐区。

交通：位于和田市西北22公里处，可包车前往，往返价格在100元左右。出城往西北走十几公里，是水波浩渺的英尔力克水库，从水库往正北方再走10公里左右就到了英尔力克沙漠边了，这里还是当地农区与沙漠接壤的地方，大片的红柳林在5～6月会开满粉红色的小花，原始胡杨林就成片地生长在这里的草场和沙梁之间。

特别提醒：1. 这片沙漠的颜色会因日出、日落时分，以及不同的区域呈现出不同的色彩，是摄影的好题材。

2. 农区与沙漠的接合部分有4公里左右，这里可以租到骆驼，可进行骑行沙漠等旅游项目。

塔里木沙漠公路

【目前世界上在流动沙漠中修建的最长的公路】

公路于1993年开始动工，1995年9月全部竣工。沙漠公路北接轮南油田公路网与314国道，全长552公里。其中流动沙漠段公路北起肖塘，南至民丰县城以东23公里的恰安，全长446公里。如今在轮台南镇沙漠公路起点，和民丰县恰安沙漠公路的终点处都建有沙漠公路彩楼，并立有沙漠公路简介纪念碑。

交通：从南部的和田与沙漠北边的轮台、库尔勒长途车站都有走沙漠公路的长途车，从库尔勒客运中心华凌站乘坐长途班车穿过沙漠，前往和田的班车（下铺）票价为180元。但大多数车辆都是下午出发，次日清晨即可穿过整个沙漠。虽然不利于观景，但作为一种体验也不失为一种选择。

塔克拉玛干沙漠

【一条“走进去，出不来”的死亡之路】

近年来由于受“丝绸之路”研究热潮的影响，塔克拉玛干沙漠成为全球最重要的考古探险地点之一。目前的一条比较流行的线路为从麻扎塔格山附近穿越的线路。具体线路为和田—墨玉河、白玉河交汇处—麻扎塔格—塔里木河边的阿拉尔—阿克苏，当然这条线路仅供参考。穿越线路属于极端的探险活动，没有充分准备及合理的组织、经验丰富

塔里木沙漠公路

的向导，绝不可贸然前往。

特别提醒：在3～4月中旬或9～11月这段时间，塔克拉玛干沙漠地表温度最高55℃，最低5℃，是穿越的最佳季节，全程大约650公里，越野吉普要走6天，骑骆驼则需17～18天。

慕士山

【这里是中部昆仑山冰川最发达的地段之一】

慕士山海拔7284米，与周围高大的团结峰（海拔6644米）等另外7座超过6000米的山峰共同组成雄伟的昆仑山中段山脉。这里是中部昆仑山冰川最发达的地段之一，玉龙喀什河、策勒河均源于此山中。早在汉代，就有关于在这里采玉的记载，近代对慕士山区的考察更为详尽。

慕士山区往返山路比较平坦，可徒步至雪峰之上。在山区活动的最佳时间为7~9月底。从恰哈乡乌库村需要徒步两天才能到达慕士山大本营，这里海拔3400米左右。还可以从慕士山大本营徒步3天到达喀拉塔什大队（布亚煤矿）。在此乘车返回和田。

交通：位于昆仑山和田地区策勒县境内恰哈乡乌库村，北距策勒县约65公里，和田有直达恰哈乡乌库村的班车。

尼雅遗址

【表现“沙漠掩埋古代文明”的一种历史浪漫主义之美】

尼雅河发源于昆仑山，自南向北从民丰县流入茫茫的塔克拉玛干大沙漠的腹地，在民丰县城以北150公里的尼雅河流域，曾存在一个辉煌的国度。在汉代的时候，尼雅就建立在这片土地上，有人提出，这就是中国史籍中记载的西域三十六国之一的精绝国。据《汉书·西域传》记载，这里曾是“户四百八十、口三千三百六十、胜兵五百人”的繁荣城市，5世纪前后，因为吐谷浑人的入侵与自然环境的恶劣，这个国家好似一滴沙漠中的水滴，很快就消失了，没有人知道他们去了哪里。直到1901年1月17日，英籍匈牙利考古学家斯坦因发现了尼雅废墟，随即以它宏大的规模、丰富的出土文物，特别是大

尼雅遗址

量的多种文字的木简、木牍的发现震惊了整个世界。

斯坦因一共两次前往，发掘遗址53处，掘获木简、木牍数件，此外还有武器、乐器、毛织物、丝织品、家具、建筑物件、工艺品和稷、粟等粮食作物。此后，被这个沙漠遗址无可抗拒的魔力吸引至此的还有美国人亨廷顿、日本人橘瑞超等。新中国成立后，我国专业队伍对尼雅遗址进行了多次调查及抢救性清理。最重大的发现当数1959年发掘的东汉夫妇合葬墓，墓中出土了两具干尸和一批珍贵文物，其中一些棉布残片和棉布裤是我国迄今所见的最早棉织物。这次考古发掘也被列为1995年全国十大考古新发现之一。

整个古遗址位于古尼雅河谷的沙丘链之间，以佛塔为中心，呈带状南北延伸25公里，东西最宽处达7公里。在这片区域内，众多房屋遗址、场院、墓地、佛塔、佛寺、田地、果园、畜圈、渠系、池塘、陶窑和冶炼遗址等多达70处。

遗址中心的佛塔为坐标建筑，N3建筑，是位于遗址区中部的官署；N9～N22，位于遗址区西北，为民居；97A-1，位于西南1.2公里处，为佛塔；N5（93A-35），位于北部2.6公里处，尼雅遗址最重要的佛塔，大约在鄯善王安归迦、马希利和元孟在位时期使用。1995年1号墓地，位于遗址区北部，东距N8聚落点1.2公里，西北距N13～N17聚落点1.7公里，北为尼雅河床，分布面积2000平方米。这是尼雅遗址最重要的文物出土区之一，如8号墓地出土过著名的“五星出东方，利中国”织锦、“讨南羌”织锦以及男性干尸，3号墓地出土过“王侯合婚千秋万岁宜子孙”锦衾、漆奁、铜镜等重要文物。

尼雅遗址所处的特殊而极难到达的地理位置和存在的漫长时间历程使之成为不仅仅是考古学家、探险家，甚至狂热的旅行者和浪漫主义者最向往的古代遗迹。

交通：1. 尼雅遗址坐落在民丰正北方向，塔克拉玛干大沙漠的深处。单程需要3～4天。

去尼雅的车辆必须是越野车，且对性能要求极高，丰田巡洋舰吉普比较理想。

2. 从和田出发到尼雅大约共320公里，其中，从民丰到大麻扎约90公里；大麻扎到尼雅一段大约60公里，这段路只能骑骆驼进入，需走1天，因此肯定要在沙漠中过夜。和田有至民丰的班车，民丰可以租往油田跑运输的沙漠大卡车，价格面议，如能租上就无须骆驼，可以节省大半时间。

住宿：去的途中会经过卡巴克阿斯干村，可以住在老乡家，价格需面议。

特别提醒：1. 进尼雅需到有关部门办理批件，在和田文物管理所及和田国际旅行社都可办理，费用高昂，而且为了监督旅行者，文管所会派遣1人随行。

2. 由于尼雅位于大沙漠腹地，因此应选择避开沙漠中最炎热的季节，以4~6月、9~11月为宜。

3. 无向导切勿贸然进入沙漠。

4. 这里昼夜温差很大，要准备夜里防寒的衣物。此外，各种野营装备，车辆备用装备需备齐全。

5. 请保护这里的每一块残存的木头瓦片，它们可能都是珍贵的文物，并请带走所有垃圾。

民丰大麻扎

【有“穷人的麻扎”之称，是穆斯林的朝觐之地】

民丰麻扎据说是伊斯兰什叶派第六代伊玛目——加帕尔·萨迪克的陵墓。很多无财力去麦加朝圣的穆斯林们认为朝拜该麻扎，就相当于去麦加朝觐，因此民丰大麻扎有“穷人的麻扎”之称，这里每年接待的朝圣者达数万！

交通：位于民丰县城北96公里的尼雅乡，从和田乘坐班车前往民丰，民丰也有短途客运去尼雅乡。

门票：50元

雅通古孜维吾尔族村落

【探险家斯坦因曾造访过此处】

这个小小的村落位于沙漠腹地的雅通古孜河的两岸。村中有300多户人家，他们过着几乎与世隔绝的生活。村中有一所小学，学生也只有几个，常常几年才能凑足一个班。据记载，1895年斯坦因曾到过这里，那时候村中只有4户人家！

这里为典型的沙漠气候，白天阳光强烈，晚上则很冷。此处用水紧张，村中有一个涝坝，水质也不好。全村还有唯一的娱乐场所——录像厅；这里有几家饭馆，有拉条子、炒面、拌面等。如果前往可带一些小礼物，如文具、糖果送给这里的孩子们。

交通：1. 这里没有班车，可从民丰包车去，往返300元左右，距离民丰大约130公里。一定要选择越野性能好的车型。

2. 离开民丰后走315国道，约行至20公里处离开国道往北进入沙漠，继续行进110公里左右往东，行18公里就到了。全程大约3小时。若在此停留，则返回民丰只能搭车。

住宿：只能在老乡家里住，费用面议。

麻扎

实用资讯

交通

和田位于新疆的最南端，315国道横穿全区，无铁路交通，因此，进出和田的交通主要依靠公路和航空。大多数游客选择在结束了喀什之旅后乘坐长途车前往和田，或者从库尔勒乘坐穿越大沙漠的长途车前往，班车大多傍晚从库尔勒发车，黎明即可到达。如果旅行时间比较紧，乘坐飞机可从乌鲁木齐直达和田。

和田地区内部，大多数景点均无班车，又多处在沙漠中，因此包租越野车是在和田旅行的最重要的交通方式。

航空

和田机场位于市区南部、距市中心12公里，淡季每周一、二、三、四、五、日有大型客机飞往乌鲁木齐，旺季则每天都有往返乌鲁木齐的航班。以乌鲁木齐为中转站，可直接往返内地各大城市，另外，和田到阿克苏也有航班。

交通：和田机场位于市区南12公里处，有机场大巴通往市区。

机场问询处电话：0903-2026726

铁路

火车是这里最便宜的交通工具，目前已开通乌鲁木齐至和田的列车，沿途停靠吐鲁番、和静、焉耆、库尔勒、库车、新和、阿克苏、喀什、英吉沙、叶城、墨玉等地。不过火车速度普遍比较慢，适合时间充裕的旅行者。

公路

公路交通是和田乃至整个南疆最便捷的交通方式。这里的每个州的首府都有大型客运站，既有通往州内各县乡的班车，也有开往其他州的班车。

315国道经过和田，从和田往西北可以到叶城、阿图什、喀什；往东可到民丰、若羌等地。民丰往北有一条笔直的沙漠公路，可以直达轮台，路况较好，从民丰到库尔勒的长途车多数走这条路，继续北上可到乌鲁木齐。和田往东公路可达民丰、且末、若羌、尉犁、库尔勒，和田与民丰相距315公里。在若羌可以转车去青海格尔木、甘肃敦煌等地。

特别提醒：新疆地域辽阔，几百公里上千公里的行程也是很正常的，所以花费在路上的时间比较长，经常需要坐卧铺班车，如果不能忍受较差的卫生问题，需慎重选择。

和田客运总站

有发往乌鲁木齐、库尔勒、焉耆、托克逊、轮台、阿克苏、色力布亚、巴楚、三岔口、新和、库车、叶城、泽普、莎车、英吉沙、克拉玛依、大河沿、吐鲁番、伊宁、喀什的班车，车型有豪华（大宇、奔驰）和普通（宇通）之分。

地址：位于和墨路80号

电话：0903-2022487

特别提醒：在客运站内也有部分火车时刻公告，还有专门送客转火车的班车。

区内交通

由于和田地处塔克拉玛干大沙漠，区内的大部分景点都在沙漠之中，所以往来各景点最便捷的交通方式就是租车。从和田市包车去附近的景点，每天费用200~500元/辆，驾驶员的费用150元/天，油费另算。和田市内也有公交车，去市内各处很方便。

住宿

和田市区不大，和田市区内各种宾馆旅社很多，住宿不成问题。客运站附近有几家中低档的宾馆，价格比较便宜，设施还算齐全，通常都有公共浴室和厕所，卫生条件还不错。

宏瑞宾馆

是目前和田地区设施、功能较完善的一家三星级酒店。标准间220元/间。上网需要另收费，10元/天。

地址：位于乌鲁木齐北路16号

电话：0903-2562222

交通宾馆

在和田地区客运站边上，交通方便。交通宾馆一栋楼分两部分，分设服务台，里面部分装修和条件较好，价格相对贵一些，外面部分便宜一些，24小时洗热水澡很方便。标准间160元/间，普通2人间、单人间都是80元/间，3人间是90元/间，有公用卫生间。

地址：位于和墨路151号

电话：0903-2032700

天鹅宾馆

标准间110元/间，大厅可上网。

地址：位于和田路142号

电话：0903-2023576

和田迎宾馆

一家已有三四十年历史的宾馆，曾多次迎接国内外领导人。标准间280元/间。上网需要另收费，10元/天。

地址：位于塔乃依北路4号

电话：0903-2022824

餐饮

在和田，新疆的风味饮食，如烤羊肉串、烤全羊、馕坑烤肉、嫩玉米饭、烤包子、手抓饭、拉面、馕、酸奶子等在巴扎里都能吃到，但具有和田特色的是烤鸡蛋。生鸡蛋需要用小火慢慢烤熟，味道很特别。和田地区的“杂克尔”也很特别，“杂克尔”是玉米面制成的馕，把玉米面磨得非常细，并用凉水和面，有时还掺些洋葱条、南瓜条、肥羊肉丁等，具有玉米面的天然香味，在新疆的其他地区则很难尝到。此外，和田的瓜果如葡萄、西瓜、甜瓜、核桃、苹果、梨、杏等干鲜果品也非常值得一尝。

和田夜市

是和田最热闹的消夜场所。每天从傍晚开始一直持续到深夜，这里的小吃有烤肉、薄皮包子、羊肚子、羊肺子、麦子饭、嫩玉米、凉粉、凉皮、凉

馕坑烤肉

面等，还有各种汉族小吃，如醪糟鸡蛋、小笼包、麻辣烫、茶叶蛋、八宝饭、春卷、炸鱼、元宵、饺子，真是应有尽有。

地址：位于塔乃依南路的南路口

特别提醒：和田的汉餐馆集中之地在友谊路，有很多四川餐馆，而火锅、麻辣烫和内地一样，很受欢迎，在这里随处都有，但价格比内地便宜很多。

购物

概括地说，和田有三宝，分别是玉石、丝绸和地毯。

和田玉

和田玉驰名天下，按颜色可分为白玉、青玉、墨玉、黄玉、青花、糖玉等，其中以和田白玉为上品，也叫“羊脂玉”。买玉一定要找信誉好的商家选购，以防被骗，根据玉石的质地、颜色、工艺、硬度等因素选择。购买时要仔细挑选，检查商品标签是否齐备，并向商家索取专业珠宝鉴定检测机构签发的鉴定证书及发票。

特别提醒：和田玉石巴扎是选购玉石的最好场所，每到周五和周日玉石巴扎最热闹，选购完中意的玉石后，还可以到玉石加工点为玉石磨制打眼、进行装饰。此外可到古江北路1号的和田玉器楼购买，那里主要经营和田玉器、丝绸、地毯等。

艾德莱斯绸

艾德莱斯绸是一种扎染绸。早在4世纪时，和田的丝织品就闻名于世，有“绢都”之称。在洛浦县吉亚乡，几乎家家植桑养蚕并用土机织绸，男女老少都会操作。现在吉亚乡特别建起了一座传统丝绸作坊，为游客表演土机织绸的工艺，门票10元，全程讲解，如购买丝绸则免门票。

和田夜市

和田地毯

和田被称作“东方式地毯”的故乡，这里生产的地毯代表着西域地毯最上乘的品质。和田的丝绸和地毯织物色彩鲜艳、花色古朴，有强烈的民族气息，最有名的是一种叫阿娜尔古丽的石榴花地毯，现在已经十分罕见。同样在洛浦县吉亚乡，每家每户都用传统工艺织毯。

特别提醒： 和田市东北面的315国道旁还有一个综合大巴扎，各种特色的干鲜果品、药材补品、金石雕镂、陶瓷漆器、烟酒糖茶都有，其中和田地毯、艾德莱斯绸、和田玉、传统木制品、于田小花帽和各类水果等是最受游客欢迎的旅游产品。

和田地毯

杏仁糖

是一种新疆特有的小食品，其实是切成片的巴旦杏仁用麦芽糖和一些秘制的配料制成的。据说和田的杏仁糖和别处的味道是不一样的，葡萄干、杏干、核桃等特产在内地的超市和网络上都可买到，杏仁糖却即使新疆本地人也是久闻其名而不见其物。作为新疆地方特有高档食品因为生产量少，加工过程复杂，价格极贵。不懂的人常把核桃玛仁糖当作杏仁糖，核桃玛仁糖是以核桃为主要原料添加少量杏仁做成的牛奶糖。可以说，杏仁糖是可遇而不可求的，和田是杏仁糖的原产地。杏仁糖的原料巴旦杏在维吾尔族医药中是一味药，甜巴旦杏具有安神、开窍、健脑、明目益肾、润肺、润肠、生津、健身、健胃等功能。

莫合烟

莫合烟是一种由黄花烟草的茎和叶碾碎后掺和晾晒而成，外观呈颗粒状、较为粗糙的烟草制品。据《新疆通志烟草志》记载，莫合烟是苏联华侨带回国内栽培的外国烟种，俄语称“玛合勒嘎”，“莫合烟”是意译。

BAYINGUOLENG
巴音郭楞地区

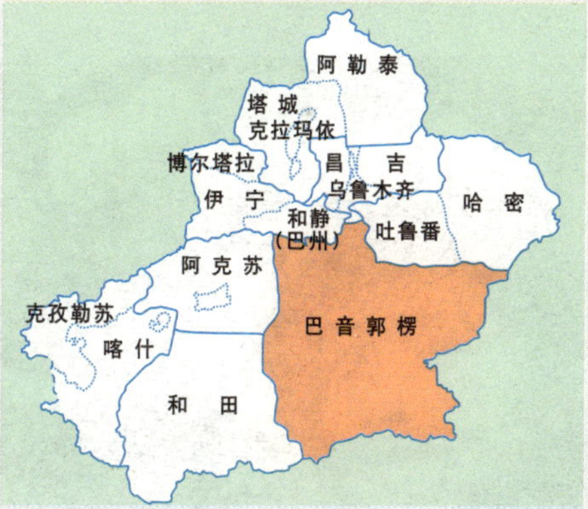
阿勒泰
塔城
克拉玛依
博尔塔拉
昌吉
乌鲁木齐
伊宁
和静
（巴州）
哈密
吐鲁番
阿克苏
克孜勒苏
巴音郭楞
喀什
和田

走遍中国 · 新疆

BAYINGUOLENG
巴音郭楞地区

“巴音郭楞”为蒙古语音译，意为“富饶的流域”，州府设在库尔勒市，因此库尔勒也成了去南疆、走沙漠公路、前往塔克拉玛干沙漠和罗布泊探险，以及去往巴音郭楞蒙古自治州（简称巴州）各处景点的重要中转站。

巴州有几个之最：中国最大的州；中国最大的沙漠——塔克拉玛干；中国最长的内陆河——塔里木河；中国最大的内陆淡水湖——博斯腾湖；中国最大的高山草原——巴音布鲁克；中国最大的盆地——塔里木盆地；中国唯一的天鹅自然保护区——巴音布鲁克天鹅湖自然保护区；中国最大的高山野生动物保护区——位于若羌县南部山区的阿尔金山国家级自然保护区；中国唯一的野骆驼自然保护区——位于若羌县阿尔金山区东南部；中国唯一的沙漠森林公园——位于轮台县塔里木河北岸的沙漠之中；中国最大的胡杨林保护区——塔里木河流域原生胡杨林；世界上建于流动沙漠中最长的等级公路——塔里木沙漠公路，全长 522 公里，纵贯塔克拉玛干沙漠；中国最大的石油天然气勘探区——塔里木盆地的石油及天然气，蕴藏量分别占全国的 1/7 和 1/4。不仅如此，博大的巴音郭楞地域还有无数的自然奇观，能否看到就看你有没有这个好运气了。

特别提醒： 虽然巴音布鲁克天鹅湖、巩乃斯林场等景区属于巴州，但大多数旅行者都会将其规划入北疆西线中进行旅行，有时间的旅行者还会将其列入整个北疆的大环线中，因此这些景区所属的巴州和静县也被列入“北疆西线”章节中，以保证旅行线路的完整性。

前世今生

巴音郭楞是新疆最为沧桑的一幅历史画卷。古西域三十六国，这里就曾占了十一国。公元前 60 年，西汉政府在乌垒（今轮台县境内）设西域都护府。公元 91 年，东汉王朝时，在此设置西域长乐史。唐贞观二十二年（648）设置焉耆都护府。清乾隆二十四年（1759），设置喀喇沙尔办事大臣，所属焉耆、库尔勒、布古尔实行伯克制。乾隆三十六年（1771），土尔扈特及和硕特蒙部回归祖国。这就是那部著名的《东归英雄传》所描述的故事。清光绪八年（1884），新疆建省后，设喀喇沙尔直隶厅，光绪二十五年（1901）升为焉耆府，先后管辖新平（今尉犁）、若羌、轮台三县。

旅行与季节

巴州属典型大陆性气候，四季分明，昼夜温差大。春季升温快且不稳，秋季短暂而降温迅速。多晴少雨，光照充足，空气干燥，风沙较多。库尔勒、尉犁、轮台、且末和若羌属塔里木盆地东部属于暖温带干旱区，光热充足、热量资源丰富。冬夏和昼夜温差大，空气干燥，因而盛产红枣、香梨、杏等水果。巴音布鲁克山区年平均气

巴音郭楞地区旅行交通示意图

温 -4.6℃，冬季严寒且漫长，1 月平均气温 -26.6℃，无夏季，最热的 7 月平均气温仅 10.6℃。

焦点

■ 博斯腾湖吃烤鱼

在唐朝的时候，博斯腾湖被称为"鱼海"，可见其水产之发达。博斯腾湖是中国最大的内陆淡水吞吐湖，也是新疆的渔业基地。在湖边找个地方，坐看芦苇丛生、荷花怒放，吃着这里特色的烤鱼。不得不说，这确是人生一大幸事。

■ 到胡杨林公园留影

如果说胡杨林是新疆沙漠地区最亮丽的风景，那么轮台的胡杨林森林公园就是中国最美丽的森林之一。这里有的不仅仅是绿荫碧水，而是一首首生命的赞歌。胡杨树"千年不死、死后千年不倒、倒下千年不朽"的倔强与顽强为这里铸造了生命的传奇。在这里或垂钓、沉思，或合影、自拍，都是新疆之行必不可少的。

■ 探访罗布人村寨

罗布人因罗布泊而闻名。这些生活在沙漠深处的土著，千百年来与世隔绝。他们操着罗布方言，世代以捕鱼为生。如今只剩下为数不多的人口，被民族学家们称为"最后的罗布人"。不论你是热衷于"考察"民族民俗，还是喜欢探访秘境，罗布人村寨都能满足你的求知欲。因为那里的罗布人至今依然保持着他们传统的生活方式和祖宗技艺。

轮台胡杨公园

行程推荐

库尔勒 2 日游

必游景点：罗布人村寨、加曼大清真寺、铁门关、博斯腾湖

可以尝试：去中国最传奇的地方——罗布人村寨，看看最传奇的部落；到"鱼海"——博斯腾湖吃全鱼宴

D1 早餐后包车前往尉犁县罗布人村寨，下午返回游览加曼大清真寺、铁门关。宿库尔勒。

D2 包车前往博斯腾湖游览，下午返回。

南疆风情 5 日游

必游景点：博斯腾湖、轮台胡杨林公园、尼雅遗址、米兰故城

可以尝试：博斯腾湖吃全鱼宴，胡杨林公园摄影，尼雅遗址和米兰故城感受历史的遗韵

D1 从乌鲁木齐出发经达坂城，抵达博斯腾湖，游览美丽的黄金海岸，品尝独特的全鱼宴。晚上赶到库尔勒市住宿。

D2 从库尔勒一路向西，直达轮台，然后沿沙漠公路南下就到了胡杨林公园。乘坐景区的小火车游览这片沙漠绿洲。然后前往塔里木河大桥附近住宿。

D3 赶早沿沙漠公路穿越塔克拉玛干沙漠，还有 20 公里到达民丰的时候，可以先去参观精绝国故址——尼雅遗址。夜宿民丰县城。

罗布老人

D4 清早从民丰若羌，一路都是沙漠公路，路程约 315 公里。

D5 从若羌出发，游营盘故城、米兰故城。然后沿沙漠公路返回库尔勒市。

预算

巴州地域博大，除了库尔勒周边线路外，如果走特种线路，必须有组织、有计划地向有关部门申请，价格请咨询当地有资质的旅行社，比如楼兰这样的地方，费用高昂、耗时较长，因此巴州的预算很难估计。在库尔勒附近活动、住普通的旅舍，开支 200 元 / 天足够。

巴音郭楞

塔里木河

【全长 2179 公里，是我国最长的内陆河】

塔里木河是由阿克苏河、和田河与叶尔羌河汇集而成。每年夏季，冰雪融化的时候塔里木河会变得十分暴躁，很不稳定。不过平日里的塔里木河还是别有一番景致的。两岸的树木、花朵以及在河边散步的骆驼，一切看起来都是那么安详、平静。

河上横跨塔里木河的大桥全长 605 米，是塔克拉玛干沙漠咽喉要道，而且是塔里木河上下游的分界线。

交通：去塔里木河大桥可以乘坐库尔勒或轮台开往和田沿线的沙漠公路班车，在大桥下车就可以了，可徒步数公里看胡杨林。库尔勒到轮台车票 25 元左右，10:00 ~ 20:00 点基本每小时有一趟，两个半小时可到达。

特别提醒：1. 去和田的车有从阿克苏方向和轮南沙漠公路两条路，乘车前记着问清楚。

2. 游览塔里木河的最佳季节为8月下旬到9月底。

3. 在大桥北端轮台县就是塔里木原始胡杨林森林公园。

加麦清真寺

【巴州境内较好的、每周五都有集体礼拜的清真寺】

始建于清道光年间，1987 年重建。清真寺临街而建，高大雄伟，装饰华丽。礼拜堂和庭院可容千人礼拜，这里的礼拜规模大，宗教职业人员也较齐全，殿内四壁绘有精美的维吾尔风格装饰画。

按教规穆斯林必须在每个星期五（主麻日）的正午，到清真寺去参加集体礼拜，因此在旅程中最好安排周五到这里。

塔里木河风光

加麦清真寺

库尔勒城区示意图

交通：位于库尔勒老城团结南路西侧，乘出租车 10 元。

门票：20 元

巴州博物馆（巴州文物陈列馆）

【详尽了解巴州历史与文化的课堂】

巴州博物馆展出文物 600 件，展室按照 4 部分陈列，第一展厅为和静县察吾乎沟文化专题，陈列有距今 5000 ~ 4000 年以前的出土陶器、铜、铁、木器、骨器和石器。第二、第三展厅为历史文物与民俗陈列，展品有西周、春秋战国时代、汉代、唐代、元代及清代的石器、骨木器、陶器、玉器、金银、毛毯、佛教遗物、古钱币等。其中楼兰出土的木简，元代纸文书，均为国家一级文物。第四展厅为且末扎滚鲁克墓葬专题展，展出成年女性和女童干尸各一具，距今已 3000 多年。另外还有陶器、骨木器、食品、纺织品等展品。

交通：位于市中心人民广场后面，步行即可到达。

铁门关

【中国古代 26 名关之一，班超饮马处】

铁门关为孔雀河上游长达 14 公里峡谷的出口。晋代在这里设关，因其险固，故称“铁门关”，现列为中国古代 26 名关之一。这里曾是南北疆交通的天险要冲，古代“丝绸之路”中道咽喉，它也是古代军事重镇。相传，张骞出使西域曾两度过铁门关，班超也曾途经此地在孔雀河饮马，所以孔

背包客收藏：新疆地区的清真寺类型

新疆维吾尔族地区的清真寺，一般可分为5种类型：艾提尕尔清真寺、加麦清真寺、小巷清真寺、麻扎清真寺、耶提木寺。

艾提尕尔清真寺主要建在穆斯林的文化中心城镇，“艾提尕尔”是阿拉伯语和波斯语的复合词，即节日场所之意。这类清真寺，主要供重大节日举行大规模集体会礼时用，故其建筑规模宏大、样式考究。加麦清真寺，又称“主麻日清真寺”，加麦又译作“加米”，是阿拉伯文的音译，意为“聚礼”。这类寺是每周五（主麻日）举行聚礼及其他重要宗教活动的寺院，主要建在县城穆斯林聚居地。小巷清真寺，一般称为“麦斯吉德”，遍及全疆，南疆尤多，是穆斯林平日礼拜、祈祷之所。麻扎清真寺，多作为附属建筑设在麻扎（陵园）院内。人们在朝拜麻扎时，往往还要在这种寺内举办一些宗教功课。新疆大麻扎，多为伊斯兰教著名教长、领袖、学者的埋葬处，到这里朝拜的人很多，因此这里一般都有规模宏大、建筑豪华的清真寺。耶提木寺，意译为“孤寺”或“孤儿寺”。在一望无际的茫茫戈壁、漠漠黄沙之中，往往会有一座低矮建筑物孤零零地立在路边，这就是为了便于旅客礼拜而设的寺。这种寺建筑极其简陋，或为一土屋，或仅有土墙而无屋顶，既无一般寺中那些设施，也无任何教职人员。

雀河又称“饮马河”。

交通：位于库尔勒市北郊8公里处，但无公交车直接到达。乘坐出租车大约15元。

门票：10元

特别提醒：景区门口不容易找到返程的车辆，应事先与司机约定返回时间。

沙伊东香梨园

【一个品尝库尔勒香梨和其他水果的乐园】

库尔勒香梨是新疆名气最大的水果之一，库尔勒的水土十分适合梨的生长，结出的香梨个小肉嫩、香甜多汁。沙伊东香梨园内除了香梨外，还有苹果、桃、杏等其他果树，游客在沙伊东梨园可以吃到各种可口的水果。

交通：位于市西郊孔雀河畔，从兰干路可坐16路公交车去沙伊东。

高寺

【伊斯兰世界著名的寺庙，也是我国清真寺建筑中的独特范例】

高寺的建筑特点非常突出，是阿拉伯风格与中国传统宫殿建筑的融合。

清乾隆年间，被清政府征调的陕甘回民平定准噶尔后来焉耆屯垦戍边，1878年，因焉耆回族人民帮助清军战胜阿古柏侵略军，清军将领刘锦棠为表示谢意，特指令在城西北再建一座清真寺。寺庙建在一个高土台子上，因而得名高寺。

高寺几经损坏，但似乎越加固越高大，1927年，它被又一次重修后，建筑面积达到了880平方米，包括170平方米的聚礼大殿和住房等，门楼顶上有4根方柱，托着一个拱形顶盖，四周有宝塔形的立柱，柱端有一弯新月，拱顶上有二层楼台，可容人站立，是独具一格的伊斯兰教形式的宣礼台，非常高大宏伟。

交通：位于焉耆城西北角，可从库尔勒乘班车前往焉耆县城。

博斯腾湖

【我国最大的内陆淡水湖、我国西部的“江南水乡”】

博斯腾湖古称“西海”，唐谓“鱼海”，清代中期定名为博斯腾湖，是我国最大的内陆淡水吞吐湖。博斯腾，蒙古语意为“站立”，因三道湖心山屹立于湖中而得名。湖面海拔 1048 米，东西长 55 公里，南北宽 25 公里，略呈三角形，大湖面积 988 平方公里。

在博斯腾湖宽广的水域渔业资源非常丰富，芦苇丛生、荷花怒放、禽鸣鱼跃，一派江南水乡景色，故有“西塞明珠”之美称。博斯腾湖既是新疆的渔业基地之一，又是我国四大芦苇产地之一。此外，在博斯腾湖还可以吃到原汁原味的烤鱼和全鱼宴。

交通：库尔勒州邮电局门口有班车发往博斯腾湖，每天 6 班，往返约为 50 元。

门票：30 元

轮台胡杨林森林公园

【塔克拉玛干沙漠腹地的、我国最美的十大森林之一】

轮台胡杨林被评为“中国最美十大森林”之一，它位于壮阔的塔克拉玛干沙漠腹地，轮台县南 40 多公里处。这里胡杨密集，百鸟欢鸣，花鲜蜂飞，天青水碧。

轮台胡杨林森林公园正门 3 株合抱不交的古老的胡杨树是公园的一大奇景，3 株树树干内部已空，而树冠却依然枝繁叶茂，大片绿荫遮蔽骄阳。左边是一湖碧水，这是塔里木河自然泄洪形成的一个小湖。森林公园开辟后，有越来越多的白天鹅在这里相聚，夏天在水中游戏，引颈放歌，即使冬季也不肯离去。湖水的周边是茂密的胡杨林，游人可在岸边垂钓，有时可钓出大鲤鱼，把自己的劳动果实拿到森林餐厅去加工是受欢迎的。在公园的东边有一处西汉时

博斯腾湖

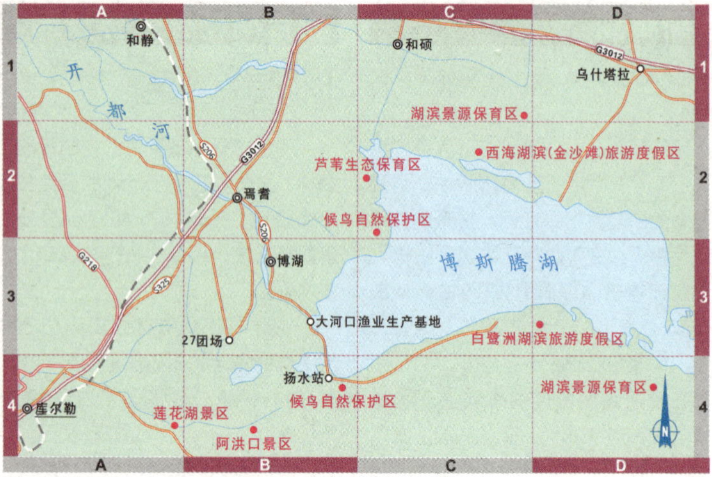

博斯腾湖风景旅游区景点示意图

期的墓葬，据考证，是汉朝官兵在此积谷屯田之时的遗迹，虽经两千多年变迁，但依然保持着墓葬的原貌。出了森林公园，还可以去看看旁边的胡杨。那是一片被当地人称作“菜地”的胡杨林，繁茂得像白菜地一样，景色也相当美妙。

轮台胡杨林森林公园

交通：在轮台客运站有很多小面的前往；从轮南镇坐出租车前往单程 40 元。

门票：50 元，景区内小火车 50 元 / 人，景区很大，但其他车不允许进入。

住宿：公园内木头宾馆、砖砌的四合院接待站和食堂，可解决游人的食宿。

特别提醒：1. 公园接待站后院有一座二三十米高的铁塔。在那里可眺望蜿蜒曲折的塔里木河、胡杨林海，景致非常之壮观。

2. 每年的10月20日~11月15日，是轮台胡杨林森林公园摄影的最佳时段。

罗布人村寨

【寻访新疆最古老的民族之一——罗布人】

作为景区的罗布人村寨位于尉犁县西南的琼库勒牧场，这里有成片原始胡杨林与塔里木河互相依存。罗布人就生活在塔里木河畔的小海子边，他们不种五谷，不牧牲畜，以捕鱼为生。这一带的塔里木河河道分支较多，也不宽，罗布人用整棵胡杨挖凿的一种叫“卡盆”的独木舟游荡在塔里木河上捕鱼，各种鱼类是他们的主食。这里河中有鲤鱼、草鱼、白鲢、花鲢等多种鱼类。罗布人是一个单一食鱼的民族，可能是饮食的缘故，这里很多人都很长寿，八九十岁的老人都参加体力劳动。

罗布人有着独特的传统民俗：青年男女自由恋爱；姑娘出嫁时，陪嫁品是一个小海子（湖）；婚礼上人们聚集在海子边，燃起篝火边烤鱼、边唱歌跳舞。之后，一对新人就可以守住这片海子过日子了。

据推测，罗布人原居住在罗布泊，后来，由于环境日趋恶化，塔里木河水逐渐缩短，罗布人赖以生存的湖泊相继干涸消失。于是人们沿着孔雀河向西迁徙到若羌县一带。21 世纪初期、若羌县暴发瘟疫，罗布人被迫再次迁徙，分别逃到今尉犁、若羌、轮台和洛浦四县。

罗布人村寨是移居的罗布人的聚居地之一，这个村寨人家如今所剩不多，住得也比较分散。改建成公园后，失去了往日的原始与神秘。园区内沙丘成片，依着弯曲流淌的塔里木河，沿着典型的流线型沙脊登上沙丘可领略无边的塔克拉玛干大沙漠。

罗布人村

交通：库尔勒到尉犁 50 公里，除中巴外，可在库尔勒老街客运站乘桑塔纳，车费 10 元 / 人，坐满即走，半小时可到。从尉犁县到罗布人村寨还有 30 公里，没有班车，如乘出租车往返大约 100 元。从库尔勒包车往返，大概需要 250 元。景区门前停车费 10 元 / 辆。

门票：40 元，区间车 10 元 / 人。

背包客收藏：
最美丽的树——胡杨

胡杨是一种奇特而古老的杨树，或称“胡桐”。和一般的杨树不同，它能忍受荒漠中干旱、多变的恶劣气候，对盐碱有极强的忍耐力。胡杨的祖先远在 13500 年前就出现了，被地质学家称为“第三世纪活化石”。它是落叶乔木，树高 15 ~ 30 米，幼树和嫩枝上密生茸毛。叶子变异很大，幼树或嫩枝上的叶呈线状披针形，而中年树上的叶子却变成卵形或肾形，所以又称“异叶杨”。开紫红色披针形花，结长椭圆形胡果。

在塔里木河流域，维吾尔族人民给了胡杨一个最好的名字——托克拉克，即“最美丽的树”。

特别提醒： 1. 8月下旬~10月初，塔里木胡杨林变得金黄，会吸引大批摄影爱好者前往。

2. 去往景区的路为柏油路，路况很好，但沙漠上阳光强烈，要注意防晒。

楼兰遗址

【一座曾经存在过四五百年，继而神秘消失的东方古城】

楼兰遗址位于若羌县北境，罗布泊以西，距若羌县城330公里，东距罗布泊西岸28公里。整个遗址散布在罗布泊西岸的雅丹地貌之中，距今有3000多年。

楼兰是古代西域三十六国之一，玄奘在《汉书·西域传》中曾记载："鄯善国，本名楼兰，王治扜泥城，去阳关千六百里，去长安六千一百里。户千五百七十，口四万四千一百。"可见当时楼兰王国的繁荣。楼兰在历史上只存在了四五百年，在4世纪神秘消亡，原因至今未有定论。1900年3月28日，楼兰在沉睡了千余年后，被瑞典探险家斯文·赫定和罗布人向导奥尔德克在沙漠深处发现，继而轰动世界。

古城占地12万平方米，略呈正方形。城墙是用泥土、芦苇、树枝修筑。一条大约呈西北—东南走向的古河道贯穿城中，城内残存的房子依然保存完好，门、窗都留在那里。此外，还有古烽火台、粮仓等建筑遗迹和大量陶片、毡片、古铜钱、丝绸碎片。

遗址中并排的三间房子是城中规格最高的建筑，可能是当时的官衙。斯文·赫定、日本的橘瑞超、英国的斯坦因都曾在三间房的墙角下发掘出大量珍贵的文书，正是这些文物在国际上兴起了"楼兰学"的热潮。遗址中还有由红柳、芦苇搭建而成的民居，如今屋顶、四壁都已不见；而高约10米的佛塔是楼兰城中最高的建筑。

交通： 库尔勒有班车到若羌县或36团，从距若羌县74公里的米兰36团场出发，向东北方行进222公里，这一片区域都是雅丹地

楼兰遗址

貌，路况很差，路上要不断以卫星定位仪和指南针校正方向，以免迷失方向。去楼兰的旅途是非常艰险的，如果没有充分准备最好不要贸然前往。

特别提醒： 1. 楼兰位于罗布泊深处，楼兰古城、罗布泊湖心、余纯顺墓地的入口设有检查站，需缴纳价格不菲的门票（文物保护费）。
2. 需具备充分的技术装备：多个GPS、至少2部卫星电话及备用电池、至少2部可互换零件的四驱越野车、熟悉线路并精通汽车维修的司机、大约15天的食物和水，能随时与后方取得联络。
3. 由于一路上经过的都是沟沟坎坎的“雅丹地貌”，汽车每小时仅能行驶3公里左右。在距楼兰还有18公里的地方，必须骑骆驼或步行前进方能抵达。去楼兰的旅途是非常艰险的，如果没有充分准备最好不要贸然前往。

营盘故城

【若羌地区最有代表性的古建筑废墟之一】

营盘遗址北面是兴地山，南靠孔雀河岸。

4世纪初，丝绸之路北道未开辟之前，往来的商贾、行人为了避开北匈奴的侵扰，基本上通过丝路中道穿梭于东西方之间。线路是出玉门关，沿疏勒河，经楼兰，循孔雀河谷，达尉犁、轮台、库车……营盘就在楼兰和尉犁之间，是丝路中道的重要城市，学者黄文弼认为营盘故城可能就是《前汉书》中记载的山国，还有一种说法认为它其实是《水经注》中的注宾城。楼兰衰退后、营盘也随之逐步失去了昔日的繁荣、直至衰亡。

斯文·赫定、柯兹洛夫、斯坦因、黄文弼等都曾到过营盘遗址。这里曾出土过文字木简和汉文钱币等文物。从这里的墓葬中还发掘出大量木制品、毛织品、皮革制品，其中丝织品制成的衣、裙、袍、裤、袜、枕、香囊精美得令人震惊。营盘故城周长900余米，为圆形城堡，城墙残高5.6米，夯土筑，部分墙段偶用土坯。城内被水流冲刷过，有东西两个城门，城外西边有一高10米的烽燧。城北边是墓葬区，墓地西侧有一座守院遗址。

交通： 西北距离尉犁县城150公里，从尉犁出发到33团有班车，票价20元左右，这段路属218国道，110公里的路程会走上7个小时左右，路况极差。再由33团乘班车到34、35团，票价在10元左右。离35团往北40公里走沙石路可以直达营盘故城。

特别提醒： 在去米兰遗址的路上，可以顺便前往。

米兰故城

【楼兰古国的故都、通往敦煌的必经之地】

米兰故城是汉代西域楼兰国的一座城郭，有许多人认为，它一度是楼兰国的都城。

晨曦中变成金色的米兰佛塔

这里是一片沙漠中的雅丹地貌，米兰故城略呈方形，城的四个角都有突出的土台。城墙由土构筑，周长为308米。厚6米到9米，南墙外突出一座9米高的小城。西墙的北段和南墙的西段尚存有缺口，可能为古代门道。东墙和北墙根存有房屋残址，这一片地域应为古代居民住宅，曾出土了大量吐蕃文木简、粮食、毛丝织物、兵器等文物。在古城附近还有许多处佛寺、佛塔。此外，在这片遗迹中灌溉渠布局十分合理。

故城遗址由古戍堡、东大寺、西大寺三部分组成。古戍堡是米兰故城遗址里一座较有代表性的建筑物，它位于新甘公路的要道上，呈不规则正方形。城垣构造形式类似西藏布达拉宫。古堡附近有着众多的佛塔和规模宏大的寺院遗址。据史书记载，这些寺院曾经是古代高僧法显、玄奘、宋云、惠生等人西去天竺和东归中原途中停留讲法的地方。西大寺与东大寺相对，建筑具有典型的西域佛教文化风格。寺中曾经有带翼天使的画像，是东方和西方文明交会的证明，19世纪，英国人斯坦因曾在此地进行发掘，盗走了塑像、壁画等大批文物，其中就有这一珍品。目前在西大寺基座还残存有一些佛像。

交通：从尉犁出发到33团有班车，再由33团乘班车到34团，从这里再乘班车走240公里的路到36团，即米兰农场，这段路的票价在70元左右。从库尔勒至36团约426公里，目前的票价84元左右，每天13:00发车。此外，36团到库尔勒每天有一趟夜班车。从米兰农场能租到车去米兰故城，车程约40分钟。

住宿：36团有一个米兰招待所，有公共水房，自来水限时供应，无热水洗澡。招待所是一排平房，房间约30元/床。有食堂，另外还有一些小饭馆。团场还有集市、商场，基本上可以买到食品及一些生活必需品。

特别提醒：1. 进入米兰故城，必须先到若羌县文体局办理手续，国内游客收取文物管理费350元；拍照收费50元/张。

2. 从检票点要步行7公里左右才到故城遗址。

阿尔金山自然保护区

【我国最大的高山自然保护区】

阿尔金山自然保护区位于阿尔金山南，东昆仑山北部，西起若羌和且末两县分界线，东至新疆与青海两省区交界处，北到阿尔金山南部的祁漫塔格山，南为新疆与西藏分界的东昆仑山脉，总面积为44940平方公里，平均海拔约4000米。

阿尔金山保护区内四周高山环绕，现代冰川、高原湖泊和高原沙漠各种自然景观并存，种类繁多的藏野驴、藏羚羊、野牦牛、野骆驼及黑颈鹤、藏雪鸡、白肩雕、玉带海雕等珍禽异兽和各种野生植物，共同生存在这个遥远的高原上。

交通：若羌距阿尔金山有280公里左右。除了从若羌出来有5公里的柏油路外，到若羌后全是颠簸的石子路。沿315国道继续前往石棉矿（新芒崖镇），这一段路有213公里左右。到石棉矿之后开始进入便道，石棉矿距离阿尔金山还有200多公里。翻过一座固定沙丘，继续沿沙漠便道走就可以陆续见到野生动物了，并且这里已经靠近阿牙克库木湖——去阿尔金山的必经之路，沙漠便道紧沿着湖岸。这是条便道，不太好认。湖边的库木库里乡是这一地区唯一有人居住的地方，只有十来户维吾尔族牧民，都不懂汉语，乡上有一所林业管理站，可以在乡上找老乡做向导再上山。

门票：50元

住宿：区内仅有一处林业管理站有招待所，价格昂贵，也可住老乡家，但价格面议。如果旅行者在此扎营，应注意安全。

特别提醒： 1. 阿尔金山自然保护区景点众多，但地形复杂、路况不好，危险性较大，另外还要注意可能的高原反应。

2. 如果需要紧急援助，可以就近向这两个单位联系：若羌县阿尔金山自然保护区管理站（电话：0996-7102811），若羌县祁曼塔格乡派出所。工作人员大多有行走阿尔金山的丰富经验。

3. 在去阿尔金山的路上，只有石棉矿和若羌有加油站，需要准备充足的汽油、轮胎及其他配件。此外，还应准备充分的食物与水、全套野外宿营装备等。

4. 这里属于典型的荒漠高原气候，紫外线强烈，时有暴雨，昼夜温差很大，最佳参观季节为6～9月。由于保护区地理位置偏远，道路条件欠佳，而且经常有野兽出没，前往该地区旅游或考察，一定要经过当地政府的同意并取得必要的协助，经过周密安排和准备再出发。前往该地区，最好自驾车前往，并准备足够的给养。

阿尔金山

木孜塔格峰

【属昆仑山脉、巴州境内的第一高峰】

木孜塔格峰属昆仑山脉，西有鸭脖梁、东南靠西藏、北临若羌，主峰海拔7223米，西北走向，长约9公里，宽约12公里。“木孜塔格”是维吾尔语，意为“冰山”，此峰也被称为“乌拉烙峰”，意即“伟大”。

这里常年为冰雪覆盖，气候条件恶劣。在主峰方圆200公里的范围内，坐落着海拔6000米以上的高峰54座。这个峰区冰川很多，有大小冰川93条，总面积达1000平方公里。最大的冰川长达18公里，冰厚300米左右。车尔臣河就发源于木孜塔格峰的西北冰坡。冰川的活动性很强，冰、雪崩频繁。这一地区的气候最为变幻莫测。由于受季风和西风带的影响，风力有时竟达11级左右，气温在最冷时可达-30℃以下。

由于该地区恶劣的自然条件和所处地理位置，使得木孜塔格峰的自然资源得以完好地保存下来。这里的冰岭、雪原、草地、湖泊，不仅形成了独特自然风光，也形成了完整典型的原始生态系统生物群落，在这里仍生活着数十种珍贵动物。

交通： 位于且末城西南约240公里处，但旅行者通常从若羌县往东南到达269公里外青海省的茫崖镇，再从这里开始折向西南，经过数天到达其克湖西南的登山大本营，大本营在月牙河谷之上，海拔5400米。

特别提醒： 木孜塔格峰是登山家、探险家的钟爱之地，登山的最佳季节是6～8月。

实用资讯

交通

巴音郭楞已经形成了公路、铁路、航空立体运输网，首府库尔勒是全疆交通最发达的城市，航空、铁路、公路都可以到达。

航空

库尔勒是南疆的主要航空中心，库尔勒与乌鲁木齐、北京、济南、成都等城市开通有往返航班。

库尔勒机场：距离市区17公里，为军民合用机场，但发往疆外的航班班期较少，在行程安排上应特别注意，建议从乌鲁木齐机场中转，这样较为随意。往返机场与市区内可乘坐出租车。机场大巴只有回程没有去程，每天第一班9:40由机场发往楼兰宾馆，最后一班于次日凌晨00:30由机场发出。票价：20元。

铁路

库尔勒是南北疆铁路的重要枢纽，向北可达吐鲁番、乌鲁木齐。每天都有6列火车从库尔勒市开往乌鲁木齐市，向南有发往阿克苏、喀什等地的列车。库尔勒也开通有至西安的直快列车。

库尔勒火车站

地址：位于市区东南的生活路，乘坐出租车到市中心仅10元。

电话：0996-8642222

公路

库尔勒公路北可抵达石河子、克拉玛依、伊宁；西通阿克苏、喀什；南经若羌可抵达青海的格尔木。每日都有直达焉耆和乌鲁木齐的班车；库尔勒与乌鲁木齐市相距457公里，长途客运站到乌鲁木齐的快速客车，每天9:00发第一班，然后9:00～16:30每半小时发一班，除此之外还有夜班车。票价90~135元不等。

从库尔勒市内到博斯腾湖、和静、轮台、若羌等地均有长途班车；从库尔勒到若羌的218国道阿尔干一带有一条红砖路，这是世界上唯一的荒漠红砖公路，长100公里，宽6米，这条红砖路是20世纪60年代北京知青用8000多万块红砖铺成的。

另外，新修好的世界第一条沙漠公路自轮台县进入塔克拉玛干沙漠，可达民丰县、和田市。

库尔勒客运中心

到达全州各地的班车始发站。

地址：北山路长途汽车站，市内乘2路、12路、19路、26路公交车即可到达。

电话：0996-2078973

库尔勒北站客运中心站

电话：0996-2076390

库尔勒客运中心小轿车售票处

电话：0996-2072087（小轿车发车点）

客运中心华凌站

想坐穿越沙漠的长途车就应该到这里，从州客运中心南行500米即到。市内乘坐2路、3路、19路公交车华凌站下车。

电话：0996-2289390

区内交通

到邻近各县在位于团结南路的市客运站，乘1路车到市法院站下车，再往前走约5分钟。这里主要运营库尔勒市发往惠普乡沿线、尉犁县、塔里木乡的短途班车。

市内乘 1 路、26 路公交车都到火车站、邮电局（市中心）、新华书店、长途客运站。在市区内乘坐公交价格基本上是 1 元起，晚上 8 点以后部分车辆要加收 0.5 元，近郊最高 3 元。出租车 3 公里以内 5 元，足够在市区内兜一圈。

巴音郭楞蒙古自治州旅游局车队可提供租车服务。

电话： 0996-2023064

住宿

库尔勒城市很发达，高档次的宾馆酒店很多，当然也可以找到价格低廉的旅社，当然条件比较简陋。

库尔勒银星大酒店

地处繁华商业中心。是一栋 16 层的大厦，有 102 间不同风格的标准间、豪华间、豪华套房等房型，此外还有个颇具特色的餐饮场所，房间还可宽带上网。标准间 338 元／间。

地址： 位于库尔勒市人民东路 36 号

电话： 0996-2028888

楼兰宾馆

地处市中心，标准间 290 元／间。

地址： 位于库尔勒市广场路 2 号

电话： 0996-2029108

罗布淖尔宾馆

标准间 188 元／间。

地址： 位于尉犁县解放路 13 号

电话： 0996-4022119、4021118

轮台县都护府迎宾馆

标准间：238 元／间。

地址： 位于轮台县团结中路

电话： 0996-4696500

餐饮

库尔勒城市发达，有各种风味的饭馆，从新疆特色餐馆到北京火锅，种类齐全。新疆的特色除有烤全羊、烤羊肉串、烤馕、手抓饭、酸奶子、凉粉、面条以外，还有极具地方特色的烤鱼，库尔勒的烤鱼是用博斯腾湖的鲜嫩肥美的小鱼——五道黑烤制而成的，在鱼身上刷上酥油，撒上盐和孜然，不停地转动翻烤，味道鲜美。

库尔勒的文化广场和许多主要街道都有各式各样的风味餐厅，在那里可以吃到维吾尔族、蒙古族的风味小吃；到了晚上，广场上的夜市一般情况下会持续到凌晨一两点，到了周末就更加热闹，会持续到凌晨三点钟。这里烤鱼 3 元／串，烤肉 2 元／串，毛豆 5 元／盘，八宝粥或四川甜汤圆 4 元／碗，坐下后如果向其他摊档买东西加收 1 元服务费。

特别提醒： 库尔勒的香梨也不可错过，每年八九月正是香梨成熟的季节。

博斯腾湖的烤鱼——五道黑

责任编辑：王佳慧　张　璐
文字作者：丁　燕　李　方　大　路　冯　欣　孙　石
图片作者：巴　戈　于　怀　滕卫华　刘　立　赫　沛　全景
CFP　达志影像/shutterstock　图文天下　龚威健
封面设计：何　睦
内文设计：zhengmei正美 www.zhengmeiart.com
地图绘制：ANYFOTO
责任印制：闫立中

图书在版编目（CIP）数据

新疆 / 《走遍中国》编辑部编著. -- 3版. -- 北京：中国旅游出版社，2014.4（2025.6重印）
（走遍中国）
ISBN 978-7-5032-4944-0

Ⅰ. ①新… Ⅱ. ①走… Ⅲ. ①旅游指南－新疆
Ⅳ. ①K928.945

中国版本图书馆CIP数据核字（2014）第050931号

审图号：GS（2008）674

书　　名：新疆

作　　者：《走遍中国》编辑部　编著
出版发行：中国旅游出版社
（北京静安东里6号　邮编：100028）
https://www.cttp.net.cn　E-mail: cttp@mct.gov.cn
营销中心电话：010-57377103，010-57377106
读者服务部电话：010-57377107
排　　版：北京中文天地文化艺术有限公司
印　　刷：北京金吉士印刷有限责任公司
版　　次：2014年4月第3版　2025年6月第12次印刷
开　　本：889毫米×1194毫米　1/32
印　　张：9.75
字　　数：340千
印　　数：38001～40000册
定　　价：49.8元
I S B N　978-7-5032-4944-0